新闻学与传播学"十三五"规划教材·案例型系列教材

广播电视概论

朱怡 李欣 / 著

中国传媒大学 出版社
·北京·

图书在版编目（CIP）数据

广播电视概论/朱怡，李欣著. --北京：中国传媒大学出版社，2020.1（2024.5重印）
（新闻学与传播学"十三五"规划教材·案例型系列教材）
ISBN 978-7-5657-2005-5

Ⅰ.①广… Ⅱ.①朱… ②李… Ⅲ.①广播电视-概论-高等学校-教材 Ⅳ.①G220

中国版本图书馆CIP数据核字（2017）第113733号

新闻学与传播学"十三五"规划教材·案例型系列教材

广播电视概论
GUANGBO DIANSHI GAILUN

著　者	朱怡　李欣
责任编辑	张莉莉
封面设计	拓美设计
排　版	楠竹文化有限公司
责任印刷	李志鹏
出版发行	中国传媒大学出版社
社　址	北京市朝阳区定福庄东街1号　　**邮　编** 100024
电　话	86-10-65450532 65450528　　**传　真** 65779405
网　址	http://cucp.cuc.edu.cn
经　销	全国新华书店
印　刷	艺堂印刷（天津）有限公司
开　本	787mm×1092mm　1/16
印　张	13.75
字　数	310千字
印　次	2020年1月第1版
版　次	2024年5月第5次印刷
书　号	ISBN 978-7-5657-2005-5 / G · 2005　　**定　价** 44.00元

本社法律顾问：北京嘉润律师事务所　郭建平

浙江省一流学科（A类）戏剧与影视学建设成果

国家一流本科专业 浙江传媒学院"影视摄影与制作"专业建设成果

国家一流本科专业 浙江传媒学院"广播电视编导"专业建设成果

总　序

从本系列教材的策划到第一批面市，转眼四年过去了。其间中国社会和媒体的变化之大，令人目不暇接，更难全面理解其中玄机。这种巨变也给新闻传播教育提出了更大的挑战：原有的教学内容和方法哪些已经无效？哪些行将过时？对于本专业来说，还有一个特殊之处，那就是随着自媒体的崛起，师生教学关系是否已经从"前喻文化"变成了"后喻文化"？

"前喻文化""并喻文化""后喻文化"的概念源于美国女人类学家玛格丽特·米德。所谓"后喻文化"，在此特别是指在新媒体时代，学生通过互联网或其他现代学习手段，比家长、老师等长辈更早、更多地获得信息，更熟练地使用新媒体，而当学生对事物的感知与教师所教知识发生冲突时，学生会大胆或无情地对教师的"教育"进行评价或批判。

今天，对于站在三尺讲台前的教师来说，一个严峻的考验是：在应用型学科里，如果你讲课拘泥于传统套路，从概念到概念，或从抽象到具体，效果可能堪忧。如果讲述方式又是那么枯燥乏味，那么台下的学生即使不便公开表达不满，也会拨弄起手机来。换言之，"手机个人主义"正在改变我们的生活，而过度干预学生喜好的教师，是不会受到欢迎的。

我们再从方法论的角度来反思：即使教学效果尚可，从概念到概念式的讲课，极有可能令学生绝缘于火热的现实生活。而从抽象到具体的演绎法，其局限性是明显的：（1）不能解决思维活动中演绎前提的真实性问题。（2）不具有绝对性普遍意义。当事物由于发展而出现了一般没有的特点时，以一般演绎到个别往往不能成功。（3）得出的结论正确与否，有待于实践检验，不能从内容上确保其结论的真理性。

由此我们不难想象，教师组织教学活动中确实面临着不小的风险与陷阱。如何规避这些风险与陷阱，至少是当下高校教师的急务要务之一。而趣味性强、与演绎法反其道而行之的案例教学法应运而生。说来始于哈佛大学的案例教学法已有百年以上历史，但是引入中国只是近年的事情，而且主要的运用者还是商学院。

不过寥寥数年的实践，案例教学法的影响迅速超越了商学院。而在案例教学法的发源地哈佛，情况更是如此。这两年在中国走红的哈佛公开课，其中由迈克尔·桑德尔教授开讲的政治哲学课程《正义》系列，收获了巨大的反响和声誉。桑德尔借助假想案例，引诱由"局外人"变成"局中人"的听众钻入其设计的困局，令上千学生忽而哄堂大笑，忽而转为沉思苦想，忽而身陷两难境地不能自拔。

入神于这些案例之后，学生们的学习兴趣油然而生。于是桑德尔再交代本课程的学习要求和相关理论的要点难点，这时我们所看到的是学生们聚精会神地聆听和记录……去过哈佛的人都知道，这所名校校园不大，而桑德尔授课的地方实际上是一所老剧院——桑德斯剧院。能让偌大的剧院座无虚席，肯定不是一件易事。可以说，桑德尔不仅是杰出的社群主义哲学大师，而且是善于捕捉和拴住学生心灵的法师。

那么，新闻传播学能不能推出完整的案例教材系列？这恐怕难以做出肯定的断言，因为案例教学也有局限性。长江商学院院长项兵坦陈，案例教学至少有两个局限性：第一，见树木不见森林。如果没有可复制性，那么相关意义就不大。第二，中国变化特别快，案例容易过时，这与多年不变的美国不同。①

此外，案例往往以较短的篇幅材料来涵盖相当长的时间历程，很难在内容与时间历程之间保持协调一致。案例叙述的是某一事件，没有严整的结构，这样学生所获得知识、技能等也难以汇总进一个整体框架中。案例可能也会使学生形成一些不正确的概括化认识，易出现"过度概括化现象"。②案例教学不一定适合讲究系统性的新闻史和新闻传播理论课程。

但是，在日益丰富的新闻传播学的课程群中，至少有一半以上、甚至更多的与实践相关的课程是可能采用案例教学法的。本系列就是这样一种大胆尝试。我们规划的系列中，包括财经报道、媒体道德与伦理、媒体法、新闻摄影、调查性报道、深度新闻报道、融合新闻报道、新闻采访、全媒体新闻编辑、新闻评论、法治报道、网络舆情等。它们将陆续面世。

当然，出版系列案例教学教材是一种带风险的尝试，其绩效如何，端赖作为使用者的学生以及同行的评判。我们的初步努力一定多有不成熟之处和不周严之处，因此真心欢迎广大师生的批评和改进建议。

本系列教材从设计规划到编辑出版，始终得到了新闻传播学资深出版人司马兰女士的支持和关注，她的眼光和经验为本系列的可持续性提供了动力，在此我们深表谢意。

主编

---

① 刘丽虹．项兵：案例教学局限性一目了然 前瞻得靠理论 [EB/OL]．[2016-01-22]．http://bschool.sohu.com/20100526/n272362494.shtml．

② 李志勇．案例教学：理念·方法·示例 [EB/OL]．[2017-01-22]．http://pppdlee.blog.sohu.com/841036080.html．

目　录

第一讲　广播电视的产生与发展/001

　　广播的产生与发展/005
　　电视的产生与发展/010
　　广播电视的发展前景/012
　　小结：媒介汇流/016

第二讲　广播电视传播符号/017

　　视觉符号系统/021
　　听觉符号系统/033
　　小结：需要技术，但不唯技术论/046

第三讲　广播电视节目形态/047

　　什么是节目形态/051
　　节目形态的主要特性/053
　　广播电视节目的基本形态/056
　　小结：形态创新——当下研究媒介产品生产的重要问题/061

第四讲　广播电视技术/062

　　广播电视技术是什么？/065
　　数字技术进入广播电视领域/068
　　广播电视制作手段/070
　　电视节目制作方式/073
　　电视节目制作流程/073
　　小结：广播电视技术的发展及其影响/076

第五讲　广播电视体制/079

　　什么是广播电视体制/084

广播电视体制的起源/085
广播电视体制的类型/086
小结：存在即合理，任何体制都有好坏/094

第六讲　广播新闻/096

广播新闻是什么？/098
广播新闻的特点/99
广播新闻的改革走向/102
小结：新媒体时代的广播新闻发展/107

第七讲　广播文艺娱乐节目/110

广播文艺娱乐节目的概念解析/114
广播文艺娱乐节目的主要类型/115
广播文艺娱乐节目的发展走向/121
小结：世界是平的，节目须立体/122

第八讲　电视新闻/124

电视新闻是什么？/127
电视新闻理念的发展/128
电视新闻表意系统/129
电视新闻视觉元素/130
电视新闻听觉元素/134
小结：电视新闻的困境和发展/138

第九讲　电视综艺晚会/141

电视综艺是什么？/143
如何理解电视综艺晚会？/145
电视综艺晚会如何实现？/146
电视综艺晚会的制作/146
晚会主题/150
晚会结构与节目编排/153
可视性元素的处理/155
小结：电视综艺晚会制作的注意事项/160

第十讲　电视真人秀/163

电视真人秀是什么？/165
真人秀的节目特征/167

假定情境/169
真实记录/172
小结：电视真人秀的创新之处/175

第十一讲 电视剧/177

电视剧的诞生/180
中国电视剧的发展历程/181
电视剧的导源及属性思考/183
电视剧的主要类型及其特征/185
小结：电视剧还是"电视"剧吗？/193

第十二讲 广播电视的未来/195

广播的未来/197
电视的未来/201
广播电视的媒体融合方向/204
小结：广播电视的未来发展/207

Chapter 1
第一讲　广播电视的产生与发展

- ▶ 广播的产生与发展
- ▶ 电视的产生与发展
- ▶ 广播电视的发展前景
- ▶ 小结：媒介汇流

案例一　汶川大地震与我的德生 9700DX
——四川汶川大地震漩口段紫坪铺库区历险实录

经历汶川 5.12 地震的功臣收音机——TECSUN（德生）9700DX，现在属于文物级别。

网生一代对上图这个物件恐怕非常陌生，尽管它和与它类似的小匣子曾经代表了人类信息传播史上一段非常辉煌的岁月。如今，这种小匣子已经远离了我们的生活，但你知道吗？在某些特殊情况下，收音机却是比任何先进的手机、电脑等设备更有效和便捷的信息接收工具。

2008 年汶川大地震期间，灾区的手机信号、电视信号、网络信号全部中断，灾区群众与外界几乎完全失联。在这种情况下，一个名叫刘晓东的地质队员与他的几个同事，全靠上图的这部收音机收听讯息，了解外界情况，不断寻求自救途径。

"我的 9700DX 成了了解外面情况的唯一工具，在遭受大灾的非常时期和特殊的地理环境中，感觉收音机是如此重要，仿佛这台收音机就是救命稻草。两天中，众人都眼巴巴地盼望收音机能带来好的消息……"

"灾后的日子里，每当我看到这台德生 9700DX 收音机，就会回想起这段不同寻常的经历。假如没有这台收音机为 200 多人提供及时准确的信息，为大家准确判断灾后的局势，其后果难以想象。我对这台扮演过救命角色的德生 9700DX 倍加珍惜。同时也感谢本单位的一位收音机发烧友推荐我购买了它。在他的介绍下，我还有幸在德生组织的四川绵阳赈灾活动中与德生的老总——梁伟先生有了一面之缘。"（有删节）①

德生 R97 在汶川 5.12 地震轶事

---

① 参见：德生 R97 在汶川 5.12 地震轶事 [EB/OL]．(2016-11-24) [2017-01-22]．https://tingfm.com/detail/2262.

案例二　NBC 里约奥运收视下滑 17% 网络端抢走了电视用户

2016 年里约奥运会 NBC 黄金档的收视率相比上届下滑了 17%，而 Bloomberg Intelligence 的数据显示，18～49 岁年龄层收视率下滑了 25%。这是 2000 年以来的首次夏季奥运会收视率下跌，NBC 真是欲哭无泪。怀揣体育赛事必将壮大的美好愿望，NBC 环球集团豪掷 120 亿美元买下了 2032 年前美国的奥运赛事转播权。

收视率的下滑原因之一是球迷变老了，而年轻人也有了更多的娱乐选择，体育不是唯一，游戏、电竞、社交网络更加受年轻人欢迎。此外，奥运会收视率的降低也与传统的电视直播形式有关。98% 的观众仍然是在电视上收看奥运赛事，而这实在是太不符合当下的节奏了——对于年轻观众来说，私人时间应该是属于自己的。而 NBC 也透露，截至周二（2016 年 8 月 16 日），NBC 的奥运网站和 APP 用户流量达到 7800 万，相比伦敦奥运期间上升了 24%。据称，收视率下滑 25% 的 18～49 岁人群，正是转移到了这一端。

网络端的广告收费比电视端要高 50%，但这未见得是什么好消息：网络端抢走了电视用户，NBC 不得不向电视用户赠送付费时段来保住收视率，据统计，受益的约有 2 100 万个美国家庭。

买了奥运的版权却还得赔付费时段，焦头烂额的 NBC 不得不赶紧找专家，赶在 2018 韩国冬奥会前把这问题解决了。（有删节）①

NBC 里约奥运收视下滑 17% 网络端抢走了电视用户

案例三　基于新技术组织节目
——广播从"听觉媒体"变为"五官媒体"

2015 年，江苏广播着力打造"微啵云"这一面向移动互联网的广播集成播控平台，开发了"微啵云"系列三大产品：多账号管理系统、内容交互系统、市场营销系统，构建了适合传统媒体向移动媒体拓展的新商业模式和盈利方式，并解决了多个微信账号的管理问题。"微啵云"具有版权效应和可复制性，有可能成为广播媒体快速进入互联网的有效路径和可行方案。同时，以"微啵网"为基础打造的"微啵"客户端也登陆各大应用平台。

---

① 参见：NBC 里约奥运收视下滑 17% 网络端抢走了电视用户［EB/OL］．(2016-08-21)［2017-01-22］．http://www.yunjuu.com/info/698267.html．

广播＋互联网，看江苏广播"微啵云"

"微啵云"相当于是一张大网，不同的公众号则相当于这张网上的一个个神经末梢，每一个神经末梢越活跃，总的平台就会越活跃。当活跃度达到一定的程度、粉丝量积聚到一定高度时，将其变成客户端就变得比较容易了。现在江苏广播已利用"微啵云"成功举办了"一元秒杀""密码抽奖""大乐透抽奖"等活动，效果都很好。2015年国庆假期，江苏交通广播网7天连续直播路况，103万独立微信账号关注并互动。其中就是应用了微啵Live直播系统。该系统让主持人和听众实现了实时图文互动，双方都可以把对方带入自己的场景，通过同一时刻的图文、评论、语音甚至视频，让所说、所见、所想在时间进行中得以呈现。（有删节，题目为作者另加）①

案例四　民众更爱使用新媒体 却更信任传统媒体

民众更爱使用新媒体却更信任传统媒体

据广州社情民意研究中心的调查，民众爱使用新媒体，却更信任传统媒体。调查显示，目前民众看电视的比例是88%，看微博、微信的比例是85%，看报纸的比例是61%，听广播的比例为39%。从动态来看，民众减少使用传统媒体成主流趋势，其中，看报纸的"少了"35%，看电视的"少了"33%；民众增加使用新媒体的趋势明显，其中看微博、微信的"多了"59%，看新浪等门户网站的"多了"37%。调查还显示，有57%的民众信任电视，29%的民众信任报纸，却只有18%的民众信任新华网等门户网站，13%的民众信任微博、微信。据悉，本次调查覆盖全国（港澳台除外）23个省的省会城市和4个直辖市，样本特征符合全国城镇人口的基本特征。②

每天早上睁开眼先刷一遍朋友圈再去洗漱开始新的一天，这种生活想必你已经非常习惯了吧？那你有没有想过，也许有一天这些貌似便捷的通信工具会全部瘫痪，而你怎么也无法用日常习惯用的方式与外界联系？对，就像案例一那样？这时候你会去翻箱倒柜地寻找不知道放到哪个犄角旮旯的收音机吗？（当然，前提是你们家里的确保留着这个古董。）

里约奥运会你看了吧？你是怎么看的呢？是不是也为案例二中NBC的欲哭无泪贡献了一点力量？尽管我们是在大洋彼岸。如果是，你是否想过到底电视为什么不再对你有吸

---

① 参见：广播＋互联网，看江苏广播"微啵云"[EB/OL]．(2016-01-21)[2017-01-22]．https://www.jzwcom.com/jzw/83/12636.html．

② 民众更爱使用新媒体却更信任传统媒体[EB/OL]．(2016-01-08)[2017-01-22]．http://tech.china.com.cn/internet/20160108/215534.shtml．

引力了吗？它是否应该退出历史舞台了？

如果该跟电视说再见了，那么比电视还要古老的广播是不是早该如此？但如果没了广播，再次陷入案例一中的可怕状况时，我们该怎么办呢？可是如果广播、电视还是像以前那样，我们很可能还是对它们不感兴趣。总不能因噎废食，为了那万分之一的可能，每日对着"无趣"的东西过活吧？好纠结啊……实际上，古董们也不想黯然退场，它们知道自己还有用武之地，同时也在为赢得你的欢心像案例三中那样努力改变着自己。

当然，如果你只是一个普通的受众，所有这些问题对你来讲都是无所谓的。但如果你是怀抱着理想的媒体人，这些问题就有意义了。特别是面对案例四给出的调查结果，你会怎么想呢？你是否仔细思考过自己的未来？

看了以上几个案例故事，你是否对广播电视有了新的认识？当你在享用手机、电脑这些最新技术产品的时候，你是否想到其实广播电视也是一种技术发明，当年它们的出现也轰动了世界？你想知道它们是怎样走到今天的吗？想知道它们会走向哪里吗？

这就是我们这一讲要说的内容了。广播是怎么出现的？电视又是怎样出现的？面对数字网络新媒体的挑战和冲击，它们将何去何从？

广播的产生与发展

无论是 19 世纪的电影，还是 20 世纪的广播电视，乃至当代社会的电脑、手机、互联网，都是一种发明创造。其产生、发展与技术的更新、进步关系密切。当然，反过来它们也影响了历史。广播电视在诞生之前，经历了漫长的近百年的摸索与研究过程。不过，我们必须知道，任何一个发明创造都不是轻而易举、一蹴而就的。

在人类漫长的传播发展历史中，广播开启了电子传播时代。从此，信息传播的速度、广度和影响力都发生了革命性的变化。

■广播传播技术的发展

英文中的"radio"词义非常广泛，它有动词、名词、形容词三种词性，释义也有很多：

> 动词指：1. 发出无线电报；2. 拍发无线电；3. 广播；4. 放射。
> 名词指：1. 无线电广播，无线电（广播）台；2. 无线电台报时信号；3. 无线电，射电，辐射；4. 无线电讯（电报、电话），无线电、射电；5. 无线电通信；6. 无线电传送；7. 收音机；8. 电子。
> 形容词指：1. 射电的；2. 放射的；3. 辐射的。

从以上可以看出，"radio"的本质是"无线电"，是通过"无线"的"电"来传播信息。而且它也可以代指包括广播、电报和电话在内的无线电通讯。由此可见，广播诞生和发展的技术关键是怎样找到无线电。而找到无线通讯的过程是从有线通讯开始的。

1. 有线通讯

莫尔斯的电报、贝尔的电话、爱迪生的电唱机（留声机）等发明都是有线通讯的关键发明。

从传递方式来看，电报是广播的技术基础，没有电报就没有广播，广播是使用电报技术传递声音的大众传播媒介。从一定意义上来讲，电报甚至是现代新闻的"催产士"。电报又被称作是电报纸，与之前的报纸相比，它的优势在于：

> 1. 增强了现代新闻的观念（重时效性、受众兴趣、地方新闻、刺激性新闻）；
> 2. 改善新闻采集方法（信息传递从交通运输中分离出来）；
> 3. 推动了现代新闻通讯社的产生（如美联社的壮大，它在大规模使用电报传递新闻方面尤为成功）；
> 4. 改变了新闻文体（新闻导语出现，倒金字塔结构得以成型）。

从传播内容来看，电话的发明以传递人发出的声音（包括音乐）为主要目的，广播也是这样，只不过广播是把电话传播的点对点形式扩展为点对面。1893年，匈牙利人西奥多·普斯卡在布达佩斯连接700多条电话线进行了新闻传播，并称之为"电话报纸"。

从接受角度来看，留声机是人类历史上利用机械和电子等新技术使娱乐首先进入家庭的媒介。在留声机出现以后才出现收音机、电视机以及音像录放机这一类家庭娱乐消费设施。

有线广播得以发展主要源于两点：

> 1. 便于控制。社会主义国家以及一些比较注重中央集权的资本主义国家（如德国）都利用电话线网络发展有线广播网。
> 2. 有线广播解决了无线广播因初期功率不足而覆盖率低的问题。

2. 无线通讯

无线通讯实际上利用的是物理学的电磁感应原理。与有线通讯相比，它传播的空间跨越更大，范围更广，使用更为方便。当然其缺点就是信号不稳定，尤其是在无线广播发展的初期。这有点像互联网的有线路由器阶段和无线路由器（WiFi）阶段。

无线通讯开始于无线电波的发现。这里要说的是我们熟悉的德国科学家海尼·赫兹。他从1884年起，依照英国理论物理学家马克斯威尔（1864年发现电磁学基本原理，提出放射性电波可以无线传送）的理论从事实验，终于发现了制作、发射与接收无线电波的方法，并发明了测量电磁波波长的科学方法。

无线电波的发现促成了无线电信号成功的传送。1895年意大利人马可尼和俄国科学家波波夫，在不同的地方分别进行无线电传送信号的实验，获得了同样的成功。1896年马可尼在英国取得了专利，并且组建公司专门从事无线电报器材的生产。1899年他成功地拍发了英国至法国的无线电报，1901年完成了越洋电报的收发（图1-1）。从此无线电通信进入实用阶段。1909年马可尼获得诺贝尔物理学奖,被称作"无线电之父"。

图1-1　1901年,马可尼(左)首次成功地实现了横跨大西洋的无线电通信

在无线电通信的基础上,人们研究并逐步克服了运用电波负载声波的种种技术难关,特别是解决了信号稳定性问题。1901年福雷斯特在美国建立了第一家无线电公司。由于他发明了真空三极管而实现无线电技术的重大突破,因此有时他也被称为"无线电之父"。

在这些实验和发明的基础上,无线电广播终于诞生了。1906年圣诞节,美国匹兹堡大学物理学教授费森登(图1-2)在马萨诸塞州布兰特罗克镇的国家电器公司128米高的无线电塔上进行了一次广播,广播的主要内容是朗读《圣经》有关主耶稣基督降生的故事,并播放了德国音乐家韩尔德的《舒缓曲》等。在演播前,费森登在报纸上进行了预告,并发出无线电报,通告报界和太平洋上的来往船只。当晚,有些船只上的无线报务员听到了一位男子朗读圣经和小提琴演奏的声音。一般认为,这是世界上第一次成功的传声实验,并被公认为无线电声音广播诞生的标志。有幸见证这一历史的正是当晚的听众——当时附近船上的报务员们。

图1-2　加拿大发明家费森登

第一次世界大战期间，交战双方广泛使用了无线电通信和无线电话。战后，无线电工业和技术转向民用，具备了建立广播电台的物质技术条件。1920年9月29日，美国西屋公司的副总经理看到了匹兹堡一家百货公司在《太阳报》上刊登的收音机广告，公司决定制造无线电发射机，开办广播。10月27日，美国商务部分配给它一个商业海岸电台呼号：KDKA。（图1-3）11月2日，KDKA电台利用美国总统竞选的大好时机，围绕选情这一公众焦点，开始了定期广播，当晚播出的第一条新闻就是总统大选开票消息：共和党候选人、俄亥俄州参议员哈定击败考克斯当选。这一天被认为是广播事业的诞生日。由于宣传广泛，影响重大，KDKA成为有历史记载的美国和世界上第一家正规的无线广播电台。随后，KDKA又实现了一系列广播史上的突破，如第一个报道体育赛事（一场拳击赛）、第一个播出舞台喜剧演出实况等。

图1-3　1920年11月2日，美国西屋电器公司建立了世界上第一家商业化无线广播电台KDKA

■广播技术的更新和世界广播业的发展

广播首先是一项技术发明，它的每一次技术更新都促进了广播业的再发展。

20世纪二三十年代是世界广播业发展的初期阶段。在这一时期，世界各国的广播电台相继成立，广播事业开始起步。当然，广播事业首先发展起来的依旧是欧美国家，特别是美国。继KDKA电台成立后，广播电台如雨后春笋般在美国出现，1922年底，美国的广播电台已有570家之多，到1924年，美国拥有的收音机数量超过500万台，1926年全国广播公司（NBC）成立，并为联播节目分别组建了"蓝色"（14座电台）和"红色"（26座电台）两个广播网。1927年，哥伦比亚广播公司（CBS）成立，建立了自己的广播网。由于全国性广播网的出现，广播业的总收入从1927年的300万美元上升至1929年的40 000万美元。美国的广播势力范围也迅速从城市扩散到农村，这也促进了大众文化的形成。美国的广播业也带动了世界广播业的发展。英国（1922）、法国（1922）、苏联（1922）、德国（1923）、意大利（1924）、日本（1925）也都在这一时期陆续开办广播事业。至20年代末，北美和欧洲各国大多有了自己的广播电台，亚洲和拉丁美洲也有一些广播电台出现。1930年无线电广播几乎遍及全球。

20世纪三四十年代是世界广播事业发展的黄金时代。从技术上来说，这一时期出现了调频（FM）广播。1933 年，美国人埃德温·阿姆斯特朗发明了调频广播。但第二次世界大战阻碍了调频广播的发展，直到战后多数国家才开始开办调频电台。广播技术发展开始进入较为成熟的阶段。另外，先于无线广播产生的有线广播也取得了进步，并发挥出更大的作用。苏联是有线广播最为发达的国家之一，1930 年已有有线广播站 1 880 座，到 1940 年猛增到 11 178 座。有线广播在苏联的卫国战争期间起到了非常巨大的作用。此外，移动装备的发展和磁带录音机的普及，广播设备日益小型化和便携化，也直接促进了新闻现场直播的大发展。从节目类型和功能上来看，新闻节目和娱乐节目成为广播节目的主体，媒介传播和大众传播的深刻影响力得到了很好的体现。美国总统罗斯福的"炉边谈话"、哥伦比亚广播公司的广播剧"星际战争"、爱德华·默罗等新闻记者的有关第二次世界大战现场报道，都是广播史上的经典案例。而各国在第二次世界大战期间利用广播所进行的舆论战和心理战，还有名噪一时的国际广播，也都在证明广播时代的到来。

  第二次世界大战以后，随着兼容了声音和画面的电视传播黄金发展期的到来，广播业告别了以往的辉煌，由盛转衰。20 世纪 60 年代，电视占据了媒介的中心地位，大批功成名就的明星、记者以及广播节目的主持人都转到了电视网，广播业进入了低谷。面对电视的冲击，广播一方面继续向世界各个角落普及，对外广播继续兴盛；另一方面它也进行了适时的调整，充分发掘自身潜力，力争以差异化战略谋得新生。首先，它由"广播"走向"窄播"。20 世纪 60 年代调频广播出现，它保证了更加优质的声音传播效果，促使音乐、文化等内容专业化的小电台成为当时的主流。同时，由于服务区仅限于距离发射机较近的地区，调频广播常被用作对本地区的广播。这些都促成了内容细分、受众细分的"窄播化"的发展。新闻台、交通台、经济台、教育台、音乐台等专业化电台大量出现。其次，它由某一方面的细分内容来细分受众群体。最后，它调整了节目结构，充分发掘出声音的优势和潜力。20 世纪 60 年代，通信卫星技术快速发展并运用在广播领域，它无疑解决了调频广播无法触及的传播范围问题。与电视类似的是，这一技术还改变了广播新闻报道的形态，更多的现场直播和现场报道出现在广播节目中。由于采制工具轻巧便于随身携带，在有着各种突发事件的特殊环境中，广播往往比电视具有更明显的优势。

  20 世纪 90 年代以后，广播进入新的发展时期。随着信息革命的不断深入、信息技术的突飞猛进，传统的模拟广播正在向数字音频广播过渡。数字音频信号可反复复制不受损，音质更好，声音还原可接近演播室效果，且具有高速移动接收能力。1995 年 9 月英国广播公司率先进行全国性的数字音频广播，随后瑞典、丹麦、法国、德国、荷兰、瑞士、美国等发达国家先后开办数字广播。与此同时，传统的无线广播正在同互联网络相结合，向互联网广播发展。1998 年全世界已有 100 多个国家的 1 550 多个电台在互联网上建立了网站，凭借互联网络传送各种节目，使传统的地面和卫星传送方式同网络传播结合起来。这一过程目前还处于发展阶段，若干年后必将给广播事业带来全新的面貌和革命性的变化。

  广播业的发展离不开技术的更新，但是技术绝不是事业发展的全部。市场需求是否充分、专业机构和专业人员的数量是否足够等因素与新技术的不断成熟共同促进了广播事业的发展前进。

电视的产生与发展

■电视传播技术的发展

众所周知,电视是 20 世纪人类社会最伟大的发明之一。从 1936 年英国广播公司(BBC)创建了世界第一座电视台到今天,电视传播技术经历了从直播到录播、从黑白到彩色、从无线到有线、从微波发送到卫星转播、从模拟信号到数字信号数次技术变革,每一次变革都极大地影响和促进了电视的发展。

电视,Television 是由希腊文 tele(远处、远的)和拉丁文 vision(看)构成的,从字面上来看,就是远距离观看图像、远距离传播图像的意思。这恰恰就是电视技术的本质,即将声音、图像、文字等信息转变为连续的电子信号,通过有线、无线、卫星的方式传播出去,供受众收看。电视传播图像的原理是通过光电转换系统将图像转换成电信号,即电视信号,再通过电缆或天线、卫星发送出去,在接收端再将电信号还原为图像,重现在荧屏上。这个如今仅用几十个字就能描述清楚的原理却是人类社会历经周折才获得的,是很多科学家辛勤研究和实验的结果。

电视传播技术大致经历了初创期、形成期、发展期和泛化期四个阶段。

初创期解决的是如何在传播声音的基础上传播活动图像的问题。这依赖于另外三个阶段的技术发明及进步:1877 年"记录活动图像"的电影技术的发明、1925 年"传递活动图像"的机械电视的发明、1927 年"广播活动图像"的电子电视的发明。至此,电视开始走出实验室,进入公众的生活之中,成为真正的信息传播媒介。1936 年 11 月 2 日,英国广播公司 BBC 在伦敦郊外的亚历山大宫播送了一场盛大的歌舞表演,标志着世界电视事业的正式诞生。此后,法国(1938)、美国(1939)、苏联(1939)等国家相继创办电视台,世界电视事业迅速发展起来。

形成期需要解决的是电视节目的录像和编辑问题。由于技术的限制,初创期的电视节目主要采用演播室和事件现场直播的方式播送。新闻性节目大量采用胶片拍摄,制作过程繁复,新闻的时效性差。20 世纪 50 年代美国人陆续推出了磁带录像机、录像带剪辑机,从此,专业化的磁带编辑(即线性编辑)诞生了。70 年代日本生产出盒式录像机,开创了专业录像机的新时代,电子新闻采集(ENG)方式提高了电视新闻的时效。80 年代末数字磁带录像机诞生,非线性编辑系统被广泛使用。录像机的出现和编辑技术的进步,改变了电视节目制作与播出方式,降低了电视制作难度,缩短了制作周期,也丰富了电视节目的制作手段,改变了人们观看电视的方式,电视的传受关系被进一步刷新。最重要的是,电视有了"后期制作"的环节,这使得一些文艺节目演变为相对独立的艺术形式成为可能。

发展期解决的是电视信号传播范围的拓展问题。人类希望电视能够跨山越海、环球同此凉热的愿望,在这一阶段被有线电视和卫星电视实现了。有线电视传输不受建筑物、地形及其他电波的干扰,画面质量比较高,而且还可以实现双向传输,提供交互式的双向服务。有线电视也很容易进行收费管理,开展多种有偿服务,付费电视业务由此产生。卫星电视开创了全球电视的新纪元，从此地球成了"村"。

泛化期是随着数字多媒体技术的高速发展而开始的。数字电视、网络电视、手机电视等传播方式的出现正在从外延上扩大着电视的概念，这正是我们目前所处时代的特征。数字化使技术设备得到升级换代，并极大增强了电视的传播质量和传播效果。同时，数字化还促成了媒介的融合，使得电视制作人要学会依据不同的终端设备和收视人群制作不同的电视节目，实现跨平台的传播。多媒体时代的电视传播具有高互动性的特点，电视必须更加注重受众的参与性和个性化需求。[1]

■电视传播网络的形成

电视技术的不断创新和改进使得远距离的高质清晰图像的传输成为现实，然而如果仅是如此，电视也只能一直是无线电爱好者家里的玩物。能迅速成长为成熟的大众传媒，除了依靠自身的优越性和技术的完善以外，还需要电视硬件的普及和多元化、多层次电视传播网络的形成与扩展。

关于电视硬件的普及，这里想提供两组数据：

据尼尔森2006年的调查数据显示：美国家庭平均拥有电视机2.73台，但平均只有2.55个家庭成员。也就是说，美国家庭拥有的电视机比人还多！有一半美国家庭拥有三台或以上的电视机，只有19%的家庭只拥有一台电视机。这些电视机分布在客厅、主卧室、客卧室、餐厅、厨房、地下室……几乎是无处不在。除此之外，机场、电梯、公共汽车等公共场所中也随处可见电视机的身影。[2]

我国也是电视大国。根据央视索福瑞媒介研究CSM 2006年在全国127市县所做的基础研究结果显示，我国家庭电视机拥有率已达97.9%，其中城市家庭的电视机拥有率达到98.5%，农村家庭的电视机拥有率也高达96.5%。[3] 与美国相同的是，近些年我国家庭以外场所的电视机普及率也开始增长。

随着数字化技术的发展，手机、电脑等设备取代了电视机，成为年轻人的时尚选择。这些很可能是电视机未来的存在方式和发展延续。

有了技术的支撑和硬件的普及，电视传播从最初的区域性试播，发展成为今天的多元化立体传播网络；电视事业也从开创到不断成长壮大，成为新兴的现代传媒和文化产业。

电视传播网络的发展过程可划分成三个阶段：试验性传播阶段、区域性传播阶段和网络传播阶段。

试验性传播阶段是从20世纪20年代中期至30年代末。在这一阶段中，技术限制造成画质不够清晰，信号发射与接收范围有限，接收机的普及率也极低，因此电视是大多数人心中的奢侈品。早期的电视机构多是在广播传送的基础上发展而来的，既有官方机构如

---

[1] 有关电视传播技术发展的内容，参考了杨尚鸿．编与导：电视编导学原理 [M]．北京：北京师范大学出版社出版，2001：9-15．

[2] 美国家庭拥有电视机比人多平均每户2.73台 [EB/OL]．(2006-09-25) [2017-01-22]．http://www.china.com.cn/world/txt/2006-09/25/content_7189776.htm．

[3] 朱长宝．儿童电视节目的现状、问题与对策研究 [D]．北京：首都师范大学，2008．

英国的 BBC、日本的 NHK，也有民营机构如美国的 WYG 广播电视台。

区域性传播阶段是从 20 世纪 30 年代末到 60 年代中期，英美两国是这一阶段的领头者。前者是世界电视诞生国。后者的商业电视发展迅猛，第二次世界大战后它不仅拥有 6 座电视台，8 000 万台电视机，还于 1952 年开辟了 70 个电视频道，成为世界第一的电视大国和强国。这一阶段电视信号仅靠地面发射台传送，受发射功率和地面状况的影响，覆盖面仅限于周边地区。直播技术的限制使得电视台之间极少有节目交换。因此，从总体上来说，此时的电视广播仅限于以各电视台为中心的区域性传播。

60 年代以后电视进入网络传播阶段。在微波传送、通讯卫星、电缆电视技术（有线电视）三项技术的支撑下，电视形成了来自地面电视台的无线"广播"、来自有线电视台的"窄播"、来自卫星对受众的"直播"三大电视信号传播网络。录像技术和家用录像机的普及促成了节目内容在电视台之间的自由交换，以及普通观众"自播"传播形式的出现。电视传播进入了多元化的立体网络传播阶段。①

广播电视的发展前景

理解未来电视的关键，是不再把电视当电视看。从比特的角度来思考电视，才能理解技术发展给它带来的最大收益。②

17 年前，尼葛洛庞帝准确地预测出今天电视传媒发展要面临的一个重要问题——数字化与媒介融合。事实上，这绝不仅仅是电视所要面对的问题，广播亦然。广播在发展过程中遭遇过三次大的冲击：来自电视、来自互联网、来自移动通信。而后二者如今也都对电视的发展产生了极大的威胁。昨日，电视还被称作是朝阳产业，今天，它就与广播皆步入传统媒体的范畴。以数字化为代表的互联网和移动通信等新兴媒体正以不可阻挡的气势席卷全球。其实，不论是广播、电视，还是互联网、移动通信，其本质都是传播媒介。随着数字技术的发展，媒介的形式不断发生着变化，媒介融合的趋势也越来越明显。可以说，尼葛洛庞帝的预测已经是当下社会发展特别是传媒发展的重要语境和背景，是我们媒体研究者不可回避的时代主题。

■什么是媒介融合

媒介融合是一个基于数字技术发展而产生的新现象。这个概念始于 20 世纪 80 年代，是由美国马萨诸塞州理工大学的普尔教授提出的。他认为：

媒介融合就是指各种媒介呈现出多功能一体化的发展趋势，这种关于媒介融合的想象更多地集中于将电视、报刊等传统媒体融合在一起。③

美国新闻学会媒介研究中心主任安德鲁·纳齐森则认为：

---

① 有关电视传播网络的发展过程的阐述，借鉴了张健. 声电光影里的社会与人生：影视艺术导论 [M]. 北京：中国人民大学出版社，1999：141-142.
② 尼葛洛庞帝. 数字化生存 [M]. 胡泳，范海燕，译. 海口：海南出版社，1997：63.
③ 袁军，庞亮. 中外广播电视史 [M]. 北京：高等教育出版社，2012：325-326.

媒介融合是各个媒介之间的合作和联盟，是印刷的、音频的、视频的、互动性数字媒体组织之间的战略的、可操作的、文化的联盟。①

喻国明教授在《传媒经济学教程》一书中指出：

媒介融合是指报刊、广播电视、互联网所依赖的技术越来越趋同，以信息技术为中介，以卫星、电缆、计算机技术等为传输手段，数字技术改变了获得数据、现象和语言三种基本信息的时间、空间及成本，各种信息在同一个平台上得到了整合，不同形式的媒介彼此之间的互换性与互联性得到了加强，媒介一体化的趋势日趋明显。②

2003年，美国西北大学的戈登教授归纳了美国当时存在的五种媒介融合类型：所有权融合、策略性融合、结构性融合、信息采集融合、新闻表达融合。美国学者戴默等人也提出了"融合连续统一体"的概念，界定了"融合新闻"的五种模式：交互推广、克隆、合竞、内容分享、融合。③

从目前情况来看，大家对媒介融合的理解包含狭义和广义两种范畴。

> 从狭义上看，媒介融合是指将不同的媒介形态"融合"在一起，产生"质变"，形成一种新的媒介形态④，比如说电子杂志、微信微博。这样，报纸就不再只是报纸，电视也不再只是电视，手机、电脑也是集多种功能于一身，甚至所有这些媒介都可能"合并""集成"在一个平台上。这在当今社会已经不是神话和想象，它已经部分地变成了现实，而且向着越来越难以预测的方向发展。
>
> 广义上的概念则范围广泛，包括一切媒介及其有关要素的结合、汇集甚至融合，媒介形态、媒介功能、传播手段、所有权、组织结构等都可以融合。⑤

可以说，广义的媒介融合是一个从低级到高级逐渐发展的过程，而狭义的媒介融合则是发展的最高阶段。

■媒介融合背景下中国广播电视的发展

实际上，媒介融合是一个不断发展的过程，其分类方法并不固定。不管它有多少种模式或形态，对于中国广播电视传媒的发展来说，媒介融合是我们必须要去面对的新问题。它首先向我们提出了传统媒体是否会消失或者还能走多远的问题。每一个新事物的出现都伴随着旧事物的消亡，当年电视诞生时我们也同样担忧过广播的生存，广播繁盛之时我们亦对报纸杂志的前景生出愁绪。传统媒介受众的老龄化是一个世界性的问题。但就目前中国的具体情况来看，广播仍然具有一定的生存空间，而电视的影响力、权威性和渗透力仍是新媒体所不及的（案例四）。这一方面是因为广播电视至今还是相对最垄断的行业，具

---

① 袁军，庞亮. 中外广播电视史 [M]. 北京：高等教育出版社，2012：326.
② 喻国明. 传媒经济学教程 [M]. 北京：中国人民大学出版社，2009：252.
③ 袁军，庞亮. 中外广播电视史 [M]. 北京：高等教育出版社，2012：326-327.
④ 袁军，庞亮. 中外广播电视史 [M]. 北京：高等教育出版社，2012：326.
⑤ 袁军，庞亮. 中外广播电视史 [M]. 北京：高等教育出版社，2012：326.

有政治和政策上的优势；另一方面是因为传媒市场化的程度还不是很充分，传统媒体特别是电视仍然占据最大的市场份额。

然而，人无远虑必有近忧。媒介融合虽然在短期内不会导致传统媒体的消亡，但是媒体未来的"数字化生存"已成定论。政府政策的不定因素，多头、分层的管理体制带来的市场不确定性已经导致中国传媒市场充满变数，而今数字技术的发展更是对整个行业的发展模式产生了深远的影响，从而进一步扩大了市场的变数。

首先是传播格局的变化。手机媒体、网络媒体等数字信息终端不断地进入我们的生活，在改变人们生活方式的同时，更是造就了信息开放的新局面。互联网、数字技术的应用推动了自媒体、私媒体、草根媒体、公民媒体、独立媒体、参与式媒体、社会化媒体等多种传播形态的形成。媒介融合促成的一人一媒体、所有人向所有人传播的状况，完全颠覆了以往无论是报纸杂志还是广播电视以一对多的传播形态，造就了信息爆炸和信息迅速更替的新局面，这无疑会对以往的传播格局形成更大的挑战。

其次是媒体组织架构的变革。

电视媒体组织架构变革的三种模式

综合来看，目前电视媒体机构在组织架构方面的改革，主要存在以下三种模式。

第一种模式是区分文化公共服务与产业服务，将可经营性资产整体剥离，成立产业化传媒集团进行独立运作。上海电视台与上海 SMG 集团在 2014 年底到 2015 年初的整体组织机构设计思路、湖南广电集团在 2015 年中的整体架构设计，都是这种模式的典型案例。不过，由于各方面原因，这种组织架构变革模式的实施存在较大的困难，在实践层面的落地过程还比较漫长。

第二种模式是在电视媒体集团之下，针对若干垂直领域实施"制播分离"或产业化路线，在该领域由专门的机构全权负责整体业务发展和运营的相关工作。目前大部分的电视媒体机构倾向于采取这一路线。中央电视台在中国国际电视总公司之下针对体育领域成立了中视体育公司；湖北广电集团针对"三农服务"领域成立湖北长江垄上传媒集团，针对婚恋类服务成立湖北广电桃花婚恋文化公司；苏州广播电视总台针对"智慧城市"服务成立了苏州世纪飞越公司，都是此类案例。

第三种模式是基于区域化整合成立新的跨媒体机构，力图打造新型区域化主流媒体机构。这种模式指的是，部分地区在当地宣传管理部门的支持下，当地的主流新闻出版、广播电视等媒体文化机构共同成立跨行业的区域媒体集团。这方面的典型案例有河南省政府推动成立的河南大象融媒体集团公司（图1-4）、北京市政府推进成立的北京新媒体集团公司。[①]

---

① 2015—2016 中国电视媒体融合深度盘点 [EB/OL]. (2016-08-17) [2017-01-22]. https://www.sohu.com/a/110976553_451230.

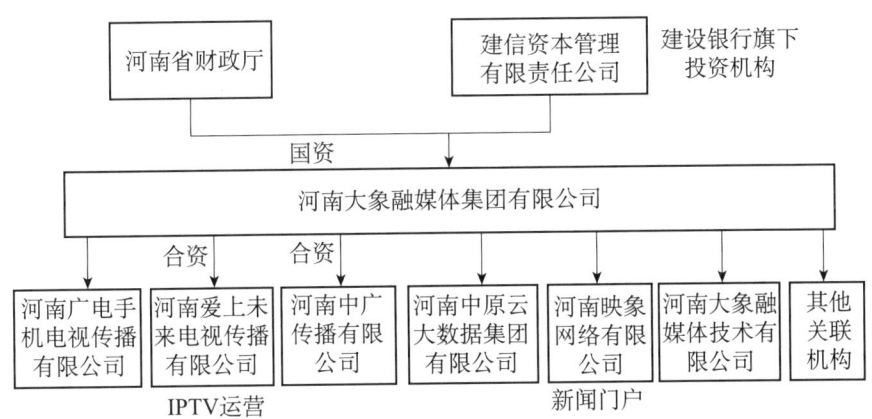

图 1-4　河南大象融媒体集团组织架构

再次是节目生产流程再造、传播平台的整合以及节目形态的改变。物质决定意识,技术决定内容。从载体上来看,媒介融合时代的广播电视已经发生了很大的变化,正从"广播"走向一种全新的融合形态——媒体"宽带"。新的媒介环境要求节目的生产和传播进行变革:一是生产流程的再造。为了适应多渠道、多平台的播出,满足融合时代受众的需求,必须改造传统的生产模式,重塑信息采集和内容表达的方式。二是广播电视媒体与其他媒体及播出平台关系的重构。如何与其他传统媒体合作,共享内容,在新媒体播出平台上竞合共赢?如何将资源最大化,探索全新盈利模式?如何与新媒体播出平台共享用户,拓展受众市场?基于新媒体技术,不同地域的媒体之间如何协作、共同发展?

在这两个变革的背后,还包含一系列的生产理念、生产管理体制、人才培养机制的变革等。

流程的再造、平台的整合给观众带来的直接感受是节目形态的变化。以广播为例,在面临电视、网络和移动通信的冲击下,广播一方面积极强化声音的优势,用"现场感"巩固听觉魅力;另一方面调动所有手段来加强节目的视觉化和交互性。正如案例一所显示的那样,广播正在利用新技术组织节目,逐渐从"听觉媒体"变为"五官媒体"。同时广播也在积极拓展与青年人的"声态关系",基于听众的特征来优化节目。

媒介融合是一种新的现象,它是一个发展变化的过程。迄今为止,学者们或许都认为它的未来还无法预测,但在一点上他们的看法却是一致的,那就是面对媒介融合,我们还没有一个完整的解决方案和日期,媒介融合是一个演变过程。并且,随着更多新技术的出现,媒介在融合中的功能和角色还将不断调整。从现在来看,广播电视在大融合的背景下呈现出以下四个方面的趋向:

> 1. 内容生成的"即时性",越来越多的内容生成和传播的过程正在重合起来;
> 2. 内容获取的"即地性",人们可以在任何地方以任何手段获取即时的信息;
> 3. 内容传播的"互动性",内容的接收者对接收的内容有更多的选择权;
> 4. 广告投放的"定向性",基于大数据的支持,广告商将更有效地针对目标客户群投放广告。

在这种环境之下,对广播电视媒体的发展和走向的把握与预见,是所有媒体决策者、管理者和从业人员、研究者和未来的媒体"来者"都必须关注的课题。

小结:媒介汇流

千百年来,人类一直梦想拥有"千里眼"和"顺风耳"。广播电视终于实现了这一梦想,跨越了时间和空间的边界,实现了传者和受众之间点对面传播的可能性;声音和图像的形象性、生动性,信号传播的即时性和现场性,受众可以拥有身临其境的体验与感受。但是很显然,人类的传播史不会就此止步,新兴媒体正在逐渐成长,并呈现出越来越强劲的发展态势,以广播电视为代表的传统媒体很快将从中心走向边缘,传媒格局将发生颠覆性的改变,以往因为媒介不同而产生的行业壁垒也将被打破,未来的传媒人很可能是真正意义上的"传媒人",而不是"报人""广播人"或"电视人"。传媒人,需要为此做好准备。

思考题

1. 什么是广播传播技术发展的过程中着重要解决的技术难题?
2. 除了技术之外,还有哪些因素促进了广播业的发展?
3. 什么是电视传播技术发展的过程中着重要解决的技术难题?
4. 从技术更新的角度来谈谈世界电视事业的发展。
5. 请结合身边的实例谈谈什么是媒介融合。
6. 结合实例谈谈媒介融合背景下媒体组织架构是怎样变革的。

Chapter 2
第二讲　广播电视传播符号

▶ 视觉符号系统
▶ 听觉符号系统

▶ 小结：需要技术，但不唯技术论

案例一　音乐世界：2016年欧洲歌唱大赛（Eurovision 2016）

2016年欧洲歌唱大赛（Eurovision 2016）刚刚降下帷幕，这一世界音乐盛典一直吸引着各国歌迷，很多非流行音乐爱好者也会关注。2016年的欧洲歌唱大赛在上届得奖歌手的国家首都，也就是瑞典的斯德哥尔摩举行。音乐馆选用爱立信球形体育场，可以容纳16 000名观众，电视实况转播两场的半决赛和一场决赛，很多网络传媒都有全场视频和参赛歌曲片段视频。观众除了在电视节目里观看演出实况和回放，也很容易在网络上找到音频和视频，非常方便。

2016年欧洲歌唱大赛

2016 年欧洲歌唱大赛（Eurovision 2016）冠军乌克兰的歌手亚马拉

值得一提的是欧洲歌唱大赛 2016 年首次向亚洲进行实况转播，所以大陆的观众也可以即时饱享视频眼福，湖南电视台授权实况转播。在大赛结束（凌晨）的当天，各大音乐网站都有音频专辑出现，速度之快相当惊人，而且一些榜首歌曲的点击量已经相当高。这说明越来越多的大陆听众和观众都在关注欧洲歌唱大赛。

2016 年欧洲歌唱大赛的评分规则有很大的改变，此为自 1975 年来的首次重大变革。在新系统中，所有国家的分数都将分为"专业评审委员"和"电视观众票选"两组。第一轮由各国报告本国专业评审委员会的计分，电脑自动在排行榜积分，最高分为 12 分。每个国家都会安排一位著名播音员唱票。第二轮是各国民众公开投票，英文叫 televote。积分按照级数上升。最终乌克兰队以 23 票的优势险胜澳大利亚队获得冠军，俄罗斯居第三位。（有删节）①

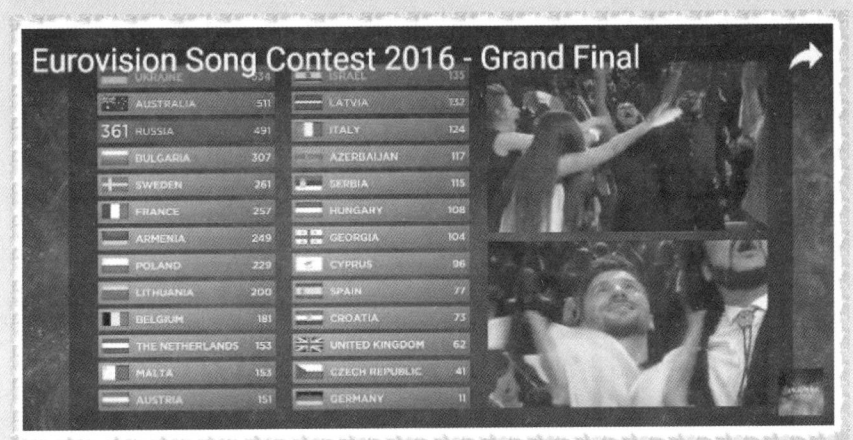

决赛经过 TELEVOTE 后的最终排行榜

世界最大的歌唱比赛是怎么制作的

案例二　《火星人入侵地球》:1938 年引起恐慌的广播剧

1938 年 10 月 30 日，万圣节的前一天，美国哥伦比亚广播公司报道了一个令人震惊的消息：一个巨大的陨星落到了新泽西的一个农场里，一群形象丑陋、手持喷火器和毒

---

① 音乐世界：欧洲歌唱大赛 2016（Eurovision 2016）[EB/OL].（2016-05-17）[2016-10-30]. http://blog.sina.com.cn/s/blog_bf9cf2bd0102x681.html.

瓦斯的火星人正在对地球展开攻击！这条消息立刻引起整个美国的一片恐慌。人们蜂拥到大街上准备逃生，很多人用湿毛巾捂住口鼻，也有一些勇敢者拿起武器，准备抵抗入侵者。在华盛顿州的康克托，当听到"火星人"捣毁通讯和电力系统时，该城正好停电，黑暗使全市居民更加惶恐不安，他们愈发相信真的是"火星人"杀过来了，由此陷入极度的恐慌中，惊恐万状地祈祷、躲藏、哭喊、四处逃散。

事实上，这是哥伦比亚广播公司根据英国科幻小说家威尔斯的科幻小说《星际战争》改编的广播剧《火星人入侵地球》。导演奥逊·威尔斯运用了逼真的音响效果为美国民众创造了一个极其逼真的灾难场面，使 600 万听众中至少有 100 万人对此深信不疑。

通常，广播剧播出 10 分钟之后会播放一段音乐休息一下，但是，当天的音乐被"突发新闻"取代了：一个天文学家证实，可以观测到火星上有几个很显眼的爆炸产生的"白色炽热气团"。紧接着，新闻称：一个"巨大的燃烧的物体"已经降临到了新泽西附近的一个农场。播音员还以记者的口吻做"现场报道"，描述说，他看见了火星人正从一个太空船里爬出来。"我的天，有个东西正在爬出太空船""他身上闪着光泽，就像湿漉漉的皮毛发出的光泽。啊，他的脸，简、简直是难以形容！"在描写这一段的时候，电台做了无声处理，几秒钟后，突然尖叫声四起："噢，上帝啊，它们是……太可怕了！噢，上帝啊！"然后，麦克风突然失灵了，所有声音都消失了……奥逊·威尔斯把这段时间拖了好长好长，最后，他用极其怪异的声音问："你们好！能听到我吗？有人在吗？"那时候人们早就夺门逃走了。

实际上，在广播剧播出时，开始和结尾都声明了这只是一个改编自小说的科幻故事；在演播过程中，哥伦比亚广播公司还曾 4 次插入声明，然而，谁也没有料到该节目会对听众产生如此巨大的影响！1938 年，全世界笼罩在第二次世界大战的阴影里，而《火星人入侵地球》所用的手法——急促的、喘着气的报道，同一个月前报道"慕尼黑危机"时的方式一模一样。威斯康星-麦迪逊大学的传播学教授麦克尔·赫密斯说道："在战争一触即发的年代，人们会想，'战争的威胁可以来自各个大洲，当然也可能来自太空'。"当然，除了当时的社会背景给人们造成的心理因素外，声音艺术的强大魅力和新闻传媒的巨大影响力也是造成这种恐慌的重要原因。（有删节）①

事件：《火星人入侵地球》1938 年引起恐慌的广播剧

---

① 事件：《火星人入侵地球》：1938 年引起恐慌的广播剧 [EB/OL]．（2005-11-03）[2016-10-30]．http：//scitech.people.com.cn/GB/25509/54887/54889/3825911.html．

如果你看过欧洲歌唱大赛的电视播出，不知道你看到那绚丽的舞台、梦幻般的场景以及一个个鲜活的选手时，心里是怎样的感受？想没想过，怎么把这么大型的演出搬上舞台并转化成电视节目？

如果你生活在1938年的美国，在广播中听到"火星怪物来袭"这样的"消息"，你会不会也一样惊慌失措、四处躲藏？

看完案例一，特别是延伸阅读的视频，你有没有感觉到在电视里看演出，跟在舞台表演现场看演出有什么不同？看完案例二，特别是其中对奥逊·威尔斯导演手法的描绘，你会不会对声音的"能量"有了新的认识？

广播和电视是用形象来讲话的媒介，一切意义都需要依托于形象来表达。那么怎样才能完成这种表达呢？怎样才能让这种沟通更加顺畅呢？这就涉及广播电视所使用的符号问题了。

"符号学"是研究"符号"及其在社会中运用的科学。符号学与广播电视研究密切相关，因为广播电视媒介恰恰也是利用符号及符号系统来传播信息、制造意义，达到人们沟通交流的目的。在符号学里，文字、画面、声音都被认为是"符号"。广播是听觉传播媒介，依靠声音符号来传播信息。而电视则是视听双通道传播媒介，它同时使用这三类符号。

总体来说，凡是在广播电视上运用的，能够表达出思想或感情，并使接受者获得信息的一切手段、方式方法，如口头语言、屏幕文字、各色音响等，都属于广播电视的语言符号系统。它是一种十分复杂的、由多种语言因素所构成的综合性的语言系统。

视觉符号系统

正如电视的英文Television一词是由表示"远，远的"前缀tel与表示"画面"的vision组成，电视首先是"看"的媒体。视觉影像是对受众最具冲击力的传播手段，而电视上的视觉符号有着非常丰富的表现形态。

> 从大体上来说，电视的视觉符号系统包括：屏幕文字，图形和动画照片，图片和实物资料、影像。

■屏幕文字

电视内文字的出现有两种情况：画面内的文字、屏幕文字或字幕。

> 画内文字指摄录的影像内存在的文字（如匾额、会标、标语等），这种文字使用得当，可以自然、准确地传达明确的信息。
>
> 屏幕文字指根据节目信息传达的需要，在后期制作或播出时加在影像、屏幕上的文字。这也是我们在这里要讲述的内容。

屏幕文字可以依附于画面，也可以作为一种独立的传播要素发挥作用。影像的视觉冲击力使其善于表达感性的、具象的信息，而文字则更加理性抽象，具有间接、明确和灵活的优势，因而在电视传播中常用于辅助其他形式的图像和声音传达准确的限定性信息，弥补影像多义性和声音产生的歧义等局限，发挥补充、说明、介绍、引导、强调、扩大信息量和美化画面构图等各种作用。特别是在突发事件的报道中，摄取画面需要一定的时间，以字幕的形式插播最新消息，既不影响正常节目播出，又能最快速地传播最新信息（图2-1）。

图2-1　中央电视台《朝闻天下》在节目播出时的字幕提示

近几年在综艺真人秀节目中流行的"花字"更是将屏幕文字的作用充分地展示出来。在遇到需要解释和强调的时候，增加解说、旁白会干扰观众观看效果，添加花字是很好的表现形式。花字还能够让画面"活"起来，让观众能够轻松获得讯息。在情节变数多的户外真人秀中，难以用简单的镜头语言表达清楚的信息可以用花字来完成。因此，有人称花字为综艺真人秀节目的制作"利器"。

比如在浙江卫视《奔跑吧兄弟》第二季中，被困在监狱中的陈赫找来包贝尔计算应用题，屏幕上便打出"就是这道销魂应用题"的花字，起到了很好的说明作用，也为后面包贝尔销魂地解题做了铺垫。花字的说明性作用在此得到了体现（图2-2）。

图2-2　浙江卫视《奔跑吧兄弟》第二季，被困在监狱中的陈赫找来包贝尔计算应用题

再比如在话题和笑点较多的地方，经常出现强调性花字来刻画嘉宾的性格、渲染节目

氛围。《前往世界的尽头》中,大张伟英语蹩脚,花字经常强调这一点,甚至说他是"蹦豆儿式英语",大大增强了大张伟的辨识度(图2-3)。

图2-3　江苏卫视《前往世界的尽头》中大张伟英语蹩脚

再比如,描述嘉宾的心理活动时,经常会有解释性花字出现,增强"笑"果。《前往世界的尽头》中,大张伟和姚笛一组进行牛车对决时,姚笛提示大张伟万一翻车得跳车,大张伟说:"什么?还要翻车啊?"此时花字"现在就想着翻车了?"配合上大张伟当时的眼神,很形象地将他内心的潜台词表达了出来(图2-4)。

图2-4　江苏卫视《前往世界的尽头》中大张伟与姚笛搭档挑战驾牛车

■图形和动画

对于一些抽象的数字、地理方位或者人物与人物之间、事件与事件之间复杂关系等不利于语言、影像和文字解释的,或者不便观众理解的信息,需要借助一些绘制的图形,甚至是电脑数字技术制作的动画来形象化处理。简化、形象、直观是这种方式传达信息的优势。

例如,综艺节目《哈哈农夫》经常使用各种图形和动画来传达当天的天气情况等具体信息。这不仅让观众对所在地的天气情况有所了解,而且还能够直观、形象地将嘉宾们的情绪呈现出来(图2-5)。

图 2-5 《哈哈农夫》中用动画和图形传达信息

例如,东方卫视在《东方新闻》节目中对楼市变化数据的处理,图形和动态演示让枯燥的数据鲜活起来,而且重点突出,一目了然(图 2-6、图 2-7)。

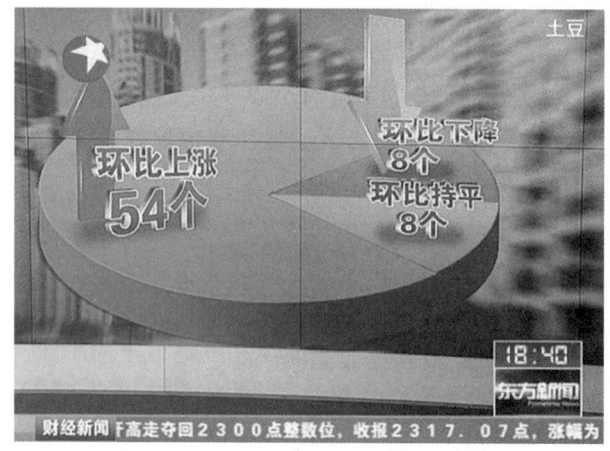

图 2-6 东方卫视《东方新闻》报道 2012 年全国房市变化饼状图

图 2-7 东方卫视《东方新闻》报道 2012 年全国房市变化曲线图

在呈现深奥晦涩的专业知识或难以用摄像机拍摄的内容时，编导往往需要借助动画来完成。比如，北京卫视节目《我是大医生》经常以动画来表现医学原理（图2-8）。

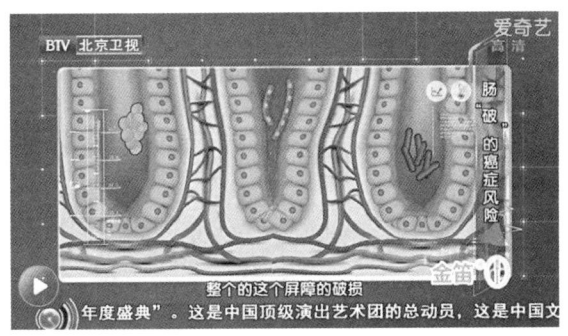

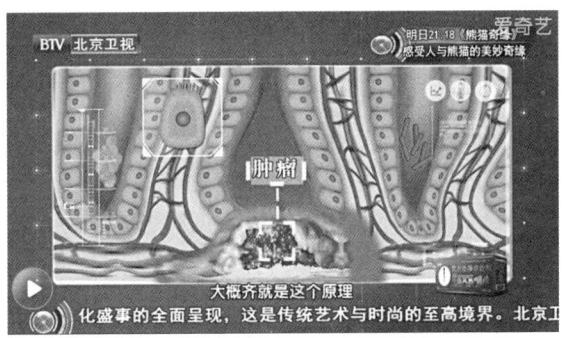

图2-8　北京卫视《我是大医生》用动画演示肠细胞被有害物质破坏致癌变的过程

■**照片、图片和实物资料**

这种符号一般是作为影像的补充，用于没有、无法或不宜拍摄活动影像的情况。传播形象的画面是电视的优势，但对摄录设备的依赖又制约了它的灵活性。在某些特定条件下，无法或不容许进行拍摄，不能获得活动影像，此时照片或绘画图片便成为形象表达的另一种选择。在很多历史题材的节目中，使用照片、图片等资料的情况最为常见。例如，辽宁卫视的《说天下》在讲到"历史上的今天"时，用了大量的照片来讲述"1894年4月14日，爱迪生展示了新发明的活动电影放映机"这一史实（图2-9）。

图 2-9　辽宁卫视《说天下》中用历史照片来讲述爱迪生发明电影

在很多技能、知识性的服务节目中，需要大量的模型等相关实物资料来演示说明，既补充了影像资料的不足，又能让复杂不明的信息直观形象地表述出来。比如，北京卫视的《我是大医生》经常在现场利用各种道具来演示深奥的医学知识（图 2-10）。

图 2-10　北京卫视《我是大医生》中用图板道具演示有风险的食物如何破坏人体肠黏膜细胞

■影像

电视影像是电视摄录系统对事物光影状态及其变化过程的连续再现。电视影像媒介特性的本质是对摄录对象具体可感性的再现。

1. 电视影像有如下几点特征：

（1）再现性的本质特征

作为活动影像的代表，电视电影经常并列讨论。然而，二者毕竟有所不同。人们常说好莱坞是梦工厂，这恰好说明了电影影像的造梦特征。而电视由于家居伴随性的观看方式（干扰多，较难沉浸其中）、节目类型的丰富带来的复杂含混和多义性、声像一体的技术优势等，相对于电影来说，梦幻色彩减弱了，现实色彩更加浓厚。

"电视具备了声音、画面和运动等多种维度的信息，现场采访和报道、实况转播节目等方式更提供了一种环境信息,从而使电视节目表现出全息化的身临其境之感。"①

> 这种全息化与电影造梦的全息幻觉是不一样的,电视的全息更多是参照社会生活原貌,真实地记录社会生活。因此,相对于电影来说,电视影像具有再现性的本质特征。

(2) 即时共享的传播特征

信息即时共享并不是电视独有的传播特征,广播也能实现这一点,但电视比广播多了影像,有了前所未有的身临其境的体验。当然网络手机等数字新媒体也可以实现这一点,但由于很多技术上的障碍(例如直播的技术及规范的尚不完善),电视在这方面仍有一定的优势。

曾听到这样一种说法:看电视时,电视中的人往往直接跟观众说话;看电影时,则是里面的人自己跟自己说话。这种说法虽不严谨,但却很形象地说明了电影与电视在互动交流方面的差异。我们把电视的这种直接对话的特点称为"即时性",即电视影像使观众产生的直接交流、仿佛所有节目是"实况转播"的感觉。电视中的"讲话者"直面镜头直接交谈的方式、电视的连续性播出、电视对"家庭"题材的不断使用,电视对现场直播方式的钟爱都造成电视具有即时性的因素。而现在,电视对互动性和参与性重视的不断升级、节目直播的日常化、普遍化,也都是对这种即时性优势的充分利用。

电视和网络都能够实现传播网络内受众接收的同时性,二者的社会影响范围都是非常广泛的,都能够在瞬间制造轰动效应。但就目前来看,由于监管制度和力度的不同,电视的共享带有更强烈的官方色彩,权威性、可信度都很高,而网络的私人化色彩更加浓重,很多人利用网络的迅捷获取信息,然后再通过电视来确认其可信度。

(3) 影像的单调性和孤立影像含义的不确定性

不管是在家居环境中看电视,还是在酒吧餐馆、公车高铁飞机上看电视,光线、噪音等干扰都是避免不了的,受众对电视影像的注意力难以持续,因此电视往往不像电影那样注意单幅画面、孤立影像的表现力,而是强调"整体"的效果。这表现在三个方面:

> 电视只对叙事性细节感兴趣,其他细节往往会被忽视,过多细节的呈现会使节奏拖沓;
> 电视中特写镜头的使用远远超过电影,且往往接近于真实的比例,剔除距离感和隔膜感,强化平等亲切感,电影则相反;
> 电视的丰富变化和趣味不是通过单幅画面的诸多细节表现出来的,而是通过迅速切换画面表现出来的,所以电视节目制作中常使用多机位拍摄、实时剪辑,而电影则是单机拍摄,后期剪辑。

---

① 高小康. 大众的梦 [M]. 北京:东方出版社,1993:96.

换句话说，电视影像的单幅画面相对电影来说会比较"单调"，孤立影像含义不确定，可以做多种理解。这也恰好说明了电视影像对外在动感的强调。

2. 电视影像符号包括如下要素

（1）画框

画框又称景框，原是美术创作中使用的一个名词。绘画时，用木条或者线条包围的一个封闭的四边框，把绘画的空间与绘画作品以外的空间分隔开，并且相互区别。影视作品的影像也是在这样一个四边框中呈现的，它大致相当于镜头的取景框。所以，简单来说，电视的画框就是电视画面的边界。

画框的存在造就了入画出画、画左画右等概念。拍摄对象进入画框就是入画，反之则是出画。而一个人或一个物体的位置方向，不是由它们所在的真实环境中的位置所决定的，而是由画框与它们的组合关系所决定的。画框使得画面的表现带有选择性，是取还是舍，取多少舍到哪儿，都有一定的意味，这就是画框的表意功能的体现。

画框还造就了画内空间和画外空间的概念。画内空间，顾名思义就是画框内的空间，画外空间就是画框外的空间。前者是我们在画框以内能够直观看到的，而后者是留给我们去想象的。电视则倾向于画外空间。电视是连续性播出，节目与节目之间是无缝对接的，每个栏目都有自己的播出周期，再加上电视更具有家居性，人们对它的态度是很随意的。电视更讲求开放性，讲求与观众的互动和交流，所以在电视中我们经常看到主持人直接面对镜头——对处于画外空间的观众讲话，这是邀请观众与电视人共同完成节目的意思。

画框是我们进行构图的基础，构图是在画框内完成的，所以画框的比例也直接影响了电视节目的摄制。譬如在比例为4∶3的画面中看着不错的构图放到16∶9的画面当中就会变得畸形。目前，液晶电视的画面比例基本上都是16∶9，这就要求我们在拍摄时也必须以这个比例来取景。

（2）机位

机位，也叫镜位，是指任何镜头开始时，摄影机（有时候也要考虑到灯光的配合）在真实空间中的位置。机位的确定大体上规定了镜头的视野范围。机位的确定是人为的，所以在电视画面中我们能看到的视野范围决定于摄像和导演的主观意愿。

机位能够决定角度，它与被摄物体水平夹角和高低落差的不同会使画面角度产生差异。低于被摄物，仰视；高于被摄物，俯视。机位有时也能决定景别（在不改变焦距的情况下），由于它距离被摄物体的远近不同会造成景别（被摄物体在画面中展示出来的范围）的差异。机位越远，景别越大；反之，越小。当然，拍摄的角度和景别也是摄制者主观意愿的表现，或者为了叙事，或者为了抒情表意，并由此形成某种风格。

电视节目的制作方式是多种多样的，除了ENG（电子新闻采集）是单机外，其他两种主要方式ESP（电子演播室制作）、EFP（电子现场制作）都是多机位摄制，拍摄时同时使用几个机位摄取影像并在它们之间相互切换。目前的技术甚至可以同步在线包装，尽量减少后期的制作。这样一来，"屏幕上时间的进程严格地遵循着表演时的连续性，在电视中对时间的压缩要远远低于电影"①。

案例一中的欧歌赛就是 EFP 方式制作的，仅仅场地内就有 22 台摄像机。

（3）景别

在影视拍摄中，由于被拍摄物体与摄像机的距离不同，或者摄像机所使用镜头的焦距不同，导致画面上被摄物体展示出不同的范围，这就是景别。景别是依据画框中所摄取的景物范围的大小来划分的。但是景物是有区别的，物品的范围大小与人体的范围大小显然不同，成人与儿童也不同。因此为了统一标准，便于操作，一般以画框中所截取的人物身体部分（通常是成人）的多少来判定景别的种类。如图 2-11 所示。

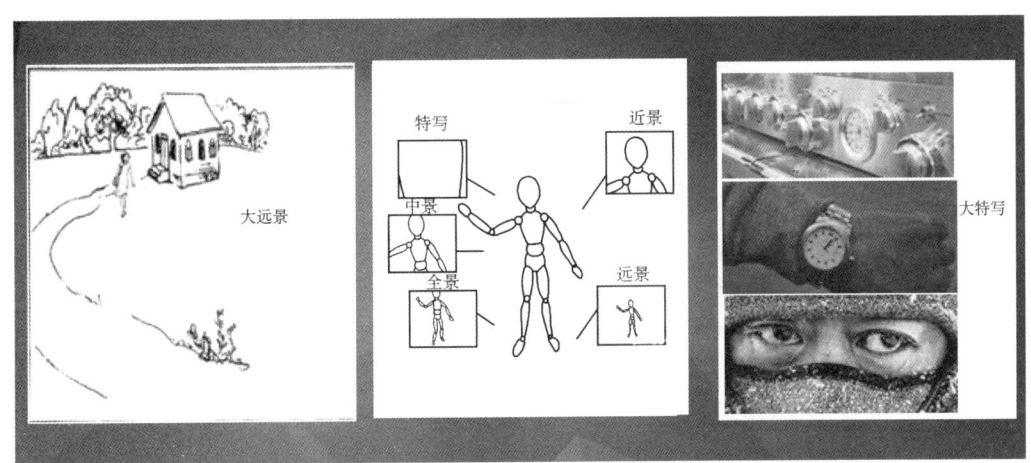

图 2-11　景别类型

需要注意的是，各种景别的不同是相对而言的，具体问题要具体分析。比如集体照和其中某个人的全身照，我们都可以称之为全景，前者是集体全景，后者是单人全景。

景别可以引导我们关注一个事物或事件的不同部分，借此进行叙事或抒情表意，并形成节目、栏目或者导演等摄制者的个人风格。同时，景别还是可以用来展示时间和空间的有力工具，摄制者可以借助景别来建立节目与观众、人物与人物之间的情感距离。

（4）角度

摄影机与被拍摄物体之间，不仅会有因距离的远近形成景别的差异，而且还会有角度上的差异。摄影机与被拍对象在水平方向的夹角与垂直方向的夹角综合被称为角度。摄影机距离被拍摄对象的远近会影响到角度的大小。距离远，夹角不明显，角度小；距离近，夹角明显，角度大。

为了更加清晰地阐述角度的分类及其表达的意义，我们做了如下的表格（表 2-1）。

---

① 麦克奎恩. 理解电视：电视节目类型的概念及变迁 [M]. 苗棣，赵长军，李黎丹，译. 北京：华夏出版社，2003：7.

表 2-1　拍摄角度及其功能

水平方向	正面		介绍人或物的全貌，是表现面部表情最有效的角度，也称为"表情角度"。同时这也是直接与观众交流的角度，主播主持人经常用这个角度来营造与观众直接交谈的感觉。
	侧面		适合表现运动、动作、人与人的交谈，蕴涵着一种潜在的动势，也称"运动/动作角度"。
	背面		适合表现人物与背景的关系，含蓄地引发观众的想象，是一种用来制造悬念的角度。
垂直方向	平视		典型的新闻摄影角度，表达平等、平静、客观、公正的态度。
	仰视		被摄物体显得高大、强壮、雄伟，有从上往下倾轧的态势，表达景仰、崇敬的态度。（有时借助画面的变形表达讽刺、贬斥、否定的含义）
	俯视		被拍摄物体显得低矮、渺小、可怜、猥琐、受压迫，表达蔑视、贬斥的态度。（有时表达怜惜之意）

所有这些角度在电视画面中都有出现，但是并非所有的角度都常见。在水平夹角中，正面、侧面是最为常见的，特别是正面镜头。这是电视即时性传播特征的一大集中体现，是"电视在跟我们说话"的最直接体现。电视主持人、记者即便是在与谈话对象交流时也不会忘记照顾镜头，不断地直面镜头讲话，并且还会要求谈话对象对着镜头打招呼；综艺节目中的表演者在表演过程中也会正面面向镜头，与观众进行眼神交流。侧面镜头则在谈话节目中最为常见。背面镜头在电视中使用得较少，概因电视的日常交流性排斥这种不大符合社交礼仪、让观众感到不被尊重的角度。在垂直方向的夹角中，平视镜头是最为常见的，俯仰镜头较少，需要特别效果时也会使用，尤其是在需要视觉刺激的节目中，比如案例中的欧歌赛就有大量的俯仰镜头。

（5）焦距和景深

焦距是物理光学中的一个概念，指从镜头的镜片中心点到光线能清晰聚焦的那一点之间的距离。焦距是镜头物理性能的重要参数，它会影响镜头的视野宽度（视场角）、成像的放大率以及景深（画面的清晰范围）。焦距长短的不同构成了长焦镜头、标准镜头和短焦镜头。如果镜头的焦距是固定不变的，又叫作定焦距镜头；如果是可以连续变动的，则叫作变焦距镜头。变焦距镜头的使用形成了改变空间透视效果的推拉镜头。

长焦距镜头焦距长，放大倍率大，因此又称"望远镜头"。但它视角小，视野范围较窄，因此又称"窄角镜头"。同时景深小，主体周围很小的区域内清楚，前景背景均模糊。

短焦距镜头视角大，视野范围宽，因此又称广角镜头，可以表现较大范围的视域，但放大倍率小，景深范围大，画面中几乎全部都是清晰的。这种镜头会夸大前后景的距离，空间的透视比例比实际大，有点咫尺天涯的感觉。

无论长焦还是短焦镜头，都能表现出一种主观化、戏剧化的影像风格。那么如果想表现更加生活化的、纪实性风格的影像效果该怎么办呢？我们可以使用标准镜头，也就是中焦距镜头。中焦距（标准）镜头，放大倍数中等，景深范围中等，最前面、最后面会模糊。拍摄出来的画面透视效果正常，与眼睛直接看几乎无异，不具备夸张作用。

> 景深是距离摄影机镜头最近的清晰影像到最远的清晰影像之间的距离，简单地说就是画面的清晰范围。景深的大小由光圈、焦距、物距决定。

通过一定焦距的镜头拍摄到的、具有一定景深画面的空间叫作景深空间，它主要分为浅景空间（Shallow space）与深度空间（Deep space）。不同景深空间有不同的物理特点和成像特点，摄制者借由不同的景深空间表达不同的含义。如表2-2所示。

表2-2　景深的特点和功能

景深空间	景深和焦距特点	图例	成像特点	表意
浅景空间	浅景深 长焦距		将景物中清晰的范围控制在有限距离内，只把被拍摄的几件物体对焦，吸引观众注视	单一
深度空间	深景深 短焦距		前景与背景之间的较大范围都在焦距内，诸多物体被对焦，讯息同时包含在各层面	含混

（6）运动

影视影像都是运动影像，这与长期以来占据视觉领域的绘画、照相不同。运动影像的形成有几种情况：比如被拍摄对象的自然运动，比如摄影机的运动或镜头焦距的变化，比如镜头的切换或其他特技效果造成的影像运动。今天，自由的运动镜头成了电视画面的时尚，从MTV到广告，从新闻到电视剧，从综艺节目到纪录片，运动画面作为自由揭示空间的重要手段越来越受到大家的青睐。

电视摄像机的运动大致分为两种情况：

> 镜头位置改变带来的运动，又称广义的移镜头，这种情况比较复杂。
> 位置不变、角度改变带来的运动，又称摇摄，可以对被摄物进行水平或垂直扫视，或跟随注视运动中的拍摄对象。

具体分类情况见表 2-3。

表 2-3 镜头的运动

			水平方向	推、拉
移动镜头	位置改变	直线方向的运动	垂直方向	升、降
		复杂的运动轨迹	地面	地面移动
			空中	空中移动
摇摄镜头	角度改变，即摄像机镜头以固定支点为圆心做旋转运动	正常速度		摇
		快速度		甩

此外，镜头焦距的变化也会造成影像的运动，这就是变焦摄影。变焦摄影利用的是镜头焦距的变化来实现被摄物体景别的变化，此时摄像机是不动的。变焦摄影形成的画面效果与推动或拉动摄像机造成的效果相似，以至于很多人分不清这二者之间的区别，实际上却有不同。

> 变焦并没有改变摄像机的位置，摄像机与被摄物体之间的空间关系和透视结构自然也就没有发生变化，这使得观众感到摄像机将被摄物体"拉"到眼前或"推"到远处。
> 移动是通过改变摄像机的位置而形成的效果，这必然造成摄像机与被摄物体的空间关系发生变化，也就是透视结构发生变化，这使得观众感到向物体接近或远离。
> 如果镜头不长，这种差异还不太明显，但如果是长镜头，差异就显得十分突出。

变焦镜头在电视画面中被大量使用。这是由于变焦镜头可以不通过移动摄影机来改变被摄物体的景别，既符合电视拍摄省时省事以达到最佳效果的要求；又解决了电视拍摄中常常无法控制机位的选择，进而无法控制被摄对象的问题。例如新闻和纪录片的拍摄，使用变焦镜头可以方便地调整景别和空间关系。

在电视节目的实际拍摄过程中，所有这些运动方式以及静止（固定镜头），往往是综合运用的，特别是在使用摇臂的情况下，运动轨迹会更加复杂。我们不需要对其进行严格的区分。为了获得更加流畅、稳定的影像效果，摄制者会借助很多器械设备来完成镜头的运动，例如斯坦尼康（Steadicam）、飞行器、轨道、推车等。随着技术的进步，摄像设备越来越小巧轻便，有很多数码单反相机也具备了很好的摄像功能，例如佳能 5D2、佳能 6D，甚至好莱坞电影拍摄也会使用这样的相机来辅助拍摄。如图 2-12、2-13 所示。

运动镜头最明显的作用是使得空间的展现更为形象逼真。当然，镜头的运动也可以用来叙事，引导观众的视线，甚至是形成节目的风格，比如《焦点访谈》的开始，镜头边降边推向主持人，结尾时一边升起一边拉开，前者表示节目开始，引导观众"入戏"，后者表示节目结束，引导观众"出戏"。由于长期使用这样的开始和结尾，这种镜头的运动便成为该栏目的风格特征。

图 2-12　现在的足球比赛中经常会使用到斯坦尼康

图 2-13　轻便的数码单反相机可以架在轨道上进行各种运动效果的拍摄

除了以上这些之外，构图、光影、色彩也是影像符号的构成部分，而这些与绘画等造型艺术的原理是相通的，这里就不详谈了。

听觉符号系统

今天来看，"火星人入侵地球"的事件更像是一个笑话。光凭人家一张嘴，你怎么就能信以为真呢？我们常说眼见为实、耳听为虚，那么为什么眼见的就是真的，耳听的就有可能是假的呢？有实验证明，在人类对周围世界的感知中，60%—80%的信息来自视觉，其余部分来自听觉、嗅觉、触觉等所有感官之和。因此，我们更相信眼见的。而当我们眼见不到时，好奇心会让我们下意识地去想象，试图构建出完整的信息形象。耳听恰恰就给了人们这样的空间。而某些心理暗示会进一步夸大声音信息代表的整体形象，比如刻意营造的悬念会加强恐怖心理，对未知的想象自然变得更加可怕。这就是声音符号的魅力所在。

> 广播电视的听觉符号系统，即声音系统，都是由（有声）语言、音响和音乐组成的。

不过，在使用的方式方法上二者略有不同。

■（有声）语言

> 有声语言，又称为人物的语言、人声，即人在表达思想和喜怒哀乐等感情时所发出的各种声音。

在广播电视节目中，语言是信息和情感交流的重要手段，因为音高、音强、音时、音色等的作用，语言的表达方式和含义也会大大地丰富。

借鉴戏剧类艺术形式的理论，有声语言从表现方式来看主要可以分为：对白（对话）、独白和旁白（画外音）。从新闻报道的角度来看，有声语言从语态上又可以分成新闻播音语言、新闻报道语言、实况语言、点评解读语言、主持人语言等。不过，广播电视节目种类繁多，除了剧类节目、新闻节目之外，还有大量的其他类节目，因此有声语言的使用也更加丰富。为了更好地阐明这一点，我们从讲述者来源角度来对有声语言再行分类，将其分为人物话语、作者话语。

人物话语是指由节目中人物讲述的话语。这个人物既可以是虚构的（比如案例二中广播剧演员扮演的"记者"），也可以是真实的（比如案例一延伸阅读中 2016 年欧歌赛的工作人员）。虚构的人物往往是根据台词讲话，真实人物则是在节目中即兴或半即兴地发表自己的看法，提供自己所知的信息。

作者话语，顾名思义，就是节目的作者讲述的话语，当然作者一般不会真正出现在节目中，它的讲述通常都是由主持人、播音员、配音人员"现身"或"出声"来完成的。作者话语是作者赋予节目片段或者整个节目的某种信息，这种信息有可能只是单纯的介绍、讲解，也有可能是作者的感慨、评价。作者话语在节目的实务操作中，通常被称作"串联稿/词"（供主持人播音员使用）和"解说词"（供配音员使用）。作者不是以节目中的某个人物的身份来表达信息，而是抽离出来，作为一个旁观者来向观众传达信息。

作为传播媒介，无论是广播还是电视都会大量使用作者话语，以较为纯粹的大众信息传播者身份游离于事件之外，直接将事实和观点传达给受众。因此受众在收听或收看节目时常常会有一种被动的感觉。不过，由于缺少视觉符号系统的干扰，而且没有暴露直观形象隐私的担忧，广播往往会让人更容易进行深层次的心灵沟通，因此情感类节目、帮扶类节目一直是广播中比较受欢迎的节目类型。语言是广播最基础、最直接、最主要的表现手段，广播也更加注重语言的使用。

有声语言在广播电视节目中主要有以下几点作用：

1. 解释说明，补充交代，叙事描述

电视是以视觉为主的媒介，但是总有些内容是无法用图像来呈现的，比如消逝的历史，比如因条件所限难以拍摄的人、事、物。这时候就可以利用语言来解释说明、描述交

代。尤其是在讲述知识、技能等教育服务类节目中，没有语言的说明有些内容是无法展示清楚的。而在广播节目中，由于没有影像直接地展示，大部分解释说明工作都是由语言来承担的。从体育比赛的解说来看，广播体育比赛的解说以述为主、评为辅，而且语速很快，这是因为没有画面信息，解说必须描述赛场情况，跟得上比赛节奏。而电视则不然。早期电视体育比赛的解说（例如宋世雄时期）跟广播很像，有大量的描述，但现在的解说却越来越倾向于点评和介绍背景信息，补充画面交代不到、交代不明或根本没有交代的内容。

2. 阐发理性内容，表达节目主题

虽然影像直观形象，容易理解，但在反映复杂的生活、纷繁的世事、深刻的意义方面，往往就比较困难了，更无法体现观点、态度，发表评论。形象的信息可以借助图像来传达，抽象的内容往往需要依附语言。语言是表达理性世界的直接手段，依靠语言可以深化主题，传播思想，表达作者的观点或倾向。电视专题片《舌尖上的中国》第二季第二集《心传》中，有这样几段解说明显是在阐述编导对于"心传"内涵的理解：

> 有一千双手，就有一千种味道。中国烹饪无比神秘，难以复制。从深山到闹市，厨艺的传授仍然遵循口耳相传、心领神会的传统方式。祖先的智慧、家族的秘密、师徒的心诀、食客的领悟，美味的每一个瞬间，无不用心创造。
>
> ……
>
> 所谓"心传"，除了世代相传的手艺，还有生存的信念，以及流淌在血脉里的勤劳和坚守。
>
> ……
>
> 从手到口，从口到心，中国人延续着对世界和人生特有的感知方式。只要点燃炉火，端起碗筷，每个平凡的人，都在某个瞬间，参与创造了舌尖上的非凡史诗。

而下面这一段解说则是对船点手艺夹叙夹议的评价，表达了编导对糕点制作工艺的高度肯定。

> 从塑造汉字到塑造糕团，"象形"一直是中国人的独门心传。这种别具一格的糕点，已经不是单纯的食物，而是更高层次的、对生活情趣的审美。制作船点，既需要灵巧的手法，更需要先天的悟性。能见识到这门手艺，已经是莫大的奖励。师傅则有另一番用意，为了延续苏式糕点的传奇，他一直在寻找合适的接班人。上有庙堂之高，下有江湖之远，成为一名白案厨师的路，阿苗才刚刚起程。而更多关于食物的传承，恰恰是在最平凡的生活里。

3. 反映内心活动或情感

人物的内心活动是很难表现的。电视可以通过捕捉人物的外表、神态来传递一部分内心活动和情感,但是人的内心是极其复杂的,很多深奥的思想感触、微妙情绪情感仅仅通过图像是难以准确表达出来的,因此还需要借助语言来反映。而广播就更需要依靠语言来表情达意。

英国著名作家萧伯纳说过,在英语里有 50 种说"是"的方法,有 500 种说"不是"的方法,而写的方法只有一种。在日常生活中,因为语音、语调的不同,语言含有的意味也不大相同,人内心的很多真实情感也是通过语言表达出来的。

4. 塑造人物特殊的性格

人的形象是个整体概念,人声也是形象的一部分。在广播电视艺术类的节目中,塑造人物形象往往也需要在声音上做一番文章。电视剧《如果蜗牛有爱情》中女主演王子文坦诚在出演许诩这个人物形象之前,她不断调整声音和状态,因为导演认为这个人物应该是成熟的,声音也是如此,所以王子文削弱了原来设计的比较"萌"的状态。

> **《如果蜗牛有爱情》王子文如何在声音上演绎"天才少女"**
>
> 《辽沈晚报》:《如果蜗牛有爱情》中的许诩跟之前的"曲妖精"差别很大,对你来说在表演上会不会有什么挑战?
>
> 王子文:说实话许诩这个角色真的不是很好演,因为她不属于正常人范畴的,我在演之前也想过怎么去处理一个天才。她不是一个符号很明显的天才,但却很接地气,她的思维逻辑或者世界观,和普通人不太一样,所以这个分寸很难把握。我大概用了一周的时间吧,从声音到状态一直在做调整,一周以后就觉得挺好的了。所以演的过程算是一次尝试吧,我也尽量得让她显得特别一些,但是又不是那么与众不同。
>
> ……
>
> 《辽沈晚报》:动漫中像许诩这样的天才少女往往人气都很高,你的表演会不会也参考了动漫中这类人物的萌点?
>
> 王子文:没错,我在想到许诩这个人物的时候有参考动漫的元素。她不是一个生活剧的女主角,也不是纯偶像的,咱们这个戏是带着动漫气质的。最开始我在表演上会处理得更加卡通一些,更加萌一些,但是导演觉得许诩不应该是这么呆萌的小孩,还是应该有点女人味的,他觉得许诩的声音是成熟的,所以我把"萌"的状态给削弱了(有删节,题目为本书作者另加)。①

当然,除了音调音质等方面的物理属性外,有声语言的内容也是塑造人物形象的元素。网络语言中常说的"高冷范儿"也包括讲话简练、一语中的的特点,而"话痨"则说的是言语絮烦、说个不停的人。

---

① 《如果蜗牛有爱情》"曲妖精"变"天才少女"王子文:被王凯拎时感觉很萌 [EB/OL]. (2016-10-28) [2017-01-22]. http://www.sohu.com/a/117503173_120000.

5. 连接转场

节目都有一定的结构，而且往往分成若干个段落进行叙述，段落之间会有起承转合的关系。而语言可以成为连接这些段落的"纽带"，就如同文学中那些关联词一样，起到提示和承前启后的作用。比如我们经常会在节目中听到主持人在自己的主持稿中利用"接下来""再""所以""但是"等关联词来衔接前后的内容。除此之外，语言的连接也可以相对含蓄。

仍然以《心传》为例来看。这一集在讲述第一个故事的时候，有这样两段解说：

> 5月，徽州的油菜籽成熟，它是当地食用油的制作原料，农民们的忙碌可以保证自家厨房一整年出产美味。中式烹饪，油是锅具和食物之间的媒介。热力作用，产生出奇妙而丰富的烹饪方式，植物油脂比动物油脂更易获得，而且健康。这个秘密的发现，使人类的烹饪史前进了一大步。
>
> 美味的前世是如画的美景。清明，正是油菜花开的时节。富塔村唯一的油坊主程亚忠，和其他中国人一样，在这一天祭拜祖先。油坊的劳作决定全村人的口福。中国人相信，万事顺遂，是因为祖先的庇佑。田边的邂逅，对同村的程苟伙来说，意味着用不了多久就能吃到新榨的菜籽油。清晨，春雨的湿气渐渐蒸发，接下来会是连续的晴天，这是收割菜籽的最好时机。5天充足的阳光，使荚壳干燥变脆，脱粒变得轻而易举。菜籽的植物生涯已经结束，接下来它要开始一段奇幻的旅行。

注意"美味的前世是如画的美景"这句话。美味显然是在承接前文，而"美景"显然是开启下一段关于油菜开花农民准备收割菜籽的场景，特别是后面紧跟的"清明，正是油菜花开的时节"。这里没有利用关联词，而是直接描绘内容来衔接。由于用词巧妙准确，段落之间过渡得非常自然。

■音乐

广播电视中的音乐大致上以三种形式存在：音乐节目、节目音乐、实况音乐。

> 音乐节目，顾名思义就是以音乐为基础和表现题材，用广播化、电视化的手段制作而成的节目形态，例如《蒙面歌王》。
>
> 实况音乐，就是节目现场的同期音乐，是同期声的一部分。

这两种情况都比较好理解，前者音乐就是表现对象，后者音乐是现场声（同期声）的有机组成部分。

节目音乐的情况是最为复杂的。

> 节目音乐，顾名思义就是在节目中所使用的音乐，它并不是节目的主体，而是节目的一部分，从属和服务于所参与的节目，是节目的一个组成要素和表现手段。

节目音乐往往具有以下几方面功用：

1. 作为节目配乐，揭示、概括和深化节目主题，抒发情感和强化情绪，渲染烘托气氛，描绘景物环境

音乐具有概括性和提炼性的特征。节目音乐尤其是主题音乐，对于表现节目的主题思想或节目中的人物感情，有明显的增效作用。如电视剧《琅琊榜》的主题曲《风起时》，深沉大气，与主人公梅长苏满身沧桑却不改报国情怀的形象非常贴合，同时也非常鲜明地表达出复仇与报国兼备、柔情与铁血并含的故事主题。

《风起时》

变幻 风云几卷
乱世起惊澜
血仍殷 何人心念
烈火清平愿
慧剑 借别红颜
无意续余年
帝阙巍 豪气仍在
冰心誓破长夜天
昔年朱弓 壁上空悬
征途望断 铁甲犹寒
明眸在心 青山难掩
江山如画 是我心言
关山横槊 谁可补天
碧血长枪 昨日少年
孤影归途 不见烽烟
一笔千秋 后人心间
风起
云散

音乐是抒情的艺术，几乎每一首乐曲都能够表达某一种情绪或情境。在一些广播电视节目中，比如广播剧或广播谈话节目经常会利用音乐来充当有声语言的背景和衬托，以表情达意，而战争片或恐怖片则经常利用音乐来营造一种紧张恐怖的气氛。

节目所反映的事件或人物，都有特定的时间、地点和环境。节目音乐对于说明这些信息也有着独到的作用。如一段苏格兰风笛往往意味着故事发生在苏格兰，一首《大海航行靠舵手》则很可能将我们带回"文革"时期。

2. 作为编辑手段，凸显、整合节目，创造蒙太奇效果

节目音乐可以帮助衔接段落，连贯画面或其他声音信息，形成节奏，甚至创造出蒙太奇的效果。例如丹麦旅游局摄于 1988 年的旅游宣传片《丹麦交响曲》，全片约 20 分钟，700 多个镜头，却没有解说词、对白和字幕，画面与画面的衔接仅靠剪辑，而剪辑的重要依托是音乐和音响。

美国电影理论家克拉考尔曾说过："只要一响起音乐，我们就会感受到某种本来并不存在的结构形式。"由此可见音乐强大的整合能力。

3. 作为节目的声音标志

为了吸引和抓住受众或加深受众的印象，提高节目的识别度，广播电视节目经常会在开头或结尾使用一段固定的音乐作为标识，就像企业的 LOGO 一样。标识音乐是节目"视听识别系统"非常重要的一部分，可以说是节目的听觉标牌。《新闻联播》节目多次改版片头，但是音乐始终未变，为的就是不断强化这一品牌的标识形象。

4. 作为节目的间隔或过渡

如前所述，一个完整的节目往往分为几个小的段落，段落与段落间需要衔接，完整的节目与节目之间也需要衔接，而音乐可以像文章的标点符号一样将不同部分的内容衔接起来，自然地引导着节目的背景、转场、效果及结束。

5. 作为补白填充时间空当

音乐作为补白时，虽然也有一定的衔接作用，但音乐与节目内容之间的关联性较弱，有时甚至是毫无关联。在广播节目中，经常会出现还有一两分钟节目就要结束而来不及展开一个话题的情况，此时主持人就会播放音乐来作为节目最后的补充，既填补了节目时间，又可以很自然地过渡到下一个单元。

如果从音乐的声源上看，广播电视中的音乐可以分为两种情况：

> 有声源音乐，指节目（画面）中提供了音乐声源的音乐，如节目中演员在唱歌，此时听到的歌声来自演唱现场，那这就是有声源音乐。因为交代了声源，这种音乐的出现和使用往往显得很客观，仿佛不带有录摄者的主观意图，因此又称为现实性（写实）音乐、客观音乐。同期声中的同期音乐、前面所说的实况音乐都是这种音乐。
>
> 无声源音乐，指节目（画面）中没有提供音乐声源的音乐，是节目制作者为节目搭配的音乐，音乐并非出自节目录制现场。节目音乐绝大多数都是无声源音乐，俗称配乐。如前所述，节目音乐的使用都有一定的目的，因此，无声源音乐又称为功能性音乐、主观音乐。

此外，音乐还可以分为器乐和声乐，二者在广播电视音乐都有使用。作为大众传播媒介，通俗音乐流行歌曲在广播电视中占有更多的分量。

■音响

> 音响是指除语言、音乐之外的其他声音的统称,这是视听艺术特有的一种声音类型。

音响的种类非常丰富。

> 根据发声物的不同,音响大致可以分为:动作音响、自然音响、背景音响(环境音响和环境声)、机械音响、特殊音响;
> 根据作用的不同,音响可以分为主要音响和次要音响(背景音响);
> 根据功能不同,音响可以分为细节音响和环境音响;
> 根据声源的不同,音响又可以分为实况音响和音响效果。

下面我们就几种不易理解的音响进行详细介绍。

实况音响,指伴随着事物发展变化、人物活动和采访过程发生的,经过记者的选择、采录并运用到节目中的各种声音。这种音响是客观物质运动声波的真实再现,具有现实还原的特点,因此常常被用于新闻节目中。其中人物活动的音响是一切实况音响中最有吸引力和感染力的声音。例如足球比赛现场观众的呐喊声。

音响效果,指信息传播者制造出来的或者转借来的声音。实况音响具有客观真实性,而音响效果仅有真实感却不具有客观真实性,所以新闻类节目一般不使用音响效果。其他节目在非客观再现的情况下,为了烘托某种气氛或为了改变节奏,可以使用音响效果来增强传播效果。例如娱乐节目中为了配合某位嘉宾"伤心欲绝"的表情动作,会使用仿佛心碎的"咔嚓"声。音响效果往往是人造出来的特殊音响,调音台中往往存有各种不同的效果声,供音频师来使用。

背景音响,又名环境音响、环境声,顾名思义,就是节目场景中的环境音响,是同期声中的一种,又可称为同期音响。环境声有效地揭示了场景的性质、状态,例如在菜市场里的对话与在教室里的对话,其环境声是完全不同的,即便没有画面我们也可以通过这一点来判断对话发生的地点和场所。

特殊音响,指人为制造的非自然界的声音或是处理后的声音,多用于神话、惊悚或科幻作品,如宇宙飞船在太空中运动的声音、远古时期的恐龙叫声等。综艺节目中也经常采用这种音响。此外,无声也是一种特殊的音响。广播剧《火星人入侵地球》的导演在一大段"记者"的"现场报道"之后,巧妙地利用无声拉长等待的时间,加重初见火星人的恐怖感。

一般情况下,新闻节目中所使用的音响都比较简单,主要运用实况音响(包括现场音响)来提供重要信息,起到支撑主题的作用。而娱乐节目则需要为受众提供更丰富的信息,所以更乐于采用大量复杂的音响效果。例如情景喜剧,除了现场的实况音响之外,还会使用"罐装笑声"来提高受众的注意力,制造现场的喜剧效果,这也是创作的一种美学追求。

> 在广播电视的声音体系中，音响也起到了很重要的作用，它有效地参与了对空间的塑造，加强了受众对节目场景的认同，可以渲染环境气氛、烘托情绪基调，甚至可以起到叙事性的作用。

1. 增强事实传播的真实感和感染力

现实生活中可能没有语言、没有音乐，但却不可能没有各种各样的音响。因此，音响是表现生活原貌，使人产生身临其境之感的最为有效的手段。试想如果没有时远时近的汽车轰鸣声，在公路上进行现场报道的节目还能让人信服吗？如果没有爆炸声、人们的尖叫声和哭喊声，"9·11"恐怖袭击事件还会那么惊心动魄吗？

2. 代替语言进行叙述或传播信息

不同的音响代表了不同的信息，因此有时候可以运用音响来代替语言的叙事或解说功能。例如"汪汪"声可以代表狗，"咿咿呀呀"可以表示戏曲演员在练声。特别是现场实况音响，它通过事实本身说话，具有无可置疑的真实性和解说难以达到的生动性。1999年9月6日，埃及总统穆巴拉克遇刺受伤，由于事起突然，在场的电视记者没能及时拍到实况画面，观众从电视上了解到的关于这一事件最直接的信息是：现场惊恐的群众和突然响起的几下清脆的枪声。声音成了最权威的信息。

3. 渲染环境气氛、烘托情绪基调

与音乐相同，音响也有很强的渲染作用。例如敲锣打鼓不仅仅表现的是动作和情节，也可以渲染出一种欢乐的喜庆气氛。前文提到的"罐装笑声"、《火星人入侵地球》中的一段无声都很好地说明了音响的渲染和烘托作用。

4. 拓展空间，增大信息容量

在电视节目中，画外音可以暗示给观众，在画面以外发生了什么。而不见其形，但闻其声更容易引发观众对画外空间的想象，这种手法往往比直接表现场景更有趣味，或者更耐人回味。例如电视剧《琅琊榜》第九集在表现梅长苏苏宅深夜遇刺时，画面一直是梅长苏静坐房内在烛下看书的情形，没有看到刺客也没有看到打斗，我们是从画外空间传来的瓦片破碎声、犬吠声、兵器相交声以及呼喝声判断出有刺客"来访"。如表 2-4 所示。

表 2-4　电视剧《琅琊榜》第九集　梅长苏苏宅深夜遇刺分镜脚本

画面	台词	音响音乐
	梅：可是庭生弟弟年纪小 武功差	

画面	台词	音响音乐
	梅：他如果穿上这个护甲 别人欺负他的时候 他就不会受伤了	
	梅：他一定会喜欢的 飞：真的	
	梅：嗯	
		瓦片破碎声 犬吠 配乐起
		犬吠 配乐

续表

画面	台词	音响音乐
		犬吠 配乐
	梅：去吧	犬吠 配乐
		犬吠 配乐
		起身疾走声 开、关门声 整理护甲声 犬吠 配乐
		翻书声 犬吠 配乐

续表

画面	台词	音响音乐
		打斗声 翻书声 犬吠 配乐
		打斗声 呼喝声 配乐
		打斗声 呼喝声 配乐
		打斗声 呼喝声 配乐
		打斗声 呼喝声 配乐
		打斗声与呼喝声渐止 配乐

第二讲／广播电视传播符号　045

续表

画面	台词	音响音乐
		蜡烛燃烧的噼啪声（与打斗声相似，过渡自然） 配乐
	属：宗主	脚步声 蜡烛燃烧的噼啪声
	属：都解决了，没留活口	蜡烛燃烧的噼啪声
	属：恐怕这次他们就知道了	蜡烛燃烧的噼啪声
	属：苏宅可是比宁国侯府更难闯的地方	蜡烛燃烧的噼啪声

思考题

1. 以任意一届欧洲歌唱比赛电视转播为例,试着对它进行视听分析。
2. 分析《舌尖上的中国》第二季第二集《心传》的解说词,看看每段词的作用是什么。
3. 分析《丹麦交响曲》中的音乐音响,看看它们都有怎样的作用。

5. 作为编辑手段,凸显、整合节目,创造蒙太奇效果

在这一点上,音响与音乐又一次具有相似的功用。声波的振动是一个时间性的问题,因此无论是音乐还是音响都具有一定的连贯性和节奏感,都可以削弱其他声音信息或者消除画面衔接时产生的断裂感。从这个意义上来讲,音响也具有如音乐一般的整合力。例如利用前置或延后音响进行转场过渡,衔接断裂的内容,并形成起承转合的节奏。前文提到的《丹麦交响曲》中有大量利用音响的相似性和节奏感进行剪辑的片段。比如当小船与前方掩映着河面的树杈相撞的一瞬间,我们听到了枝杈被撞击的断裂声,然后看到一棵大树被放倒,听到了树干的断裂声。利用两种声音的相似性,片子自然地从一个镜头转接到另一个镜头,从游客们乘坐游船游览两岸风光的段落过渡到砍伐树木、生产木材的段落。

小结:需要技术,但不唯技术论

广播电视的视听觉符号系统可以拆解成一个个元素单独分析,也可以当成整体进行观赏。广播电视媒体对信息(事件)的影响,在相当程度上,靠的是录摄制技巧及其美学潜能的发挥,这一切离不开技术设备的支持。

现代技术日新月异的进步使得广播电视的视听形象符号获得更大的发展。例如,极长和极短焦距镜头的使用明显增加,大光圈的单人镜头也被大量使用。这些强化处理的镜头力求在最大范围内、最短时间内抓取观众的注意力,诱使观众停下来不要转台。风靡全球的真人秀节目在不断地更新换代中,始终保持着一个不变的规则,那就是赋予参加游戏的人物以大量的长焦拍摄的特写镜头,将人物从环境中剥离出来。所以我们必须了解最新的技术,熟悉它们的视听形象效果,体会它们给人带来的新的感受,然后学会使用它们。当然这并不意味着唯技术论。我们不能被技术牵着鼻子走,然而又绝对不能与新技术隔离,要始终保持对技术的高度敏感和重视。

Chapter 3
第三讲 广播电视节目形态

- 什么是节目形态
- 节目形态的主要特性
- 广播电视基本的节目形态
- 小结：形态创新——当下研究媒介产品生产的重要问题

案例一　英国ITV订购《中国好歌曲》负责其国际发行权

近两年，引进电视节目模式进入冷却期，中国电视模式的国际输出之路却逐渐打开。2014年戛纳春季电视片交易会上，英国国际传媒集团ITV旗下发行部门ITVSGE从灿星制作订购了模式节目《中国好歌曲》，并负责其国际发行权和英国播出权。有意思的是，ITV正是制作推出《英国达人秀》的公司，而《中国好歌曲》则是ITV引进自中国，并在国际发行的第一例，被ITV称为是"里程碑式的交易"。每年戛纳电视节的唯一资讯合作伙伴、被誉为"电视人必看的网站"的C21Media也以"ITV首次向中国模式致敬"为题，在焦点位置报道了这一消息。当然，这对中国综艺节目也同样具有"里程碑式"意义。一位中国电视人感慨地说："这将让中国真人秀节目找到文化自信。"

中国观众对综艺节目模式"引进"潮并不陌生。据统计，2013年排名前十的中国卫视纷纷引进海外节目版权，来自英国、荷兰、美国等的30多档节目模式登陆中国荧屏。当年上海电视节白玉兰论坛还专门针对"引进"潮设置论坛主题。与会人士普遍认为，"引进"是一场中国电视人的集体"补课"，"只有先引进来，学习消化好了，才能走出去"。

《中国好歌曲》正是"补课"的结果。星空华文首席代表与灿星制作副总裁尹晓葳表示："我们曾经成功制作了很多优秀节目，在积累经验之后，是时候研发自己的模式了。而在满意的结果诞生之前，我们出过15种不同的好歌曲方案。"《中国好歌曲》中的"唱片初选""改编再现""主打之争"等阶段性赛制都是全新样式，相对完整地呈现出一首歌从粗糙的原创小样成为成熟编曲的过程。

《中国好歌曲》于2014年初在CCTV-3首播，节目模式自主研发，从模式到赛制到宝典均为独立创作。节目中，四位唱作人任制作人兼导师，挑选歌曲加入他们的原创大碟，首播收视份额占37%。

一位连续多年参加戛纳电视节节目交易的业界人士称，2012年10月的戛纳电视节现场，中国电视人占了很大比例，都是代表各自电视台来买"模式"的。而2013年4月份的交易市场，局势发生了大逆转。"洋模式已逐渐失去最初的竞争优势。伴随着一些模式的收视失利，大家意识到，洋模式并非一本万利。中国电视人也更加注重自己的模式研发。"（有删节）①

英国ITV订购《中国好歌曲》负责其国际发行权

---

① 英国ITV订购《中国好歌曲》负责其国际发行权 [EB/OL]. (2014-04-01) [2017-01-22]. http://culture.people.com.cn/n/2014/0411/c172318-24882006.html.

案例二　搜狗百科中的"撕名牌"词条起源

　　撕名牌最早出现在韩国 SBS 电视台综艺节目 *Running Man* 中，收获无数好评。2014 年中旬，SBS 电视台向中国浙江卫视输出此节目的版权，合作打造中国版的 *Running Man*，并命名为《奔跑吧兄弟》。该节目于同年 10 月 10 日在浙江卫视首播。节目中最激烈、最具悬念的"撕名牌"游戏，也引发广大观众争相模仿。它总是作为最后一关出现在节目里，紧张又刺激的情节吸引了众多观众的目光，成为节目一大亮点。

　　在节目中，"奔跑团"的衣服经过特别设计，名牌通过魔术贴牢牢粘在服装上。在"自制"的游戏中，道具自然不可能都那么精致。条件简单并不能打击参加者的积极性，或贴、或缝，总能将游戏进行到底。看节目不但能获得快乐，还能在仿效游戏的过程中把自己的快乐传递给更多人。在现代都市人群普遍处于亚健康的如今，《奔跑吧兄弟》无愧于观众的支持，用"快乐精神与奔跑精神"带领着更多人跑起来，轻轻松松从身到心都健康起来！① （题目为作者另加）

搜狗百科"撕名牌"

案例三　日本流行多节目表编排模式

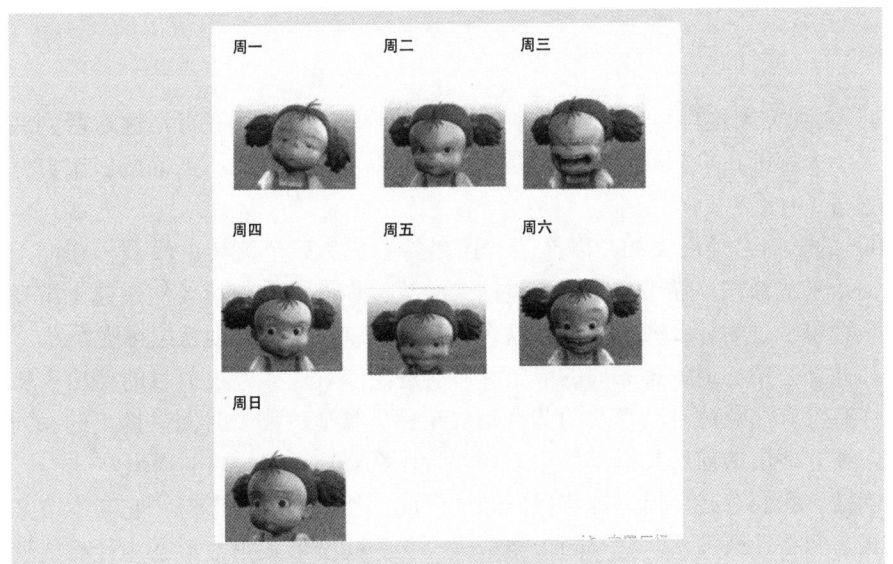

---

①　搜狗百科"撕名牌"[EB/OL].（2014-04-01）[2017-01-22]. https://baike.sogou.com/v101423164.htm?fromTitle=%E6%92%95%E5%90%8D%E7%89%8C.

这张图非常生动地描述了目前很多都市上班族一周的心情起伏变化。爱周五、恨周一，是上班族最大的特征。有调查表明，周末的放松状态往往从周五下午就开始了。鉴于此，日本电台尝试使用多节目表编排模式，优化周五下午的节目，突出周五下午的特色。他们多采用一周三到四张节目表的编排模式，分别是工作日周一到周四一张节目表，周五一张节目表，周六、周日分别有一张节目表。TOKYO FM 周五下午一点便开始进入周末模式。首先，版块中的节目名称就直接反映了"周末"的特点。节目的话题选择和嘉宾选择突出娱乐性，内容涉及"怎样度过周末""介绍 Rock 音乐"、生活博物馆、汉字的世界、就职向导等。其次，交通信息的播出频率也更为频繁，周一到周四每半小时更新一次，而周五下午则每 20 分钟更新一次。另外，由艺人担当主持人的节目也变得多起来。例如，由 AKB48 成员做的旅游节目"高城亚树的周五之旅"、由木村拓哉主持的角色扮演类的节目等。节目内容以休闲娱乐、旅游自驾、景点介绍等为主；节目主页提供机票购买、订房等优惠服务。这其中突出了节目服务功能的精准定位、信息资讯的高实用价值；而以社交形态突出参与性的编排模式，更加适应周五下午人们生活的多种选择。同时，这也为定制节目拓展了市场空间。

事实上，多节目表的尝试在国外电台已有很多应用。[①]（有删节，题目为作者另加）

2015 年广播节目形态观察与思考

《中国好歌曲》卖到英国这件事，是否让你对"模式"一词产生了好奇？这东西到底神奇在何处，以至于大家都在争相购买？什么是宝典？电视节目不是视听产品吗？宝典好像是"书"吧？它写了什么？

《奔跑吧兄弟》的影响力是巨大的，以至于"撕名牌"成为广泛流传的游戏，连网上都出现了专门的词条来解释它。你是不是也玩过这个游戏？你有没有想过要使用这个游戏来做创意呢？你是否思考过为什么我们可以把这个游戏单独拿出来进行创意编排呢？

看到日本人如此细心精心地编排一周的节目，是不是让你对广播电视节目的播出安排有了新的认识？你有没有注意过自己喜欢的节目是放在哪个频道、哪个时间段播出的？同一天同一频道中，在它播出的前后又都是什么节目？为什么要这样安排它的播出？

要回答这些问题，我们有必要提一提节目形态这个词。什么是节目形态？它与本节案例一中的节目模式之间是什么关系？它等同于类型吗？它等同于形式吗？形态为什么能够

---

① 张彩. 2015 年广播节目形态观察与思考 [EB/OL]. (2016-02-26) [2017-01-22]. https: //mp. weixin. qq. com/s? src = 3 & timestamp = 1568773108 & ver = 1 & signature = gX5i6Nxehfm1nYhfrsOiognMLO3VgV3R5nsrtOQM6u Mmc9e6a6 RInsmjtROHJM-IrV-DyHQwubY7qMk9TxjsI14o6zA8pw4O6Sd0IoUpD5IGC3RIm8ukGCxmpk-tJe0qWF4QNF8pSN VbR PmYBE2E Xw = = .

为人所重视？它有什么特点？

什么是节目形态

尽管已经迈入"传统"媒体的行列，广播电视的发展变化仍然很快，而理论研究则始终落后于实践。而对于究竟什么是节目形态，国内学者目前尚无定论。有人认为节目形态就是节目的表现形式，是固化的特征；有人认为节目形态是由各种元素构成的节目模板模式；还有人认为节目形态就是节目类型。

以上所有的说法都有一定的道理。我们对节目形态概念的理解，关键在于对"形态"一词的辨析上。《现代汉语词典》中对"形态"一词的解释是：

事物的形状或表现，如意识形态、观念形态。

与形态相近的"形式"意为：

事物的形状、结构等。

"模式"意为：

某种事件的标准形式或使人可以照着做的标准样式，如模式图、模式化。

"类型"的意思是：

具有共同特征的事物所形成的种类。

由此可见，我们可以得出这样的结论：

> 形态与形式最为接近，更多是指事物的内在反映在外部时空上的形状和形式。
> 模式显然比形态、形式的含义范围要小，它更看重的是形式、样式的标准化。
> 类型，是人们认识世界的常用方法，是按照某种标准来归类后的结果，比如按年龄划分，人大致可以分为婴幼儿、儿童、少年、青年、中年、老年。形态、模式都可以是归类的标准，因此类型与形态应当不属于同一范畴里面的概念。

比如《中国好歌曲》（简称《好歌曲》）和《中国好声音》（简称《好声音》）。案例中称前者是灿星制作原创模式，有学者对此提出异议。

事实上，《中国好歌曲》有明显的其他模板的痕迹。在三段式结构中，第一阶段的盲选与《中国好声音》如出一辙，只是轮椅换成了可升降、可遮挡的歌词屏幕；第二阶段的主打之争也有很多以改变原唱和原作为核心的节目影子，如《荣耀唱响》《最美和声》等；第三阶段的年度盛典也同样集合了各种盛典的元素，不能算原创。[①]

《好歌曲》是不是原创并非我们讨论的核心问题。如这段文字所述，《好歌曲》的确与《好声音》《荣耀唱响》《最美和声》很像，像的原因不仅仅是这些节目本来就是灿星制作学习的样本、吸收养分的对象，更重要的是这些节目本来就属于同一种形态，即音乐选秀

---

① 关玲.《中国好歌曲》的价值与意义[J]. 电视研究，2014（5）

类真人秀。所以它们在"形式与形状"方面很接近。也就是说，如果按照形态来对电视节目进行类型划分的话，有一种小类型叫作音乐选秀类真人秀。而《好歌曲》也好，《好声音》也好，之所以能够成为节目模式，是因为它们的生产者将这一节目的内容要素、形式要素、生产流程、品牌推广等各方面"构件"标准化了，比如每一轮应该选进多少首歌、演播室应该有多大的面积、一期节目需要多少环节和多少时间来制作、线上线下怎样进行配合。这就是所谓的"宝典"。因为标准化了，所以即便是换成其他的生产者，一样可以按图索骥制作出水准相同的节目，所以世界上既可以有《中国好歌曲》，也可以有《英国好歌曲》。

所以，我们不妨这样来理解节目形态：

> 节目形态是节目内容的形式载体和结构方式。它既是具体的节目形式，又是节目模式的基本构成。形态是包括节目内容、形式、结构、参与者和内外部环境等在内的一个整体概念。

我们再来看《好歌曲》这样的音乐选秀类真人秀。

基本内容是以表演竞技的方式将导师挑选优秀原创音乐演唱制作者的过程展示给大家；

基本形式是演播室表演和外拍片结合，跟踪记录与艺术加工结合；

基本结构是逐层晋级，多轮竞逐，由多个环节或模块组成；

参与者是自愿参加的演唱制作者，专业人士和非专业人士均可；

播出方式一般都是季播，根据反馈决定播出多少季；

制作方式通常都是专业化细分的大制作。

也就是说，符合以上这些特点的节目基本上都属于音乐选秀类真人秀这个形态的范畴。

为了更好地理解节目形态的概念，我们还需要明确这样几个问题：

> 1. 节目形态应该处于形式的范畴，它更多强调的是形式的问题。但是内容与形式并非是完全割裂的两个部分，所以节目形态是对节目内容的承载和传达，形态与内容既有独立性又有关联度；
> 2. 形态应该比形式的概念要具象，但是又比具体的节目样式要高，也比节目模式的范畴要大，它是节目模式的基本构成，节目模式则比形态更具有可操作性和交易性；
> 3. 电视节目形态应该是一个系统性的问题，基本节目形态和具体节目模式，乃至细小的节目元素，都跟形态问题有关。

由此可以看出，节目形态大致由三个层面构成：

宏观层面关涉具体的节目形态，具体的节目形态由若干基本节目形态组成。比如真人秀是一个具体的节目形态，由谈话、纪录片、游戏、综艺晚会、电视剧等基本节目形态组成。音乐选秀类真人秀是一个比真人秀更小范畴的具体节目形态，由真人秀、歌唱比赛等基本节目形态组成。

中观层面关涉节目模式。拥有一整套可遵循和复制的节目运作程序和规范的节目被称作是节目模式。这种程序规范即"宝典"（"bible"），是节目模式引进的核心资料，它详述一个节目模式操作的方方面面：从节目创意、宗旨，到节目环节、步骤、人员配合，甚至连邀请函书写方式、保险事项、财务管理等都有所涉及。模式的程序和规范是经过市场考验和验证的、成熟稳定的内在规定性与外在指向性的标准样板，具有特定的规则和套路，所以与相对抽象的"形态"相比，"模式"更具有版权色彩和商业意味，"其核心是一套'标准化'的操作文本，这套文本更多地强调'制作方法'而非'内容本身'"①。我们可以说真人秀是一种节目形态，《好声音》和《好歌曲》就是一个具有市场化"操作模板"性质的节目模式。

微观层面关涉元素符号，节目形态构成的最小单位是元素符号。元素组合论也是目前电视节目形态研究中最为活跃的说法。有人认为，无论是理论研究还是实践实务，元素——节目形态的基本构成单位——都是节目形态最恰当的起点。无论是《好歌曲》的歌词屏，还是《好声音》的转椅，突出的都是盲听盲选这个元素。构成节目的元素可分内容和形式两大类素：内容元素主要有经济、政治、文化、社会、情感、故事等，形式元素主要有视觉、听觉、时间、空间、刺激、技术等元素。构成电视节目形态的主要是形式元素。元素与元素之间的不同排列组合是节目模式和形态创新的重要方式之一，例如谈话节目的谈话元素、综艺游戏节目的游戏元素、纪录片的跟踪纪实拍摄手法、电视连续剧的剧情连贯播出方式，组合到一起形成了真人秀的节目形态。元素使用得好，甚至会成为节目模式或形态的代名词，例如游戏元素"撕名牌"之于《奔跑吧兄弟》。

节目形态的主要特性

了解了什么是节目形态，我们还需要进一步了解节目形态有哪些主要特性。这里要讲的并不是具体节目形态的特点，比如真人秀是怎样的，新闻又是怎样的，我们现在要说的是作为一个整体概念的节目形态有哪些特殊的地方，即不论是真人秀还是新闻，它们统一表现出来的一些特征。

■限定性与相对的稳定性

限定，顾名思义，就是限制、规定的意思。节目形态的限定性指制作者通过自觉的控

---

① 郭镇之，邓理峰，张梓轩，等. 第一媒介：全球化背景下的中国电视 [M]. 北京：清华大学出版社，2009：309.

制对节目的内容与形式做出的比较明确的限定。它在节目创意阶段即开始形成，在节目制作过程中为所有工作人员明确知晓，并且在制作过程中予以贯彻。

不论是《好歌曲》还是《奔跑吧兄弟》，都有各自的限定性。如表 3-1 所示。

表 3-1 《好歌曲》和《奔跑吧兄弟》的节目形态分析

	好歌曲	奔跑吧兄弟
形态类别	音乐选秀类真人秀	户外竞技类真人秀
基本内容	由自愿参加的制作者（专业人士和非专业人士均可）进行表演竞技，四名导师在其中挑选优秀原创音乐制作人。	7位明星嘉宾以组团或个人的方式进行游戏比拼，输者将接受惩罚，胜者则有奖励。
基本形式	三轮比赛逐层晋级，演播室表演和外拍片结合。	户外实景拍摄，每期设置考验脑力和体力的不同主题游戏，嘉宾需要不断闯关才能获胜。

节目形态一旦形成，便具有相对稳定的元素编排组合方式，具有区别于其他节目的相对稳定的播出状态。每一期节目都有相近的内容、相同的节目包装，不变的播出时间、时长和频道，就连节目总共会播出多久基本上都是可察的。当然从生产上来讲，每一期也都遵循一样的创作原则，按照既定的模式进行策划、拍摄和制作。

■ **可复制性**

《好歌曲》卖到英国已经说明模式是可以复制的，而基本的节目形态也是可以被复制的。媒介内容的发展史自身已经数次证明了这一问题。广播学习纸媒（如广播评论节目来源于报纸评论），电视学习广播（如电视谈话节目脱胎于广播谈话）。而今，网络视频、手机视频的各种形态也都在模仿电视。

构成某种节目形态的元素也是可以复制的。前文说过，元素重组是节目创新的重要方式。将不同节目形态当中有价值的元素摘选出来进行重组的过程，其实就是元素从一处复制到另一处的过程。所以，我们今天很少能看到全然陌生的节目形态，在新的形态当中，总是有各种旧有形态的影子，比如说谈话元素被普遍用于新闻直播中，真人秀也有谈话的部分。

其实每一种节目形态都是既有优长，亦有不足。节目形态的可复制性本身是具有生产力的，节目形态的更新发展往往需要借助复制手段，对多种电视节目形态融会贯通、优势互补、综合使用。

当然，这并不意味着提倡一味地、低质量地模仿复制。恰恰相反，我们必须明确一个问题，尽管形态可以复制，但是并非所有的节目都具有形态意义，只有那些凝聚了节目生产经验与创意精华的先进的形态才具有真正的生产力。有些节目刚一诞生可能就意味着一种新的节目形态的诞生，例如《东方时空》《快乐大本营》；而仿制品只是增加了同形态节目的数量而已；至于那些粗制滥造的，对同形态节目的良性发展非但无益反而有害。此外，盲目复制势必会导致同质化竞争，原有收视市场被抢占，甚至损伤原创节目本身的品牌影响力，大大缩短节目的生命周期，这对原创精神和盈利能力都是巨大的伤害。因此，形态的可复制性本身也是双刃剑。

■ **时间上的延伸性**

节目形态是一个时间产品。

首先，形态可复制所具有的创造力和生产力让节目形态处于不断的变化和更新当中。旧形态博采众长之后可能逐渐演变成一种新形态，并有相对稳定的状态。同时随传播观念、技术条件的进步和受众需求变化，又会有逐步的调整改进。因此从长远来看，节目形态处于动态发展中，现有的节目形态并非永久不变，而是不断向前延伸发展。

其次，正如前文所述，我们对节目形态进行限定的时候，播出形态也是在考虑范围之内的。这包括录播、直播等录制方式，播出的频次（日播、周播、季播、插播）及总期数、总时长，单期播出的时长，播出的时段和频道，前后节目的衔接等，是一个关乎从节目内部到节目外部的总体性编排问题。所以，一个完整的节目模式应该包括节目的内容、结构和播出形态。作为频道的播出产品，节目形态要根据受众的收听/视习惯、收听/视行为及受众构成来确定节目设置和时段编排。案例三中日本使用多种编排表就充分地说明了这一问题。

季播（"播出季"）是近年来我们引自美国的一种节目编排方式。虽然英文书写是season，但这里的"季"并非自然界的季节。美国人根据自己受众的收听/视习惯，把开机率较高的一段时间（每年9月中旬到第二年4月下旬大约30周）称作演季。在演季期间，晚间黄金时段播出的主要是首轮播放的新片，各电视网新推出的栏目，特别是新电视剧，通常也都在新演季开始的时候面世。在5、6、7、8四个月的非演季时期，电视网除了新闻类节目仍然保持新鲜之外，晚间黄金时段则主要播出重播剧目。由此，"季"便成为美国广播电视网节目编排组织的重要概念。它既是行业中统一的节目编排周期，比如说上一季的收视，也是节目制作、销售和播出单位，比如受众的按季追剧。

由此，我们能看出这样两个问题：

1. 节目形态是一个立体的动态的时间产品。
2. 节目形态与节目运营相关，它不仅要经营时间，还要经营观众。[①]

■ **空间上的跨越性**

随着媒介融合发展的深入，节目传播越来越讲求多屏互动，节目形态的空间跨越性也越来越明显。无论是《好歌曲》《好声音》《奔跑吧兄弟》，还是日本广播电台在周五下午开始的各种节目，都没有固守单一媒介。值得注意的是，日本的广播不是把节目"横移"入数字新媒体，而是与之相融后产生了新的形态特征（节目主页提供机票购买、订房等优惠服务），由此来看，日本广播节目的媒介融合程度可能更高一些。

以往我们经常谈到跨媒体宣传，一方面利用不同的辅助媒介来延伸产品，增加核心节

---

① 谭天. 论电视节目形态构成 [J]. 现代传播，2009 (4).

目的附加值；另一方面辅助媒介也可以借用主媒介提供的资源来丰富自己的平台内容。媒介与媒介之间，你是你，我是我，只是放到一个盘子里，而且还有主辅之分。随着融合的不断深入，这种初级阶段的融合已经不够了。当传统媒体上的节目放到新媒体播出时，还会沿用旧有的节目形态吗？回答是否定的。因为无论是传播特性还是受众行为，新媒体都与传统媒体大相径庭。比如电视的即时互动性就远远不如网络，所以才会诞生以弹幕著称的B站。也就是说，新媒体视听节目在承袭沿用传统媒体的基础上，必然需要内容定制和形式创新，需要新的内容产品和形式产品。这种形式产品既是一种节目形态也是一种媒介形态。

随着数字时代的到来，传统媒体与新媒体通过继承、竞争、互补、共存等多种方式嫁接与融合，一个集多种视听传媒为一体的大节目形态的概念正在形成。当然，未来的第一媒介究竟是何种形态，目前还不得而知。但是有一点可以肯定，那就是媒介形态的变化是不会停止的，而传统节目形态一定会以某种方式渗透在未来的媒介节目形态当中。

事实上，除了限定性和相对稳定性这一点，节目形态的后三点特性综合起来看，说的是同一个问题：形态的动态调整性。节目形态是一种客观存在的事物，任何事物都是相对静止和绝对运动的存在，节目概莫能外。

广播电视节目的基本形态

形态直接关乎节目的生产和创新，因此节目形态学更依赖于广播电视实践的能力和水平，这本身就是一个不断演进和发展的过程，且很多分类方法都是相互交叉的，具体节目形态属于哪一个类型，取决于采用什么样的分类标准和角度。

就目前的研究结果来看，还没有哪一家说法能够完全被业界和学界全面认可。事实上，所有的形态划分方法都显得不够确切，原因是节目形态本身处于动态调整当中，节目元素在不同形态之间互相渗透，元素与元素之间的嫁接和融合成为节目形态创新的一种本体策略。

元素是节目形态构成的最小单位，根据元素符号的不同排列组合及编码方式，结合前人已有的各种研究成果，在这里我们对广播电视节目基本形态的划分就以元素的构成为标准。

这里的元素主要包括：视觉元素、听觉元素、感染力元素、技术元素、情感元素、故事元素、时间元素、空间元素、经济元素、文化元素等诸项内容。编码方式主要有记录编码、组合编码、混合编码三种情况。

■新闻节目

> 新闻节目是以现代电子技术为传播手段，单独以声音系统或声音与画面双系统为传播符号，对新近或正在发生、发现的事实进行传播和阐述的报道。它以鲜活的现场、及时的报道与现实世界、与人们的生活紧密结合在一起，成为信息社会的活跃时空。

很显然，广播电视新闻节目是采用记录编码制作形成的纪实性节目形态。当然，这还只是一种较为笼统的说法，根据记录编码的具体使用方式，新闻节目还包括电视消息、连续报道、系列报道、深度报道（如《新闻调查》）、新闻评述/评论等其他具体的样式。

■ **纪录片/专题片**

纪录片是运用现代电子、数字技术手段，真实地记录人类社会生活，以现实生活的原始内容为基本素材，经过创作者的选择、重组、集中、强化，结构而成的一种完整的电视节目形态。它的素材保留着生活的鲜活、真实的信息，具有极强的真实性、客观性，供观众观察、体验和思考，而在选择和结构的过程中，则有创作者对生活的认识、理解、兴趣、爱好等主观意识的介入。可以说纪录片是客观生活与主观认识之间保有较大空间距离的一种节目形态，它既能将真实的生活物化为一种可以复制、保存、传播的形态，留给人们一段活的历史，又能给观众提供一个创作者对生活独特的、个性化的视角，供观众评价和欣赏。[①]

以上是关于电视纪录片的界定。很显然纪录片是以典型的记录编码完成的节目形态。广播纪录片也采用记录编码的手段，以记录真实的、有史料价值的声音而组织的节目。但在传统广播节目形态中，并不存在独立的纪录片形态，只有与之类似的专题片等。

关于纪录片和专题片之间的关系，学界和业界一直有多种说法。专题片的称呼的确是我们自造出来的。与纪录片的客观纪实相比，它更强调主观认识（比如大量使用解说词），因此往往在录摄制手法上会更多样一些。由于二者的相近性，我们把它们并列为一种形态。

典型的纪录片是以"真实时空里的真人真事"为准绳的，它也曾经是电视节目形态当中非常重要的一种存在。但是随着电视节目形态的不断丰富，和人们对电视纪录片认识的不断变化以及电视摄制技术的发展，这样的纪录片已经失去了往日的风光，纪录片的手法变得更加多样，纪录片与专题片之间的区别也越来越模糊（这也是我们不对其进行区分的原因之一）。但是纪录片所带来的真实力量依旧能够打动人心。因此，纪录片的表现方式如同电视的基因一样，几乎在所有电视节目中携带着，例如，在现场直播、谈话节目与真人秀节目的外景VCR（视频片段）、新闻节目的深度报道中，都有纪录片的基因。

■ **谈话节目/脱口秀**

> 谈话节目"talkshow"源于西方，是一档集新闻、娱乐、访谈、评论为一体的以谈话为主的节目，它将人际间的谈话交流引入广播电视（先广播后电视），并将这种交流本身直接作为节目的内容和形式。其港译"脱口秀"既契合英文发音，又通俗地点明了节目内涵，即"无脚本"（实际上是有脚本的，只是表现出来的像是无脚本）、脱口而出、即兴，并且指出节目具有"秀——表演"的特点。

我们对谈话节目的理解，实际上是有分歧的。最早成型的脱口秀来自美国，无论是广

[①] 朱羽君，殷乐. 文化品质：电视纪录片：电视节目形态研究之六 [J]. 现代传播，2001 (6).

播还是电视，美国的脱口秀都很强调"脱口而出"的"秀"感。因此非常注重语言的风趣幽默，注重节目整体的表演性和娱乐性，像 NBC 的电视节目《今夜秀》还带有乐队的表演版块，是各种元素的综合体，为追求特定的艺术效果而进行组合编码的节目形态。而组合编码的节目形态。

进入中国之后这种节目形态有了一些变化，除了《实话实说》以外，大量的谈话节目形态上重谈轻秀，弃综（综合性）改专（专门性），而脱口秀的娱乐表演性被剥离出来并发展成单独的娱乐性谈话节目，如《艺术人生》《超级访问》《越策越开心》。大概 2000 年以后，随着《娱乐串串烧》（凤凰卫视，梁冬）和《东方夜谭》（东方卫视，刘仪伟）的开播，电视领域里的这种状况有了一些变化，脱口而秀的味道渐浓。接着，《壹周立波秀》《今晚80后脱口秀》《金星秀》等更是直接以"秀"命名，无论风格还是样式更具有美国脱口秀的风范。而广播由于天生需要"说"，大量优秀的脱口秀节目也纷纷涌现出来，如《吴东相对论》、"铭氏脱口秀"、《娱乐72变——大家都爱"话匣子"》《夜空不寂寞》《星空故事秀》《交通快活人》《悠悠甩吧》《全娱乐》《飞鱼秀》。

与电视专题节目中的纪录片/专题片一样，谈话节目既可以成为一种单独的节目形态，也可以作为一种形态元素，被植入其他节目当中，比如综艺节目、真人秀节目、现场直播中都有谈话元素的渗入。

■电视综艺节目/广播综合文艺版块节目

> 电视综艺节目主要是指充分调动电子技术手段，将歌舞、音乐、戏曲、曲艺、文学、新闻人物和事件、游戏、博彩、谈话、选秀、竞技等多种不同的节目或节目元素"综合"编排在一起，进行二度创作，具有"集约化的信息传达方式"，集娱乐性、参与性、思想性、时效性、艺术性于一炉，给观众提供娱乐消遣和审美享受的电视节目形态。

从编码规则上看，综艺节目是混合编码制作的节目形态，各种元素被有机地混杂在一起，形成一个色彩缤纷的大拼盘。

这种节目形态既"古老"又"时尚"。说其"古老"，是因为它早在 20 世纪 40 年代就已经出现在电视屏幕上，历经 70 余年而不倒；说其"时尚"，是因为这种形态兼容并蓄的综合性、开放性特质使其与社会生活、娱乐时尚紧密相连，任何新的时尚元素都会以最快的速度出现在这种形态当中。可以说，在众多节目形态当中，综艺节目的发展之快、演变之繁都是数一数二的。从目前来看，综艺节目包括了综艺晚会（最典型的莫过于中央电视台的《春节联欢晚会》）、游戏/竞技/竞赛类综艺节目（《快乐大本营》（早期）、《年代秀》）、益智博彩类综艺节目（《开心辞典》《幸运52》）和选秀类综艺节目（《超级女声》《中国好声音》《中国好歌曲》《舞林大会》《我是歌手》《跨界歌王》《达人秀》《笑傲江湖》）。

广播综合文艺版块节目，与电视综艺节目极其类似。

> 它是指将音乐节目、文学节目、戏曲节目和曲艺节目等类别不同、题材不同、形式各异、有特色的各种节目组合到一起,通常有主持人的生动串联,有热心听众的积极参与,是一种有一定主题性的、内容具有综合性的、有相当时长的大型广播文艺节目。

综合文艺版块的直观特征有以下几点:

> 1. 节目时长相对自由,基本在 30—180 分钟之间;
> 2. 采用栏目化结构,每个栏目中均可设置一些小的单元或小栏目;
> 3. 主持人全程参与直播;
> 4. 受众参与互动。

浙江电台城市之声的《娱乐大爆炸》、江苏人民广播电台文艺频率的《文艺微生活》都是这种形态的节目。它们充分地体现了综合文艺版块节目的欣赏性、综合性和娱乐性,符合碎片化时代受众的欣赏习惯。

■**真人秀节目**

真人秀是比较新的一种节目形态,它出自电视。对于这种节目的内涵和外延,学界一直是说法不一。尹鸿教授在研究成果中这样描绘真人秀:

> 电视真人秀作为一种电视节目,是对自愿参与者在规定情境中,为了预先给定的目的,按照特定的规则所进行的竞争行为的真实记录和艺术加工。[1]

从制播方式来看,真人秀更接近于记录编码。然而,在游戏规则的作用下,真人秀产生了组合编码的戏剧效果。这种介乎于虚构与纪实之间的电视节目形态是由一套独特的游戏规则所构成的。因此,这种节目形态与很多其他节目形态都有相交叉的地方,例如选秀类综艺节目就是真人秀的一种,甚至有学者认为,除了晚会之外,游戏/竞技/竞赛类综艺节目等其他三类综艺节目都是真人秀。当然,除了与综艺节目相交叉之外,真人秀亦可在其他类型的节目中承担一定的功能,如《交换空间》(CCTV-2)就是在借鉴真人秀的基础上制作出来的经济生活类的节目。

借助着全球化的浪潮,从西方社会始发的真人秀节目近 20 年来以迅雷不及掩耳之势席卷全球。巨大的市场成功使得欧美各大电视公司不惜投入巨资不断研制和推出新的真人秀节目,真人秀的数量和种类不断被刷新,如近几年新出的户外竞技型、亲子型、体验型、旅行型等。同时,真人秀节目对其他形态节目的影响也日益展现出来。真人秀因素开始迅速渗入各种节目形态当中。经济生活类真人秀《交换空间》如此,2013 年开播的、由本土团队研发的国内首个网台联动节目《汉字英雄》亦如此。

相对于电视真人秀的火热,广播真人秀节目并不多见。北京文艺广播《小 DJ 大不同》、中央人民广播电台《拇指英雄》、北京人民广播电台的《短信江湖》、天津人民广播

---

[1] 尹鸿,冉儒学,陆虹. 娱乐旋风:认识电视真人秀 [M]. 北京:中国广播电视出版社,2006:6.

电台滨海广播的《职场人生》是当前比较不错的广播真人秀节目。

■电视剧/广播剧

《电视艺术辞典》中这样界定电视剧：

它是一种以电视录像手段录制而成的，通过电视传播媒介播映声音、图像的新的叙事艺术形式。①

电视剧是电视节目形态中比较成熟的一种类型。这种形态采用的是组合编码，即传播者为传播其观念与想象的需要而自由组合影像的编码方式。它需要塑造富有个性的艺术形象，表现曲折跌宕的情节。"虚构类作品最花心思的事情就是创造出令人信服的符合生活逻辑的类生活，千方百计使剧中的生活具有真实感，令人信服。"② 需要指出的是，虚构性不同于戏剧性，虚构是一种影像表意，一种编码方式，简单地说，就是我们看到的具体人物事件等可视可听可感的影像是"假的"，是虚构出来的，不是纪实性的，不是纪录片，也不是电视新闻节目"真实时空"里的"真人真事"；而戏剧则是一种叙事方式，一种结构方式，比如说多线交叉叙事，其本身并不会影响故事的过程和结果，但是会让观众看得更加紧张和兴奋，因此就比一条单线讲完再讲另一条单线的方式要更具有吸引力。因此，我们要把故事情节虚构的剧情节目与含有戏剧元素的纪实节目（如真人秀）区分开来。

从规格上来说，电视剧大致有短剧、单本剧、连续剧、系列剧几种类型。在实际生活中，电视剧的定义已经狭义化，一般指电视剧集系列，即连续剧和系列剧，对我国观众而言，前者尤甚。电视剧从题材反映的年代、题材的内容、收视对象、戏剧类型上来讲，又有诸多种类型，这一点将在后文详述。

> 广播剧是指通过广播电台播送，根据听众只能凭听觉进行欣赏的特点，主要以播音员或者配音演员参加演出，以人物对话和解说为推动剧情发展的主要手段，纯粹通过声音、音乐和音响效果营造戏剧化冲突，为听众塑造想象中的人物形象和故事趣味的戏剧形式。

与电视剧一样，广播剧也是采用组合编码而成的节目形态，而且是广播文艺节目中的传统类型。从表面来看，缺少更加直观的视觉形象符号是广播剧的一大劣势；但从另一角度来看，根据格式塔心理学的心理补偿机制和完形心理学的完形需要，恰恰是因为缺少视觉信息，人们的想象才会被无限放大。正因为如此，《火星人入侵地球》才会在1938年的美国引起那么大的社会轰动效应。同时，借助想象的唯一性，每一个听众可以构建属于自己的独一无二的形象。

■现场直播

现场直播，顾名思义应该是传播对象的现场实况信息直接被播出之意，这听起来与前

---

① 王云缦. 电视艺术辞典（修订本）[M]. 北京：学苑出版社，1999：42.
② 张小琴，王彩平. 电视节目新形态 [M]. 北京：中国广播电视出版社，2007：30.

面几种节目形态似乎无法相提并论。的确，以往我们都是将现场直播当作一种节目制播方式来看的，严格地说，它是指一种与被传播对象现场实况信息同时出现并播出的制播方式。与其并论的是另一种制播方式——录播，先录制完毕之后再进行播出，现场实况信息与播出并不同时出现。但是这种情况已经发生了变化。当下，现场直播的使用越来越普遍，它已经不仅仅是新闻节目的日常播出方式（也正因如此，新闻现场直播成为新闻节目中最具有生命活力的一种形态。从全世界范围来说，新闻直播的数量和质量，都是节目保持生命力的重要标志，也是电台、电视台追求的目标），而且也成为综艺节目、真人秀节目，以及一些重大活动/仪式经常采用的播出方式，因此现场直播逐渐发展为一种基本的节目形态。

现场直播是最能发挥广播电视传播特性和优势的一种节目形态。现场直播与其他节目形态的区别就在于它可以不受各种编码规则的制约。由于现场发生事件的不确定性不受编码规则的制约，因此不可预知的直播过程给观众带来更多的期待和体验，而电视多机拍摄的现场感会让这种心理感受得到强化。

■ 音乐节目

这是以声音为主要传播对象的广播所特有而重要的一类节目形态。这类节目以组合编码为主，或填补模块空档，或介绍相关资讯，或是脱口秀节目的"由头"，或追求音频语言与心灵的契合。这类节目看似松散，却是广播节目的重要形态之一，它的足迹遍布各种类型的广播节目。

在现实中，单一形态存在的节目并不多，实际上各种具体的广播电视节目形态往往由两种或两种以上的基本节目形态所构成。而新形态往往是由几种常见的基本节目形态构成元素或形态因素组合、融合和变异而成。如 2011 年江西卫视开播的电视调解类节目《金牌调解》就根据内容表达的需要整合了两种基本节目形态：演播室调解（谈话节目）、当事人情况介绍（专题片）。

思考题

1. 请解析任一节目形态的主要构成元素，说说这些元素的作用和价值。
2. 以任一节目形态为例，说说媒介融合背景下该节目形态的变化。
3. 根据你自己的认知，请为每种广播电视节目基本形态再举出至少五个实例，并且说明归类理由。
4. 除了介绍的这些基本形态外，你认为目前广播电视节目又出现了哪些新形态？其形态特征是什么？

小结：形态创新——当下研究媒介产品生产的重要问题

形态创新是当下研究媒介产品生产的重要问题和永恒话题。以往我们更多考虑节目内容的创新问题，但随着需求多样化带来的节目创作和生产的多元化，广播电视节目越来越多地呈现模式化、流程化、产品化、品牌化等特征。于是节目的形式、流程、环节、品牌、主持人等方面的策划、包装和推广逐渐变得与内容的优化创新同等重要。模式节目的全球流通和售卖让我们看到了节目形态的巨大商业价值，也更加明确了形态创新的重要性。

Chapter 4
第四讲　广播电视技术

- ▶ 广播电视技术是什么
- ▶ 数字技术进入广播电视领域
- ▶ 广播电视制作手段
- ▶ 电视节目制作方式
- ▶ 电视节目制作流程
- ▶ 小结：广播电视技术的发展及其影响

案例一　广播节目《燕赵传奇》造就传奇

"纵横燕赵沃野，跨越沧桑岁月，讲述河北往事，穿行历史长河……"在京津冀的收听市场，《燕赵传奇》是一档"传奇"的节目。自2013年4月由河北人民广播电台旅游文化广播创办以来，节目在较短时间内即引发听众广泛关注，收听率排名迅速上升，引发了一股河北历史文化热。

这档颇具阳春白雪品位的历史文化类节目，不仅以接地气、聚人气的模式探索地域文化类广播节目的新样态，也在融合方面走出了一条独特的探索之路。《燕赵传奇》开播不久即登陆河北广播网文化专栏，并通过图片、文字、音频全面展示节目的内容。同时，节目在河北人民广播电台多频道播出的同时，与中国广播联盟合作，定期选取节目在全国部分省市台展播，开通官方微博和网友互动；河北广播网、河北电台"即通"客户端可以点击播放；《河北广播电视报》等纸媒将节目文稿重新编排，进行连载，方便阅读。

通过拓展传统广播节目外延，《燕赵传奇》节目组利用新媒体与听众互动，并在此基础上建立环环相扣的产业链条，将相应的文化产品推向学校、社区、旅游景点等更加广阔的市场，借此扩大传统广播节目的影响力。"比如我们曾策划推出的'听燕赵传奇，行河北大地'系列活动，在京津冀热门旅游景点组织考察采风；还有我们正在计划的'暑期游学季'，将与地方旅游局达成百集系列节目的合作，并通过新媒体平台招募参与者"，节目责编张甜说。[1]

《燕赵传奇》在线收听

案例二　《中国好声音》开启电视节目"大片化"制作

在《中国好声音》出现之前，一般情况下电视台一档节目每期的预算在10万元至50万元之间。2012年7月，上海灿星和浙江卫视投入1亿元制作的《中国好声音》被认为开启了中国电视节目"大片化"时代。

第一季《中国好声音》总共播出14期，其平均收视率达到4.002，平均收视份额达12.73%，位居国内娱乐节目首位。《中国好声音》前期投入4 000多万元，版权购买费300多万，每把转椅消耗近80万，音乐设备超1 000万，节目的大投入可见一斑。而节目制作的精细化、专业化更是将大制作推向极致。

《"中国好声音"：大片与大饼》

---

[1]　张薇. 创新创优广播节目的融合密码 [N]. 光明日报，2016-05-21 (6).

《中国好声音》版权方导演现场督阵节目录制，节目的灯光、现场设置及流程等内容都有详细规定，连节目标志里话筒的倾斜角度，都要准确一致。录制现场内外设置26个机位，这些机器录制的近1 000分钟素材，剪辑成每集约90分钟的节目。①

案例三　VR新闻报道的探索

媒体制作VR新闻 探索用VR技术报道突发事件

2015年12月20日深圳山体垮塌事故发生后，新华社、财新视频以及澎湃新闻均第一时间赶赴现场对此进行了VR新闻报道。

新华社团队采用记者现场口播的带入式短报道，澎湃利用无人机进行了约一分钟的航拍报道，财新视频团队则从救援、安置、医护、周边群体和事故成因等多角度发布了"黄金72小时营救""受纳场附近工程停工""生死线上的人家"等六条VR新闻。

在本次报道中，财新团队延续了其在重大突发事件中客观、深入和多角度的报道特点，完成了一组成体系的"专业式"VR新闻报道。②

作为现代科技的产物，广播电视的诞生与发展都离不开科学技术的进步。技术的演化，媒介环境的变化，推动广播电视媒介、技术、受众三者之间的关系发生了巨大改变。如何审视广播电视的发展，必须建立在理解广播电视技术沿革的基础之上。

从传统广播的频率化播出到新媒体广播的网络客户端点播，今天的广播制作环境已经发生了巨大变化。《燕赵传奇》通过拓展传统广播节目外延，利用新媒体扩大节目关注度从而造就广播"传奇"。在新时代，如何才能更好地利用"两微一端"③，借助新媒体平台提升广播影响力？线上如何结合线下，更好地构建完整的广播产业链条？新技术带来新的变化、新的发展，也带来了新的问题。

《中国好声音》的出现，被认为开启了中国电视节目"大片化"时代。高投入带来的高精设备、大型团队保障了节目的高品质呈现，这是否预示着未来电视节目制作的发展方向？在当前环境下，如何看待电视节目制作手段和制作方式的革新？

VR技术进入视频新闻制作领域，为新闻制作带来新的技术方向。这种技术带给观众沉浸式的环境体验，真正做到了"深入新闻现场"。尽管目前VR技术必须依赖于可佩带式设备才能实现虚拟现实效果，但它所能提供的视觉感受早已远远超过传统制作模式。那么，未来的视频新闻会是VR的天下吗？

---

① 杨新磊.《中国好声音》：一部纯正的娱乐"大片"[J]. 新闻世界，2012 (12).
② 媒体制作VR新闻 探索用VR技术报道突发事件 [EB/OL]. (2015-12-29) [2017-01-22]. http://tech. 163. com/15/1229/10/BC0EV5OB00094P0U. html.
③ "两微一端"指微博、微信、客户端。

不得不承认，人们赖以生存的媒介环境正在发生根本性的变化。传播技术存在于广播电视媒介之中，传播技术也存在于受众感受社会的方式里。预测技术转型背景下的广播电视未来发展，必须从根本上梳理技术的演进方向。

广播电视技术是什么？

人类社会由农业时代、工业时代向信息时代转变，科学技术的发展与应用是其中重要原因。技术革命改变了人类认识世界的方式，也改变了人类获取信息、交流信息的方式。对于广播电视来说，它们的产生和发展，都离不开科技的进步。在今天，无论是广播节目实现客户端点播，还是电视节目领域出现制作"大片化"趋势，或者最新科技的介入，我们都可以发现技术对广播电视发展的巨大推动作用。

■广播电视技术

广播电视是电子媒介。从技术上来说，广播电视是将声音、文字、图像等信息转变为连续的电子信号，通过有线或者无线的方式传播出去，供视听者收听、收看的传收媒介。[1] 英文中的 broadcasting 既指音频广播也指电视广播。著名的英国广播公司（BBC）全称为"British Broadcasting Corporation"，这里的"Broadcasting"既包含广播业务也包含电视业务。中文的广播通常指音频广播，电视广播习惯上简称电视。

作为电子媒介，广播电视的传播需要满足三个条件：首先，需要推动远距离传送的动力来源；其次，要有进行传播的发射和接受渠道；再次，借助电波传递声音、图像和其他信息，需要附载在电波上的编码解码方式。动力、渠道、编码这三项基本要素，既有硬件又有软件，三者缺一不可。[2]

那么，广播电视技术到底是什么？一般认为，它包括：

> 1. 广播电视节目制作技术；
> 2. 广播电视节目传播技术。

整体而言，广播电视节目技术系统，主要由节目采编、制作、播出、远距离传输、本地发射/分配接入、本地用户接受等几个部分组成。节目采编、制作过程通常也被称为广义上的制作过程，这个阶段所涉及的技术被称作广播电视制作技术；节目播出、传输、接受过程所涉及的技术被称作广播电视传播技术。

一般来说，广播电台、电视台负责采集、编辑、制作和播出节目，播出的节目信号通过卫星、光缆干线、微博等技术传输到各地，由当地的无线发射台或有线电视网将节目信号送入千家万户。在传统广播电视制作环境下，以上步骤构成了广播电视技术系统。

---

[1] 郭镇之. 中外广播电视史：第二版 [M]. 上海：复旦大学出版社，2008：3.
[2] 郭镇之. 中外广播电视史：第二版 [M]. 上海：复旦大学出版社，2008：4.

■ "三网融合"背景下的广播电视技术

在三网融合背景下,广播电视网、电信网和互联网相互渗透、互相兼容,并逐步整合成为统一的信息通信网络。① 有学者提出,这里的"三网融合"并非"三网合一",不是网络的相互取代,而是传输的互联互通、资源共享。它指原先的"三网"在向宽带通信网、数字广电网、下一代互联网演进过程中,"其技术功能趋于一致、业务方式趋于相同"②。因此,融合不是指三网在物理层面的简单合一,而是指业务和服务相互进入、渗透。③

三网融合后,电信网、广播电视网、互联网朝向宽带通信网、数字电视网、下一代互联网演进,在此过程中,三大网络通过技术改造实现网络互联互通、资源共享,为用户提供语音、数据和广播电视等多种交互式服务。在此基础上,网络广播台、网络电视台、IPTV(交互式网络电视)、手机电视、手机广播等新型媒体纷纷涌现,由此构成广播电视节目的新媒体传播格局。

值得注意的是,移动通信网的介入打破了原先的"三网"竞合,出现了"多网"局面。移动互联网将移动通信与互联网相结合,用户利用智能手机和平板电脑等移动终端,通过移动网络获取通信服务和网络服务。自此,用户可以在任何一种终端享用其他两种终端的业务。因而,技术演进的趋势促使广播电视节目不仅通过广播电视网进行播出,同时也可以通过移动互联网实现电脑、笔记本电脑、平板电脑、手机端的播放。但变化并不仅限于播放终端的多元化,互联网及移动互联网的介入带来的是广播电视制作技术、制作理念的巨大变革。这种变革,不仅促使广播电视提升制播效率,而且带来了更多的媒介发展可能性。

■ 广播技术的发展

无线电广播的基本原理是无线电波的发送和接收。它利用声音信号的电流调制负载电波的振幅或频率,并以被调制的无线电波为载体将声音信号传播出去。在接收端,收音机通过调谐接收一定频率的广播信号,经过检波将电信号还原为声音信号。

1897年,意大利人马可尼的无线电通信实验获得成功并取得发明专利。在无线电通信的基础上,各国科学家开始了用无线电波传送声音的研究与实验。二极管、三极管、振荡器、放大器、无线电发射机,一系列技术的革新奠定了无线电广播的技术基础。进入20世纪之后,无线电接收机的改进取得了重大突破。1920年,匹兹堡KDKA电台正式成立;1921年纽约开始了电台的正式广播;到了1925年,已经有20多个国家开办广播电台。

在马可尼时代,人们使用"无线电"(wireless)一词。1912年"泰坦尼克"沉船事故中,马可尼公司的报务员萨尔诺夫因连续播报幸存者的姓名及其他消息而声名大震。此后,"无线电"(radio)一词开始使用。而"广播"(broadcasting)一词在第一次世界大战中开始使用,其中蕴含的关键概念是:不止一个接收者。1934年,美国国会通过《联邦

---

① 孟群. 电视节目制作技术:第二版 [M]. 北京:高等教育出版社,2014:28.
② 罗琛. 广电全媒体传播特点 [J]. 电视工程,2011 (6).
③ 付玉辉. 三网融合:格局之变和体制之困——我国三网融合发展趋势分析 [J]. 今传媒,2010 (3).

通讯法》（Federal Communication Act of 1934），其中对广播一词解释为："利用无线电直接向公众传播，或通过转播台间接发送，谓之广播。"①

从技术的角度来看，传统广播电台主要分为两类：调幅（AM）和调频（FM）。调幅广播始于 1920 年，适用于长波、中波和短波的声音广播。当时世界上主要国家纷纷开办了长波与中波的对内广播。从 1927 年开始，荷兰、苏联、德国、日本、法国、英国先后开始用短波进行对外广播。美国于 1942 年开办对外广播，政府支持下的美国之音（Voice of America）一度是全世界最大、覆盖面最广的对外广播。自调幅广播诞生以来，基本信号格式变化不大。由于频率容量有限，声波抗干扰性较弱，声音质量受到很大限制。1933 年，美国发明家阿姆斯特朗发明了调频方法。后出现的调频广播声音信号好，抗干扰能力强，具有一定的技术优势，自 20 世纪 70 年代以来调频广播逐渐占据广播业主导地位。

■ 电视技术的发展

相比广播，电视涉及的技术要复杂得多。除了音频之外，还需要解决活动图像信息的远距离传送问题。一般认为，电视发明是无线电技术和电影技术结合的产物。如图 4-1 所示。

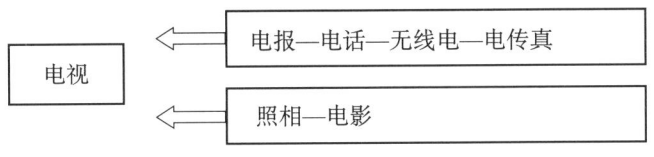

图 4-1　电视技术的发明

无线电广播以及电传真技术的发展使得人们成功实现了远距离传送信息的愿望，然而这些信息只限于符号、声音以及静止的图像。运用无线电技术来传递活动图像，成为当时人们的迫切愿望。

1873 年英国工程师梅和史密斯发现了"硒"的光电效应。"光电效应"指某些物质在光的照射下，其电特性发生变化，变化的程度与光照强度成正比。在此理论指导下光电管产生了，它的发明解决了电信号与光信号的互相转换问题。荧光效应的原理与光电效应正好相反。"荧光效应"指当电流冲击荧光物质时会导致其发光，而发光的强弱也与电流强弱成正比。如此，就解决了光电互相转换的关键问题。

另一方面，电影动态再现的原理启发了人们，于是他们将一幅图像分割为若干个像素单位，然后依次播放、传递、接收，这就是电视的基本原理。1894 年，德国工程师保罗·尼普科夫发明了一个用机械的方法来实现分割图像和轮流传送的器械，也即圆盘机械电视。这是人类历史上第一次提出并实现了顺序扫描、同步再现的设想，给日后的电视奠定了设计理论基础。

1929 年，英国电气工程师约翰·洛吉·贝尔德研制出世界上第一个实用电视系统，终于用电子信号的方法将人像显示在屏幕上。1936 年，英国人建立了亚历山大电视台，成立了世界上第一个电视播放部门（由英国广播公司创立）。

---

① 李建刚. 技术变革与广播媒介转型 [M]. 北京：中国传媒大学出版社，2011：31.

和广播的诞生情况相仿，电视诞生并成形于欧美发达国家。但第二次世界大战打断了新生的电视事业，世界电视的真正发展是在"二战"之后。欧洲国家、美国和苏联于"二战"纷纷重新发展电视技术和电视产业。20 世纪 50 年代美国建起全国性电视系统，其电视工业水平在技术上和设备上都处于绝对的领先地位。1956 年美国安培公司成功研制第一台广播用磁带录像机，用磁性材料记录活动图像的时代开始。从此，电视有了包括拍摄、录制、编辑、播放和接收在内的完整系统，并逐渐普及于全球。

彩色电视的研制经历了相当长时间，真正成熟并普及已经是 20 世纪 60 年代末期以后。由于彩色电视标准的激烈竞争，世界各地形成了三种彩色电视制式标准：德国提出的 PAL 制式、美国提出的 NTSC 制式以及法国提出的 SECAM 制式。不同的制式各有优劣，具有不同的扫描行数和扫描方式。随着全球传播时代的到来，世界人民对彩色电视"三分天下"的割裂局面日益不满。通用彩电制式首先在英国提出，目前世界上所有制式的彩电节目都可以通过电视制式转换装置相互传播。

在改进电视显示技术的同时，科学家也在探索更好的信号传送方式。1945 年，英国科普作家克拉克发表了《星际传播》，提出最早的卫星传播思想。十多年后，克拉克的构想变成了事实。1964 年在东京举办的第十八届奥运会成为第一次使用卫星转播实况的奥运会。随着卫星传播技术的改进，通信卫星从最初用于国际传播逐步成为一种普遍的电视信号覆盖方式，"卫视"（使用卫星技术实现广泛传播的电视频道）概念深入人心。

在无线电视技术发展的同时，有线电视也取得了长足的进步。有线电视是以同轴光缆或光导纤维传送信号并进行放大分配的电视系统。[①] 尤其是有线电视与卫星技术的结合完全改变了电视传播环境，扩大了节目容量和传送范围，带来更为激烈的电视竞争局面。

从电视技术的发展过程可以看出，电视的进步离不开技术的革新。人类最初通过有线的形式认识电子媒介，电报和电话技术的进步导致有线广播的发明，无线电的应用直接促成广播的出现，在无线电的基础上诞生了音频广播，继而派生出视音频兼具的电视（广播）。整体而言，电视技术的发展过程是漫长而复杂的，许多技术在电视事业的进步过程中都起到关键作用。

数字技术进入广播电视领域

步入新时代，数字电视技术开辟了广播电视技术的新领域。以多元性和互动性为主要特征的数字技术进入广播电视领域之后，对原先的媒介环境起到了颠覆性革新。这种以计算机为交互中心，以数字为语言的新系统，彻底改变了原来广播、电视等载体之间的信息采集、处理、传递和显示方式，也随之改变了广播电视技术诸多固有概念。

■ 数字广播技术

数字广播是广播技术发展的必然趋势，它将传统模拟广播的单一声音业务拓展为能同

---

① 郭镇之. 中外广播电视史：第二版 [M]. 上海：复旦大学出版社，2008：32.

时传递各种信息诸如图像、文字、数据、图片及活动影像等的数字业务，为传统广播业务的发展开辟了崭新的应用空间。数字音频广播 DAB（Digital Audio Broadcasting）与数字调幅广播 DRM（Digital Radio Mondiale）是数字广播进展中的先锋，分别代表了数字广播体制中的宽带和窄带两种，其中 DAB 是人们对数字广播进行尝试的成功范例，已在欧洲成功运行多年，而 DRM 是对数字广播的再次探索，它们对广播技术的改进提高有巨大的推进作用。[1]

数字音频广播系统（DAB）的出现，标志着广播系统正由模拟向数字过渡，它以数字技术为基础，采用先进的音频数字编码、压缩、调制技术，在接收端可以获得与发送端相同质量的节目内容。该技术源于欧洲，之后在欧洲和美国得到迅速发展，国内目前也已有多家电台采用 DAB 技术。针对覆盖范围更为广泛的模拟调幅广播领域，使用数字技术的 DRM 系统于 2003 年 7 月正式推出。DRM 是一个非官方的国际组织名称，其开发的 30MHz 以下的长、中、短波数字声音广播系统被称为 DRM 系统。

在技术上，DAB 广播系统是 30MHz 以上的数字广播标准，而 DRM 广播系统是 30MHz 以下的数字广播标准。DAB 系统需要采用新的发射设备和特殊接收机，造价相对较高；而 DRM 系统可以直接利用现有的中短波发射机和信道，价格低廉易于推广。两者各有优势，目前处于相互依存的状态。对于听众而言，数字声音广播的出现意味着广播技术的革命性进展。数字处理与传输技术的采用，不仅提高了广播系统整体技术性能指标，而且具备多媒体节目服务功能，这一技术的普及逐步改变了原有的广播格局。

■ **数字电视技术**

数字技术进入电视领域，同样始于 20 世纪下半叶。为了提高电视图像的分辨率，20 世纪 70 年代，工业发达国家开始对高清晰电视系统进行研究。这一工作最早从日本开始，到 80 年代获得成效。继而美国和欧洲其他工业发达国家也加入了这一领域的研究。这些研究中最有时代意义的是模拟电路向数字电路的转化，由此出现了将模拟信号转换为数字信号，以数字形式进行传输、处理或存储的数字电视系统。在这个新系统中，数字电视技术实现了电视节目的采集、编辑、制作、传输、播出、用户端接收、显示等全过程的数字化。数字电视不再是传统意义上的电视，它额外提供了数据、图像、语音等全方位的信息服务。

传统模拟电视图像信号从产生、传输、处理到接收机的复原，整个过程几乎都是在模拟体制下完成的。其特点是逐级放大的传输方式容易产生噪声，长距离传输后信噪比恶化，导致图像清晰度受到严重损伤，图像对比度产生较大畸变，相位失真也造成色彩失真。此外，模拟电视还具有稳定度差、可靠性低、调整繁杂、不便集成、自动控制困难，以及成本高昂等缺点。[2] 与其相比，数字电视具有信号稳定、易于存储的优势以及开放性和兼容性的特点。更重要的是，数字电视技术便于实现三网融合，为开展图像、文字、声

---

[1] 陶利，杨国田. DAB 与 DRM 数字广播关键技术与发展综述 [J]. 电声技术，2007 (6).
[2] 程汉婴，龚晓鸣. 数字技术的发展和最新进展 [J]. 中国有线电视，2012 (2).

音、数据并茂的综合业务开拓了广阔的应用领域。

当前世界各国正进行着从模拟电视向数字电视演进的变革，和通信领域以往所有模拟技术向数字技术演进历程一样，在用户需求和科学技术进步的巨大动力下，数字电视技术日趋成熟，不断为人们提供多功能、个性化的音视频节目服务的同时，逐渐成为电视系统的主流。总体而言，目前的数字电视产业以显示技术的升级和功能的智能化为两条发展路线。显示技术向大屏幕、宽视角、立体化、超高清等纵深方向发展；在功能智能化方面则不断推出新的智能电视和有线电视智能路由，正逐渐演变成家庭综合信息的获取中心。[①]

数字广播和数字电视的出现，为广播电视与网络联盟提供了天然契机。如今，广播电视向数字化、网络化发展已经是必然选择。广播电视在进行数字信息传播的同时，还利用数字媒体提供交互式信息服务。基于此，广播电视节目制作理念必须做出相应改变。关于这一部分的论述将在第十二章——广播电视的未来发展中展开，在此不再赘述。

广播电视制作手段

从节目制作和播出的关系上来看，广播电视节目的制作手段可以分为两类：直播与录播。

案例二电视节目《中国好声音》的制作手段就结合了直播与录播方式。《中国好声音》第一季是由浙江卫视联合星空传媒旗下灿星制作打造的音乐真人秀节目，版权源于荷兰节目荷兰之声（The Voice of Holland）。从赛制安排来看，第一季节目总共分为四个版块，其中前三个版块采用了录播形式，巅峰之夜的总决赛采用了直播方式进行。如表 4-1 所示。

表 4-1 《中国好声音》第一季节目赛制

赛制流程	总期数	具体内容	制作方式
导师分班	六期	参赛学员演唱歌曲，导师和学员双向选择。如有多位导师转身，则由学员自行选择加入哪个战队；若四位导师均未转身，则该学员淘汰。	录播
导师考核	四期	每个导师战队决出四强。每队 14 名入选选手被两两一组进行现场 PK，获胜的 7 个人中导师直接选出一名，而其余的 6 人再次分组并决出 3 名。	录播
冠军之战	三期	组内四进一，即每个导师组通过三轮 PK，争夺组内唯一一个进军巅峰之夜的席位。	录播
巅峰之夜	一期	全国四强与各自导师合唱后，独唱演唱曲目。根据现场观众短信投票和媒体支持票数决定总冠军。	直播

■直播

《广播电视词典》将直播界定为"广播电视节目的后期合成、播出同时进行的播出方

---

① 马玥. 国际广播电视技术发展趋势跟踪与分析 [J]. 广播电视信息，2014 (3).

式"。按播出场合，直播可分为现场直播以及直播室或演播室直播。直播的特点是制作和播出这两个过程同步或合一，具有较强的现场性和参与性，极大增强了广播电视节目的可信度和悬念感，因而往往成为收视利器。比如，案例二《中国好声音》的第一季赛制总共分为十四期，最后一期总决赛直播的收视率远远超过此前录播的十三期。显然，直播形式强化了悬念感，对收视影响甚大。

广播直播，是指声音的制作和传播同步。从直播技术的角度来看，广播节目直播存在较大优势。因为电视直播依赖于大量前期投入和设备支撑；同样网络直播也需要摄录设备和信号传输通道等资源配合。而广播直播只要记者到达现场，仅靠一部手机即可实时实地直播现场情况，做到与新闻事件的发展同步传播。直播室广播直播节目的优势就更为明显，以热线电话节目为例，记者甚至无须到场，主持人、嘉宾、听众三方仅通过电话交流就可以完成对事件的追踪报道。应该说，从传播效果来看，广播直播的魅力完全不输其他类型。正因如此，这几年的广播直播节目在蓬勃发展之余也出现了一些误区，需要引起充分注意。

> **广播现场直播节目的误区**
>
> 其一，不计成本拉大直播，过分偏重直播架构和直播时间的长度。
> 其二，为了直播而直播，没有在大局层面权衡直播的必要性。
> 其三，将访谈加连线及特别节目等同于现场直播。没有现场音响效果，称不上现场直播。
> 其四，过多倚重新媒体手段，忽略广播依赖于听觉的本质特点。
> 其五，主持人和连线记者播报的用语及节目的标题不够规范，对听觉信息产生干扰。[①]（有删节）

电视现场直播是"在现场随着事件的发生、发展进程同时制作和播出电视节目的方式，它是充分体现出广播电视媒介的传播优势"。按照此定义，电视直播大概可以归为三类：

一是串联意义上的直播。这种直播主要是由电视媒体事先设计好节目编排，然后按照固定的流程，让节目录制和播出同步进行。现在大部分电视媒体的新闻直播都是这种类型。

二是议程式直播。不同于演播室直播，电视媒体在这种直播中是处于被动状态的，必须严格按照活动的各种议程来进行。议程完成，直播即告结束。如奥运会开幕式的直播、大型会议的直播等都属于这一类型。

三是突发事件的直播。由于突发事件的不可预测性，通常需要打断正常的节目播出来插入对突发事件的直播，使得直播结果充满悬念因而对观众具有极强的吸引力。美国"9·11事件"的直播就是这一类型。[②]

---

① 李存厚. 广播现场直播类节目评析 [J]. 中国广播电视学刊，2015 (5).
② 李岭涛，戚缤予. 中国电视直播发展态势分析 [J]. 现代传播，2011 (6).

> ### 媒介融合时代电视直播形态的发展
>
> 在媒介融合时代，作为一种报道形态，电视直播本身也在不断演变、不断发展。
> 1. 电视直播形态发生更明显的变化。不仅电视直播报道的结构方式、表达方式、现场处理方式等会明显演变，外在形态与运用模式也会发生变化。电视直播报道不仅正在成为常规的报道手段，而且还会大时段化，即以大时段的直播化报道作为新闻频道的基本结构单元和基本报道模式。
> 2. 电视直播内容可以在产品层面进行再开发和多种方式的再利用。可以设想，基于媒介融合的理念，基于直播内容已经以多种方式被再利用的事实，采集环节和加工处理环节就可以在一定限度内时空分离，生产方式将发生变化，生产效率将进一步提高。
> 3. 媒介融合的理念和加工多种内容产品的要求，促使电视直播的操作理念、操作方式等发生变化。现在的电视节目制作仍然采用现场二级切换，但不再只传回现场切换后的信号，而是在拍摄的同时挂带记录，即在二级切换前保存所有拍摄的素材，这样，节目组可以获得多个角度、多重视角的现场影像供进一步开发，实现多种用途。①（有删节）

在媒介融合时代，人们可以看到电视直播报道将成为基本报道手段。通过多重开发、多种手段利用、多个窗口呈现、多个终端展示，电视直播报道的内容将进一步增值。

■ 录播

录像机出现以后，录像制作也就应运而生。这种方式直接用摄像机拍摄，并同步记录图像和声音。录制技术的成熟，使得电视成为以录制节目为主的媒介。从此，各个电视台不必实时转播电视网的节目，制播分离成为可行手段。

实况录播，就是将实况录制在磁带或其他介质上，然后再进行后期制作并择期播出。大多数电视节目采用先录后播的方式，也即先拍摄然后剪辑制作并播出。简单的电视节目制作，采用单机或者双机拍摄，然后后期制作并播出。复杂的电视节目，采用多机拍摄形式，然后进行后期制作并播出。值得注意的是，近几年国内电视节目制作出现"大片化"倾向，开始采用现场切换结合实况录播的制作方式。比如多机位拍摄的大型综艺节目往往采用现场直播方式进行多机位现场切换，如此得到一个现场切换粗剪版。同时，所有机位的素材都被保存下来，以便进行精细的后期剪辑和制作。这种方式，兼顾了直播的现场感染力和录播的精细制作优势，成为大型电视节目制作的常见方式。

比如案例二《中国好声音》第一季的前十三期录制现场，浙江卫视就采用了现场切换结合全素材录制的方式。除了导播现场切换出的完整版本，场内16个机位的信号同时同步进行录像。在录制过程中，所有镜头信息都被记录在服务器硬盘上，同时提供实时监看界面以查看每个机位的图像。从节目制作角度来说，非直播节目原则上"录制大于现场"，尽可以在节目录制时抓取每一个细节信息以便于后期制作。②

---

① 陆小华. 媒介融合进程中电视直播报道形态的演变 [J]. 新闻战线，2012 (2).
② 孙琳，杨玉洁. 揭秘中国好声音幕后生产线 [J]. 影视制作，2012 (12).

电视节目制作方式

相对于音频类广播节目，视音频兼顾的电视制作过程要复杂得多。按照电视节目生产场地、设备及其相关系统，电视节目制作可以分为以下三类：

■ENG（Electronic News Gathering）

电子新闻采集方式指采用便携式摄录设备进行信号采集制作电视新闻，一般采用单机拍摄形式。ENG 方式通常分为前期拍摄和后期制作两个阶段，也可以通过电缆通信、微波通信、卫星通信等技术进行实况直播。这种制作方式的主要特点是单机或者双机拍摄，设备小型轻便，一般多见于电视新闻节目制作，也为拍摄电视纪录片、电视剧、广告片所采用。近几年新出现的网络视频"直播"，就是采用采用单机拍摄并同步播出的制作方式，也可以看作是一种衍生版的"ENG"节目制作。

■EFP（Electronic Field Production）

这种方式也称为电子现场节目制作。它是电视技术发展的产物，是对整套适用于电视台外作业的电视设备和制作流程的简称。[①]作为系统性节目制作方式，这套系统基本配置一般包括三台以上摄像机、一台以上视频切换机、一个音响操作台及其辅助设备（灯光、话筒、录像设备以及运载工具）。EFP 制作方式可以在事件现场制作电视节目，并进行节目直播或录播，现场感特别强烈。这种制作方式需要团队的精密配合，是最具有电视系统特色的制作方式。比如奥运会开幕式电视晚会，就是通过多机位的现场节目制作方式完成的直播节目。

■ESP（Elcctronic Studio Production）

这种方式也被称为电子演播室制作，主要指在演播室内进行电视节目的制作。因为无须将设备搬到台外，因此 ESP 方式在设备的体积、重点等方面要求不高，通常选用高质量的设备。随着科技的进步，ESP 已成为富有高科技性能的制作系统，如高清的数字摄像设备、自动化调光系统、高保真音响系统、多功能特技切换系统、智能化控制系统等。ESP 方式可以先录再播，也可以进行实况录制播出，是电视台制作电视节目的常见方式。比如，中央电视台春节联欢晚会大多都是在演播室搭建舞台，在室内完成节目制作。但也有例外，如 2017 年央视春晚就设立了一个北京央视主会场和四个外省室外分会场，电视晚会制作结合了 ESP、ENG 与 EFP 方式。

电视节目制作流程

电视制作一般包括电视节目生产过程中的艺术创作和技术处理两个部分。艺术创作和技术处理两个部门同属于一个完整的节目系统，两者互为依存不可分离。从制作过程来

---

① 郭镇之. 中外广播电视史：第二版［M］. 上海：复旦大学出版社，2008：10.

看，电视节目制作一般分为前、中、后三个阶段。

■前期制作

电视节目制作是一个复杂的过程，涉及众多人员的集体协作。前期制作阶段，主要涉及两大块内容，分别是创作形态构思以及技术团队组建，如图 4-2 所示。

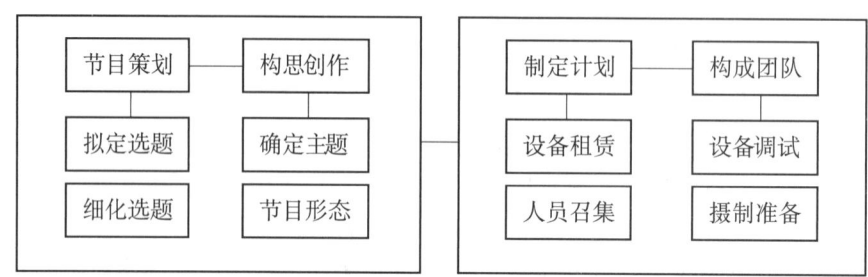

图 4-2　电视节目制作前期流程

创作形态构思涉及选题策划、主题确定和具体节目形态的选择。选题策划是对整个节目的全盘构思，需要考虑受众需求、主管部门政策、播出情况分析等方方面面的问题。技术团队组建涉及人、财、物的具体配置，它根据具体节目形态需求，确认拍摄设备、音响设备以及相关团队构成，并针对节目进行设备使用前的调试。综合各方面情况后，摄制方案形成。

■中期拍摄

准备工作结束就进入摄制阶段，不同类型节目有不同的制作方式。通常拍摄阶段的工作有：制订摄制计划、召开摄制会议、现场布置排演、节目正式录制等。

不同节目类型的拍摄阶段有不同的情况。比如 ENG 电视新闻节目制作，团队人员构成简单，制作过程也相对简易。而 ESP 多机位演播室节目制作的情况就显得复杂一些。当然，EFP 多机位现场节目制作的摄制过程就更为复杂，除了配合上的难度，场地的不可控也会造成很多新问题。

比如江苏卫视《非诚勿扰》的现场拍摄工作，就是一个相对复杂的多机位室内节目制作过程，如表 4-2 所示。

正如《非诚勿扰》总制片人王刚所言，一个电视节目的形成和发展是一种系统合作的产物，《非诚勿扰》的制作过程正是电视系统化的典型体现。[①] 在这种系统化思路制作环境中，中期拍摄和后期制作的过程常常重叠在一起，两者界限并不清晰。

■后期制作

一般认为，摄录过程完成之后就进入了后期制作阶段。后期制作通常包括画面和声音两个部分的制作工作。首先根据场记情况对镜头进行筛选，完成第一轮粗剪继而进行精剪；在画面剪辑的同时进行声音部分的处理；完成这部分工作之后就进入调色、特效和字

---

① 王刚. 从系统论角度探索新时代电视节目的发展方向：以《非诚勿扰》为例 [J]. 中国广播电视学刊, 2014 (5).

表 4-2　《非诚勿扰》节目的现场拍摄与制作

上图拍摄地点为演播室舞台外侧，画面可见地面轨道和摇臂摄像机。
下图拍摄地点为演播室舞台边侧，画面可见舞台和观众席位置。

上图拍摄地点为导播车，画面可见导播切换台。
下图拍摄地点为导播车，画面可见切换台电视墙。

幕制作阶段，最后完成成片，进入审片阶段。需要注意的是，不同类型的节目有不同的制作要求，因此制作过程的具体流程可能存在一定差异。如图 4-3 所示。

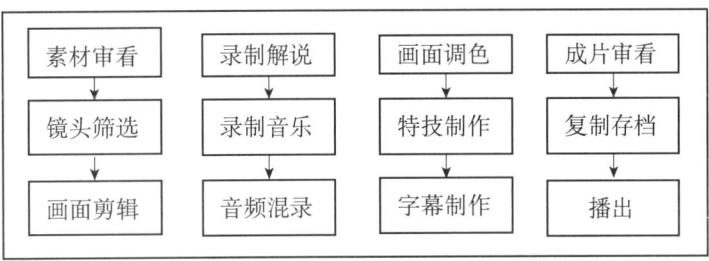

图 4-3　电视节目后期制作流程

需要注意的是，随着电视节目"大片化"趋势的发展，电视节目后期制作也呈现出"大片化"倾向。比如湖南卫视户外真人秀节目《爸爸去哪儿》，在制作上除了以多机位精细剪辑取胜外，在画面调色、特效、字幕等方面都进行了相对复杂的处理，使《爸爸去哪儿》的播出品质当时令观众耳目一新，如表4-3所示。

表4-3 《爸爸去哪儿》节目的后期制作

调色建立画面基调：以蓝色和粉色为主色搭配，人物肤色上尽量保证去掉蜡黄的感觉，自然的光感，轻度的童话感，纯户外环境的镜头，尽量美化环境，有人物真情实感的地方保留自然的光线质感，避免色彩太夸张影响剧情。①

字幕营造互动笑点：字幕特效不仅丰富了画面表现，而且利用类"弹幕"效果强化了和观众之间的互动交流。比如，第一季节目中张亮给儿子讲解葫芦时，画面中出现《葫芦娃》的动画形象和特效字幕"妖精，还我爷爷"。第二季节目中曹格儿子 Joe 痛哭流泪，画面出现红色"崩溃"字样及红黄色火焰形底纹，以此表达人物的强烈情绪，并进一步渲染情绪。应该说该节目后期特效、字幕和画面的充分结合，已经成为它的突出亮点。

小结：广播电视技术的发展及其影响

当下的电视节目技术显然已经成为影响电视节目品质的重要因素之一。在某种程度上，节目技术和节目艺术相辅相成，共同构成节目本体。随着科学技术的整体进步，广播电视媒体未来发展和广播电视技术革新之间的相关度会越来越高。

在媒介融合的大背景下，广播电视将借助新媒体技术力量拓展传统节目制作理念与传播手段，从而增强信息实效、丰富观众参与渠道、革新广播电视制作者的工作思路和方法。就

---

① 劳祥源.《爸爸去哪儿》后期调色制作揭秘［J］.数码影像时代，2013（12）.

整个广播电视技术系统而言,新技术对广播电视的影响应注重以下几个方面的思考:

一是新技术引进带来的平台定位变化。传统意义上的广播电视台为人们提供信息和娱乐服务。随着数字技术、网络技术的引入,广播电视在实现技术升级和功能扩展之后,一定面临广电转型前景,也即扩展非传统广电业务,实现广电平台的智能服务。

二是功能增加带来的节目形态变化。互动性改变的是以往单向的节目制作思维,更多双向沟通的元素——如投票、竞猜、调查、参与等功能都可以置入节目中。此外,节目形态还得适应受众细分、移动接收等特点,不同接收终端、不同尺寸屏幕的表现形式都是节目形态需要考虑的新问题。

三是媒介融合带来的产业链条变化。媒介融合带来了产业系统的互相开放,传统的广电产业链条中引入了电信产业、互联网运营商等新的利益相关者。如何理清产业链条的变化,既是一个复杂的技术问题也将是一个令人纠结的经济问题。[1]

广电媒体技术发展的几个关键概念

"电视+"或"广电+":主要有两层含义:第一就是增加的意思,就是增加广电的服务能力,扩大广电的服务范围。要做到这一点,就要通过"+互联网",尽快实现广电技术、内容、业务、形态、功能等各方面在互联网的扩展,进而做好"互联网+"。第二就是广电的转型升级,就是要加智慧,做智慧广电,提高非传统广电业务包括电子政务、电子商务、远程教育、远程医疗、智慧家庭、智慧产业和智慧城市的服务水平,全面提升广电的传播力、影响力、竞争力。(国家广电总局科技委副主任杜百川)

广电云平台:基于云计算技术的广电云平台,对于生产过程中的信息采集、制作、审片等不再有台内台外的限制,对于各种信息可以根据终端的不同采用相应的渠道进行分发,对于新的业务需求也可以敏捷部署,大大缩短新业务的上线时间,打通台内各种媒体业务的边界。对于高突发、大瞬态信息可以通过租用公有云解决,灵活便捷,对于中等规模以上的电台、电视台,是一种节约成本、便于业务拓展的方式。推进广电云平台建设,对于广播影视全面战略转型升级,实现传统媒体和新兴媒体融合发展至关重要。(中央人民广播电台总工程师 钱岳林)

宽带广电:宽带广电是宽带技术的升级,是业务和技术的结合,是安全的提升,是互联网通向电视的桥梁,是带着绿色基因出生的高速互联网。主管部门通过构建在有线电视互联互通平台上的全国视频云,对OTT、IPTV及互联网音视频等内容进行管理,保证了宽带广电是绿色互联网。用户可以跨越电视机和计算机的界限,尽情享受有线电视和互联网上的丰富内容;有线电视网络公司可以通过光纤入户和无线网络实现智慧型社会的高速信息服务。(中国广播电视网络有限公司副总经理曾庆军)

---

[1] 周小普,黄彪文. 契机、转机或是危机?:试析数字新媒体对广播电视的影响 [J]. 国际新闻界,2011 (4).

> 4K超高清：在互联网快速发展的今天，人们更渴望有更好的体验、更好的临场感、超强的视觉。同时传统电视需要提升自身的核心竞争力、需要良好的发展前程。无疑4K超高清电视将成为电视行业未来发展的热点、成为下一代广播电视的发展趋势。4K必将推动大屏发展，也使真正的家庭影院成为现实。（上海广播电视台党委委员 上海文化广播影视集团有限公司技术总监 汪建强）（有删节）[1]

思考题

1. 广播技术的革新主要表现在哪些方面？有什么特点？
2. 电视技术的革新主要表现在哪些方面？有什么特点？
3. 收听一天完整的当地交通台广播节目，分析其节目构成以及采用的制作技术。
4. 观看一季完整的某热播电视综艺节目，分析其电视节目制作手段和方式及其传播效果。

---

[1] 姜文波，杜百川. 2015年度中国广播电视行业十大科技关键词[J]. 广播与电视技术，2016 (3).

Chapter 5
第五讲　广播电视体制

- ▶ 什么是广播电视体制
- ▶ 广播电视体制的起源
- ▶ 广播电视体制的类型
- ▶ 小结：存在即合理，任何体制都有好坏

案例一　广电总局宣传司司长高长力解读"限娱令"的前世今生

国家广电总局宣传司司长高长力 2016 年应母校中国传媒大学的邀请回到学校，以《当前广播电视宣传若干重要问题》为题，与传媒大学艺术学部的师生进行了交流。

在讲座中，高司长针对广电总局宣传管理模式、重要政策出台的相关背景、上星综合频道的调控、节目评估方式的转变以及节目自主创新应该遵循的规律等问题，进行了详细的阐述。

从播前管理向播后管理的转型

当前，在广播电视节目的管理中，总局宣传司主要采用"一优两管"的方式，一手抓宣传管理，一手抓创新创优。具体管理方式主要包括播前管理和播后管理。

播前管理主要包括宣传通气会、宣传通报、宣传提示、节目审查和导播。播后管理也是国际上最常用的管理模式，主要包括政府监管、社会监督和媒介批评。目前，广电总局正在从以往依靠播前管理的模式向播后管理模式转变。

高司长透露，宣传司一直在不断创新宣传管理理念和方法，具体方式包括好节目进入好时段、黄金时段观察期、节目评议会制度、季度推优引入市场机制、善用媒体。

以"好节目进入好时段为例"，"限娱令"出台后的一段时间里，宣传司对于电视节目的管理方式主要是节目类型管理，控制黄金时段娱乐节目的总量。

后来在具体实施过程中，高司长表示发现有一些娱乐节目制作精良、充满向上的力量，于是，广电总局便提出"好节目进入好时段"的理念，即对于电视节目，不应该只看节目类型，更应该看其价值和意义，看节目是不是好节目，是否能给观众带来积极正向的能量。

一系列"限娱令"的出台及其背景

讲座中，高司长回顾盘点了近几年宣传司针对上星综合频道宏观调控出台的一系列"限娱令"：

"限娱令 1.0"——2012 年

总局实施上星综合频道黄金时间节目备案制，对婚恋交友、才艺竞秀、情感故事、游戏竞技、综艺娱乐、访谈脱口秀、真人秀等七类节目实行播出总量控制。

广电总局宣传司司长高长力解读"限娱令"的前世今生

经过广电总局的"限娱令"调控，在2012年，泛娱乐节目从128档减少到40多档，压缩了三分之二，留下来的都是质量较高的娱乐节目，而新闻类节目增加了31个，"限娱令"形成的客观效果是低俗节目得到了限制，因此，"限娱令"也被很多学者称为"限俗令"。

"限娱令 2.0"——2014年

总局针对上星综合频道实施结构化管理，每个频道播出新闻、竞技、文化、科教、生活服务、动画、少儿纪录片和对农等八类节目的比例达到30%，对歌唱类选拔节目、电视晚会等进行调控。

"限娱令 3.0"——2016年

总局大力推动节目的自主创新，规定上星综合频道每年19：30—22：30开播的引进境外版权模式节目不得超过两档，同一档真人秀节目，原则上一年只能播出一季。

高司长表示，未来，"限娱令"还会进行怎样的升级目前还不可知，但总局对上星综合频道的要求始终不变，即坚持正确导向、弘扬中国精神、着力自主创新、更好服务人民。

用"倡优抑劣"规避节目乱象

当下，电视内容市场被真人秀主导，但高司长认为真人秀创作中还存在一些需要解决的问题，集中体现为"既不攀登正能量的高峰，又不触碰负能量的底线"：展示坏人的生存之道、明星的无聊游戏、富人的无病呻吟以及无底线的低俗恶搞。

高司长表示，广播电视宣传管理的机理是"倡优抑劣"，即按照"好节目进入好时段"的管理理念，通过黄金时段节目备案、各类评奖评优等管理机制，倡优抑劣，科学调控。原则是对于优秀的真人秀节目大力扶持，对于缺少价值和意义的真人秀节目加以抑制，对于内容低俗有害的真人秀节目坚决查处纠正直至取缔。

要执行好"限娱令"，在节目的评价体系和评价程序中，还应该坚持"三不"：不搞节目收视率排名、不单纯以收视率搞末位淘汰、不单纯以收视率排名衡量播出机构和电视节目的优劣。

高司长表示倡导建立广播电视节目综合评价体系，这其中，节目的思想性、创新性、专业性、满意度、竞争力和融合力占到60%，而收听收视率数据则应占到40%。（有改动）[①]

案例二 《声音的战争》改名《梦想的声音》首期BUG不断 音乐节目无牌照该如何走下去

浙江卫视《声音的战争》终于在停播风波之后于2016年11月4日晚21：20开播，本着众多大咖加盟的宣传优势，却没想到迎来差强人意的收视。第一期节目最大的BUG

---

① 广电总局宣传司司长高长力解读"限娱令"的前世今生 [EB/OL]. (2016-09-27) [2017-01-22]. http://www.sohu.com/a/115179591_114965.

在于内容的剪辑缺少了竞技成分，换之以素人向明星导师"讨教"，仍然是"旧曲新唱"的玩法，和《天籁之战》异曲同工。或者可以说两者都是借鉴了韩国SBS的《Vocal战争之神的声音》。

看过首期《梦想的声音》的观众有个一致的感受，那就是内容剪辑存在很大的断层，尤其是在素人唱完选择讨教导师的歌曲，明星导师唱完素人指定歌曲之后，画面直接跳转到素人离开舞台，感恩导师就结束了。

面对这样的BUG观众看完一头雾水，没有观众投票怎么就决定让素人离开舞台了呢。其实这一切都是剪辑师给剪掉了，原本《梦想的声音》在节目环节设置上和《天籁之战》一样，原本都采用明星导师和素人PK的方式，你看《天籁之战》素人就把杨坤和费玉清给PK掉了；可是为什么《梦想的声音》硬生生给剪掉呢？这一切都归咎于《梦想的声音》没有音乐牌照。

2013年开始，中国电视界音乐节目层出不穷。之后广电总局规定，每季度只允许一档音乐竞技类节目上星播出，上星卫视未取得音乐牌照的泛音乐选秀节目不得PK，不得淘汰晋级。也就是说一年有四档音乐节目拥有牌照，这四档节目分别是湖南卫视的《我是歌手》、浙江卫视的《中国新歌声》、北京卫视的《最美和声》、东方卫视的《中国梦之声》。

而《天籁之战》用的就是《中国梦之声》的牌照，既然浙江卫视《中国新歌声》已经播出结束，那最新的音乐节目就没法持有牌照上岗，所以环节上竞技、淘汰和PK赛制都必须阉割。这才导致第一期《梦想的声音》不尽如人意。连总导演蒋敏昊自己都发微博表示成绩确实不理想，并表示接受大家批评，第二期会有所修改。

正是因为有限的牌照限制迫使音乐节目必须在设置上有所创新。

竞技加奖励造就了《Vocal战争之神的声音》的成功，然而本土化之后，《天籁之战》在模式上调整得较多，24小时改编赋予音乐全新的生命成为最大看点之一，剔除了中间一些晋级环节，而《梦想的声音》保留了"神之门"，四首歌曲选择、三小时练习的套路，却丢失了最重要的素人挑战明星的看点，一旦弱化之后，将其改为"讨教"就显得平淡很多。①（有删节）

《声音的战争》改名《梦想的声音》首期bug不断 音乐节目无牌照该如何走下去

---

① 《声音的战争》改名《梦想的声音》首期BUG不断 音乐节目无牌照该如何走下去 [EB/OL]. 2016-11-08) [2016-12-11]. http://yule.sohu.com/20161108/n472632029.shtm.

案例三　美剧为何拥有如此超高人气？

近日，《生活大爆炸》《傲骨贤妻》等多部美剧在优酷、搜狐视频等视频网站下架，国家广电总局要求"先审后播"，其中，搜狐视频拥有《生活大爆炸》独家版权。与此同时，中央电视台昨天发布消息，称已引进《生活大爆炸》并交于 CBM 影视译制机构进行译制。

最近两天，关于美剧下架的新闻在网上引起热议，也让国内众多美剧迷们寝食难安，人们纷纷对下架的原因进行猜测，有说阴谋论的，还有的说是给央视让路的。截至昨日，事情终于有了定论：美剧采取"先审后播"的方式进行译制播出，此言一出，无疑又让人捏了一把汗，对于我国译制片的质量大家都有目共睹，我就不做评论了。在这里，就来聊聊那些年我们追过的美剧，它究竟是如何俘获我们的"芳心"的？又有哪些优缺点？我们该持有什么态度？

美剧之所以能拥有如此高的人气绝非偶然，美剧依然是一种文化产业，制作水准精良、想象力丰富、构思独特、逻辑缜密、题材广泛，再加上专业的制作团队、优秀的演员阵容，以及高效的后期商业运作模式，与国产剧和日韩剧迥乎不同，它整体上所达到的高度使其他国家的同类产品难以望其项背。这使得美剧得以在全球范围内迅速传播，赢得了大批粉丝，在我国青少年群体中自然也是人气颇高。反观国内的电视剧，如婆媳剧、雷人抗日剧、狗血言情剧等，庸俗成功学泛滥，粗制滥造，闭门造车，看到开头就猜到了结局，看到差距视而不见说明不了你有多高贵，只能说明你有多无知。

网上流传了这么一句话：看英剧的瞧不起看美剧的，看美剧的瞧不起看日剧的，看日剧的瞧不起看韩剧的，看韩剧的瞧不起看中国港台剧的，看中国港台剧的瞧不起看中国大陆剧的，看中国大陆剧的瞧不起看泰剧的。这种论调几近调侃和讽刺，但这也说明了我国的电视剧在面临国外竞争者时缺乏足够的竞争力。支持国产剧无可厚非，但有些国产剧的质量的确让观众失望。其实美剧也有其不太妥当的地方，比如播放尺度和暴力元素。就尺度而言，不一样的人看法自然不同，高雅和低俗也只在一瞬间，有的人觉得是批判精神，有的人则看到了色情。就暴力而言，由于两个国家历史的、地理的、政治的环境不同，价值观念也存在较大差异，也许在他们自己看来这些暴力元素无伤大雅，但在我们看来就有点"重口味"了，比如《汉尼拔》《行尸走肉》等。

还有人批评美剧会腐蚀国人的思想，诚然，电视剧作为文化输出产品，确实起到了传播价值观和精神入侵的作用，但是一个人难道就会被一部电视剧牵着鼻子走？这本是生活娱乐与休闲活动，只是拿来消遣，

美剧为何拥有
如此超高人气

非要扣上一顶帽子才显得"高大上"？是非曲直想必大家心中自有定论。同时，面对美剧，我们更应该秉承"开放吸收，兼容并包"的精神，不能一味地肯定也不能一味地否定，而是要既肯定又否定，肯定的是优秀的、先进的东西，否定的是腐朽的、落后的东西，这就是哲学上说的辩证吸收，也叫"扬弃"，充分吸收美剧中的优秀文化转而对自己的作品进行改造才是上策。

无论什么样的电视剧，终究是服务于人民大众的，发展人民大众喜闻乐见的文化产品也是发展我国先进文化的必然要求，只有在此基础上推陈出新，革故鼎新，生产更多更优秀的电视剧，才能丰富我们的文化生活。[①]（有删节）

在案例一、二中有个关键名词"广电总局"，你应该不陌生吧？"限娱令"这样的总局令对你来讲，应该也已经不是第一次听到。至于《梦想的声音》第一期这么尴尬的状况，我们之前也不一定完全没见过，区别只在于尴尬程度的不一样罢了。那么，为什么广电总局会有这么大的权限？为什么各大广播电视台、网站必须听命于他？美国也有广电总局吗？英国有吗？

还有，为什么美剧可以做到"制作水准精良、想象力丰富、构思独特、逻辑缜密、题材广泛"，有"专业的制作团队、优秀的演员阵容，以及高效的后期商业运作模式"？我们还差在哪里？还缺什么？怎么才能做出堪比美剧的"大片"？

这些问题，也许看完本章后，你可以自行找到答案了。

什么是广播电视体制？

什么是广播电视体制？解决这个问题首先得搞明白什么是"体制"。"体制"一词在词典中的解释有两个：1. 国家机关、企业和事业单位机构设置和管理权限划分的制度；2. 体裁、格局。

显然，我们这里要说的是前者。

广播电视体制指的是一国广播电视事业赖以建立和组成的所有制形式和结构方法。它包括"制度"和"体系"两个部分，它既指理念和法规的基础，又指组织和经营的内容。

"制度"指的是哲学、理念、政策、机制等比较宏观的本质的特点，它解决的是广播电视归谁所有，谁来经营的问题。

"体系"指的是组织结构方式，通常是实践的结果，比较灵活多变。

---

① 程世杰：美剧为何拥有如此超高人气？[EB/OL]．(2014-04-30)[2017-01-22]．http://focus.cnhubei.com/original/201404/t2913067.shtml.

广播电视体制的属性主要取决于国家对电视事业进行管理的法律和行政规定，特别是所有权和经营权，也包括电视传媒机构组成的方法和遵循的路线、方针、政策。

广播电视体制应当解答以下几个方面的问题：

> 广播应该承担哪些使命，提供哪些服务？
> 一般公众如何利用媒介，又怎样介入传媒的活动？
> 传媒机构享有的自由有多宽泛，其限度在哪里？
> 是利用资本运作还是国家赋税支持？
> 是商业经营还是公共机构独家垄断？

广播电视体制的起源

■影响广播电视体制建立的因素

广播电视，作为一种传播媒介、一种传播工具，其本身没有任何政治色彩与思想倾向。但是媒介自身是无法运转起来的，媒介的运转需要社会组织，这就形成了媒体。而媒体作为国家社会机构的一部分，它的经营管理、它的属性认定必然受到整个国家、社会这个大的生存土壤的影响。马克思主义认为，国家就是暴力机器，是一个阶级用来镇压另一个阶级的有组织形式的暴力。因此，国家的阶级性、国家的体制多元化存在，必然决定了媒体的性质以及媒介产品的纷杂迥异。政治经济制度和社会意识形态是决定广播电视体制的首要条件。

此外，还有其他一些自然的和社会的先决条件。比如国家的地理因素（幅员、地形地貌）、人口因素（密度）、语言因素、文化传统等。比如美国。众所周知，美国是联邦制国家，各州都有自己的法律法规，而广播电视政策也有很强的地方主义色彩，因此他们的商业广播网采取的就是与地方广播电视台签署收费协议后联网播出的方式。再比如比利时。比利时约有1 100万人口，主要由操荷兰语的佛兰芒族和操法语的瓦隆族人组成，还有少数人使用德语。佛兰芒族居住于北部，瓦隆族住于南部，分别有自己的政府和议会，实行自治。同这种国情相适应，比利时广播电视业最大的特点就是"三语两制"，即三种语言各成体系，公私两制并存发展。

当然，除了这些特殊情况，广播电视体制的建立也有国际惯例的约束。

■广播电视的"公共服务"概念

广播电视公共服务概念的提出基于以下两点：

首先是广播电视的技术（自然）属性。广播电视是一种技术性的通讯媒介，它们与汽车、火车等运载工具一样都应当被纳入公用事业的范畴，是公共资源，是公民人人皆可享有的，因此广播电视所从事的活动也理所当然地应该是"公共服务"。

其次是"公共传媒""公共信托者"概念的提出。由于电波资源的有限性和传播范围的无边界性，广播电视更应当是人们给予共同关注并严格管理和规范的事业，这一事业应该由被选中的专门机构来进行。这些机构接受社会的委托，向人民提供广播电视服务。于是，"公共传媒"和"公共信托者"的概念由此发展起来。

那么，谁是这个"公共信托者"呢？对公共信托者选择上的分歧产生了不同的广播电视体制。比如英国和大多数欧洲国家选择的是在法律基础上建立一个统一的独占式公共广播体制，代表国家从事全国性的普遍公共服务广播；而美国认为商业经营也是一种普遍的服务方式，因而是建立在广告基础上运作的商营广播体制。1922年，美国第一次华盛顿无线电会议对广播确立了三个基本信条：

1. 频率资源属于大众，属于全体人民；
2. 由于广播频率有限，联邦政府应该在广播频带中建立秩序，管理和约束广播行为；
3. 私人所有的电台也可以为公众利益广播，它们应该而且必须提供公共服务。

广播电视体制的类型

关于广播电视体制的种类，大家的说法并不一致，有三种说和有五种说。从基本类型上来看，三种说还是可行的，即国家广播电视的国有国营制、商业广播电视的私有私营制和公共广播电视的社会公营制。不过，经过历史的演变，很多国家的广播电视体制都由原来的比较单一的类型变为复合多元类型。比如大部分国有国营型都变成可公私并营型，在一些国家由公共制度型一统天下的局面也被商营广播电视的出现而打破了。

■国家广播电视，即国有国营型

国家广播电视即广播电视归国家拥有并直接经营，具体来讲：

1. 媒体资产为国家所有；
2. 政府将其作为国家事业单位直接领导和管理；
3. 媒体领导成员由政府任命，业务方针由政府制定，业务活动受政府监督；
4. 媒体运作经费大部分靠国家（财政）拨款，有的辅之受众缴纳的视听费和广告费。

以我国和苏联为代表的社会主义国家、发展中国家大都采用了这种体制，少数发达国家的国营台也是这种情况。

这种体制的思想基础是我们最为熟悉的集体主义。个人利益要服从集体利益，先有国后有家，所以所有的财富应该归国家所有。广播电视作为社会机构，自然也应该是国家和政府的。"喉舌论"正是基于此提出的。

这种体制的优势在于：

> 1. 便于国家实施统一管理，有计划地安排人力物力财力，合理安排各台的设置，使得各台互有分工、互相补充；
> 2. 使广播电视业务更符合国家政策的需要，从而使社会效益得到重视和保证。

这两点优势在国家建设初期需要集中优势资源进行大力建设的时候，或者是灾难性状况出现的时候表现得尤为明显。从我国汶川地震时期的新闻报道来看，由于政府统管，从上到下所有的媒体齐上阵、共努力，所有在播节目全部暂定，一律播放有关地震的各种消息，一时之间全国上下的焦点只有一个，大家心在一处，拳握一手。而政府得当的危机处理方式，也让西方媒体"无话可说"。

> **中国的表现让西方"无话可说"**
>
> 中国发生"5·12"汶川大地震之后，西方媒体给予了大量积极正面的报道。一直以来认为"中国媒体不可信"的西方媒体，比如CNN、BBC等，在此次地震报道中都大量使用了中国媒体的电视画面和文字报道，这十分少见。与之前报道西藏"3·14事件""奥运圣火传递"相比，西方媒体报道的态度来了个180度的大转弯。即使有少量负面报道和批评声音，但这些已经让西方读者觉得不那么可信了。西方民众、媒体评论人，总体上都正面评价中国政府组织的抗震救灾，以及赞扬中国人民在灾难面前表现出来的勇气。[1]（有删节）

在日常工作中，这种国家广播电视体制也能体现出优势。广电总局领导对"限娱令"的解读告诉我们，"限娱"的目的是调配资源，建立更加科学合理的节目评价体系，这种自上而下的调整可以尽可能地减少自由竞争带来的消耗。

当然，这种体制也有明显的短板：

> 1. 政治干预多，业务活动侧重于对政府负责、对领导负责，容易忽视受众需要、内容难免单调、贫乏；
> 2. 管理方式行政化，缺少激励机制，缺少经营活力；
> 3. 如果政府本身缺少监督，资源的垄断性会大大降低管理效率，导致腐败。

仍以我国的情况来看。我国是中央—省—市—县，四级办电视。电视网络格局与行政区属高度同构，严格对应。中宣部与中组部协同管理国家广播电视总局的领导班子。所以我们的广播电视台受国家、政府严格掌控，自由度相对较小。这也就解释了为什么浙江卫视必须按照广电总局的要求来调整《梦想的声音》了。它的制片人受浙江卫视台领导的管

---

[1] 中国表现让西方"无话可说"[N/OL]. 国际先驱导报，2008-05-20 [2016-10-22]. http://world.people.com.cn/GB/1030/7266105.html.

辖，而浙江卫视台领导受广电总局领导的管辖。一纸政令下来，就算是受众看不懂，有伤口碑，节目组也没有第二条路可以走。

所以，如何找到国家宏观调控与保证媒介机构经营活力之间的平衡点，采用国有国营型体制的国家传媒行业必须要不断去摸索。

另外，关于我国的广播电视体制还有一点特别需要强调，中国目前的广播电视体制已经不是单一的国有国营制，而是一种混合的体制。国家广播电视仍然是我们的基本属性，广播电视台的所有权仍然掌握在国家和政府手中，但是具体的经营方式已经发生变化，经营目标也在单纯为国家政府发声、为人民大众服务的基础上增加了赚取商业利润，而我们获取商业利润的主要渠道是经营广告，这是市场经济发展的必然结果。当然，我们实施的是有限的商业化运作模式，比如我们的制播分离一直强调新闻节目必须把控在电视台手中，频道资源也绝不私有化。这样做的初衷是把市场的竞争机制引入电视业，在确保电视业国有制、确保电视台宣传好党和政府方针政策的前提下，增加电视台的活力，丰富节目内容，满足观众的需求，减轻国家的财政支出，增加电视台的收入，加速壮大电视台。当然，在商业化运作方面，我们既没有全面深入的认知，也缺乏丰富的实践经验，所以从中央到基层，从领导到员工，我们还都处于摸着石头过河的阶段，大家都是在探索中寻找出路。在这种情况下，出问题、有状况是正常的。大家对此应该有一个比较客观的认识。

■**商业广播电视：私有私营型**

商业广播电视即广播电视归私人所有，是私人独资、合资或组成股份公司经营的广播电视企业。具体来讲：

> 1. 媒体资产资本为私人所有；
> 2. 媒体在法制范围内自主经营，自行决定业务方针；
> 3. 国家采用法律形式进行宏观调控，不加行政和经济干涉；
> 4. 媒体通常以盈利为目的，采取商业化经营、按市场规律运作广告为其主要经济来源，国家只是依照法律调控管理。

很多发达国家和发展中国家的广播电视为私有私营型，如著名的美国三大广播公司ABC、NBC、CBS。

这种体制显然是建筑在自由主义思想理论基础之上的。西方社会一直比较崇尚个人价值，认为个人不是受他人主宰的附属品，而是能够在矛盾的事实面前分辨真伪、选择好坏的有理性的动物。在他们看来，传媒的频道资源虽然属于公有，但媒体的机器设备却属于私人财产，媒体以服务公众的义务换取使用频率的特权。

这种体制的优势在于：

> 1. 媒体不受政府干预，可以千方百计满足受众多样化的需要；
> 2. 媒体在市场环境中生存和发展，善于在激烈竞争中改善经营管理、更新技术；
> 3. 媒体自主运作的空间大，有利于形成激励机制，使媒体动力、活力十足。

美国是商业广播电视的典型，同时也是公认的广播电视产业发达的典型。美国的广播电视节目高度类型化，而类型化既是对受众多样化需求的满足，又是对节目制作方减少市场风险的保障。这一点已经得到世界范围内的业界、学界人士的普遍肯定，我们也在学习如何进行类型化制作。此外，我国摸索尝试多年的制播分离、近几年取得不错成效的季播制度，以及早已开始的栏目化、频道专业化、制片人制等，都是源自对美国商业电视有效成果的学习。所以，我们也就明白了为什么案例当中的美剧能有那么强悍的杀伤力了吧？因为做不好就没饭吃。

当然，这种体制的缺点也是显而易见的：

> 1. 媒体以盈利为目的，为追求经济利益常常忽视社会效益；
> 2. 一味迎合受众需求，"腥、星、性"现象严重；
> 3. 以广告收入为经济命脉，经营管理和业务运作上容易受广告商、赞助商牵制。

美国广播电视的主要内容可分为娱乐、新闻和广告。其中娱乐内容是主体。因为所有商业广播电视的根本经济来源都是广告，因此，商业广播电台、电视台为了追求高收听/收视率和高广告收入，便在一定程度上牺牲节目的质量，降低标准以迎合听众、观众，媚俗倾向比较严重。尤其是娱乐节目，格调低下的甚多，犯罪、色情和暴力内容盛行，在一定程度上污染了社会空气，危害青少年的成长。另外，企业财团对电视新闻也有制约，电视新闻报道往往要维护集团的利益，让电视观众无法获得第一手信息，造成信息上的不对称。但尽管如此，日益成熟的美国商业广播电视的体制与内容特色还是可以给我们正在发展的传媒事业许多启示。

另外，美国的广播电视行业也有一个超脱于各个商营广播电视网以及地方电视台的组织——美国联邦通讯委员会 FCC（Federal Communications Commission）。它是一个独立的美国联邦政府机构，由美国国会法令授权创立，并由国会领导。联邦通信委员会是由 1934 年通信法案所创立，它取代了原先的联邦无线电委员会，负责管理所有的非联邦政府机构的无线电频谱使用（包括无线电和电视广播）、美国国内州际通信（包括固定电话网、卫星通信和有线通信）和所有从美国发起或在美国终结的国际通信事务。同时，委员会也是影响美国通信政策的一个重要因素。联邦通信委员会的权限涉及美国的 50 个州和华盛顿特区。其实，FCC 跟我国的国家广播电视总局有相像之处，都是行业规范的制定和管理者。但是，二者之间还是有区别的。广电总局直属中央，是政府部门之一，而 FCC 是不归政府管辖的，它由国会领导。美国是三权分立的国家体制，国会与政府都是独立的权力机关，二者没有从属关系。所以才会出现美国的电视节目拿总统开玩笑的情况。

需要注意的是，美国不是只有商业广播电视，而是以商业广播电视为主，其他形式补充。在其上万座大大小小的电台中，商业广播电台占87%；在近两千座电视台中，商业电视台占81%，剩下的少部分为公共广播电视系统（PBS），它们属于公营型机构。公共电视与全国公共广播及其下属电台的运经费来自政府拨款（通过一家名为"公共广播公司"的非营利机构对这部分拨款进行再分配与转拨款）及民间捐助。

■公共广播电视：介于商业电视和国家电视之间

公共广播电视体制指通过一定的制度设计（在该国会/议会通过《广播电视法》或专门《公共电视法》的要求下成立），以公共视听费或以社会资助为主，国家财政补贴为辅，以此消除商业盈利的驱动力，在非商业主义、民主政治和中立自主的基础上，建立服务于公共利益和对社会负责的广播电视体制。公共广播电视，在某些国家体制下又叫公共服务广播电视（Public Service TV Broadcasting）。

这种体制是建筑在欧洲的社会责任理论基础之上的。这是现代资本主义世界最为流行的新闻传播理论。它强调自由与责任相伴而生。拥有特权地位（主要指拥有少数信息源）的传媒，在当今社会具有大众传播的重要功能，因而有义务对社会承担责任。政府不仅要允许自由，而且还要促进自由。

英国的公共事业模式是世界上最有影响的公共广播电视模式。大多数西欧国家以及北美的加拿大和亚洲的日本也都建立了与之大同小异的广播电视体制。在对待传媒的态度上，尤其是在对待广播电视上，这些国家认为"先是广播，后是电视和有线电视等，应该肩负公益服务与使命"。

在三种基本体制类型中，公共广播电视最为复杂，即使同属一个范畴，各个国家所采用的具体体制形态仍各有所异。

> 从广义上来讲，公共广播电视可分为国有社会公营型、社会联合公营型两种子类型；
> 从狭义上来讲，则国有社会公营型还可细分为国有社会公营型、国有国会/议会主导型、国有政府主导型以及社会联合公营型。

我们下面从狭义的角度来对各种子类型进行详细阐述。

1. 国有社会公营型

> 所谓国有社会公营广播电视体制，它跟政府或国会主导之下的公共广播电视体制最大的区别是，由于法律的明确规定或强大的文化传统，政府和国会/议会都不能主导公共广播电视公司最高管理机构的人选。

典型代表是英国的 BBC（British Broadcasting Corporation）。

英国对世界广播电视体制一大贡献就是创立了以 BBC 为楷模的公共服务广播电视体制。

20世纪初，刚刚组建的英国广播公司是私有并且以商业盈利为主的公司，但是很快，在总经理约翰·里斯的操控下，情况开始发生变化。从工作经验中，约翰·里斯意识到，市场或者说来自经济利益团体的压力最终只会导致媒介的堕落与庸俗化，因此他开始着手创建一种旨在使广播既独立于政府之外又独立于商业压力之外的体制，经过几年的努力，BBC被改制成了一个排斥播放广告、拒斥商业盈利的公共广播组织，并仍由里思担任总经理。

约翰·里斯认为：英国的广播电视作为公共设施的主要作用是为社会大众提供获取信息、教育和娱乐的服务。"BBC应该既不受政府控制，也不受商业利益驱动，为公众提供高质量的公共广播服务。"BBC模式是建立在将观众作为公民看待，而不是消费者的基础上，目的是建立一个公民的文化权利可以得到进一步拓展和提升的共享空间。

具体来说，BBC是依据"皇家宪章"特许经营广播电视的公共企业，因此在法理上独立于国会和政府。董事会是它的最高权力机构，在推荐BBC董事时，政府一般不自行其是，而是按照不成文惯例，依据历届皇家政策咨询调研委员会和社会诸利益集团（包括传媒界）的意见展开工作。因为说到底，英国政府只是受托管理BBC，一旦政府跟皇家政策咨询调研委员会、BBC董事会、BBC总经理以及BBC从业人员等发生尖锐冲突，国会有权干预，以维护宪章所规定BBC社会公营原则。

不过，世事无绝对，BBC的体制也是有漏洞的。虽然，"皇家宪章"予以BBC政治和经济上独立办理公共广播电视的特许权，但是英国并没有相应的法律对此加以明确而又详细的界定。相反，英国政府由于可以定期审核和重新颁发执照，随时吊销执照，并且对BBC董事会人选有一定的决定权，对BBC节目有最后的命令权，因此原则上对BBC有着巨大的潜在权力。在缺乏或没有类似英国文化传统惯例的国家，BBC体制在实际运行过程中其独立性可能受到很大冲击。

前文提到，英国也是实行多元广播电视体制的国家。除了占绝对优势的公营广播电视BBC模式外，英国也有商业电视。1954年7月30日《独立电视法案》通过，标志着英国开始了商营广播电视的历史篇章。1955年，英国的商业电视台独立电视网（ITV）的成立，从此由英国广播公司（BBC）和独立电视网（ITV）共同垄断的双寡头体制开始。

2. 国有国会主导型

> 在国会主导之下的国有公共广播电视体制中，国会是决定全国性公共广播电视的中心力量，在机构组建，尤其是公共传媒领导人选安排或日常行业行政监管方面发挥着主导作用。为了保证公共广播电视服务公众的全面性、公正性、客观性、多元性，维护其监督社会、动员舆论和传播信息的独立性，国家通常以法的形式确定公共广播电视的独立法人地位，以免其成为政府或国会及其他社会势力的附庸。

1975年后的意大利（意大利广播公司RAI）和1980年后的西班牙公共广播电视体制就属于这种在国会主导之下的国有公共广播电视的典型。

3. 国有政府主导型

> 政府主导下的国有公共体制，其基本特征是中央政府作为最终向国会负责的主要角色对公共广播电视进行领导。

20世纪80年代中期以前的法国和葡萄牙，都实行此种公共广播电视体制，北欧的挪威和瑞士在相当大的程度上也呈现出这一公共广播电视体制的特征。

在此体制中，虽然公共广播电视经营机构原则上依法具有独立公益法人地位，但是中央政府首脑以及相关职能部门，可以一方面在宏观上对公共广播电视经营机构进行政策引导；另一方面在微观上以行政手段主导其经营方式、财政收支、人员调动，甚至节目安排及节目内容。采取此种公共广播电视制度类型的国家，有的不设置独立的国家广播电视行业行政主管部门。在此情况下，政府的作用就更大了。可见，国有政府主导型公共体制与公共广播电视制度本质之间还是有一定冲突的。

总体来说，国有社会公营型体制有如下共同特点：

> 1. 广播电视资产虽为国家所有，但作为"特殊法人"，它们可以以公司的形式在社会各界参与下实行自主的企业化管理和运作，保持相对独立性；
> 2. 根据法律规定，董事会或管理委员会对广播电视行业进行领导与管理，其成员有较广泛的社会代表性；
> 3. 政府依法对广播电视行业加以规范和监督，但具体业务由电台、电视台自主进行；
> 4. 经费来自受众缴纳的视听费和国家拨款。

它的优势在于：

> 1. 国家可以在宏观上调控监督，使广电业务符合国家的总体需要；
> 2. 广播电视行业可以避免过多的行政干预，业务上较有活力；
> 3. 经费大多来自受众缴纳的视听费，它接受受众监督，服务受众的意识随之增强。

但是，在不同的政治体制下，这种体制的经营管理状况也是各有千秋，有的仍有行政化倾向，尤其是当它处于垄断地位、缺乏竞争对手的时候，经营活力仍会减弱。

4. 社会联合公营型

> 社会联合公营广播电视体制，其核心特征是各方政治力量共同认可公共广播电视组织结构、领导人选和大政方针。党派、社会团体、区域势力（地方与社区）的竞争和合作最终决定了公共广播电视经营机构的传播活动与最高层的人事安排，中央政府广播电视主管部门一般不能干涉和直接影响公共广播电视经营机构的人事安排和节目内容，只能依法对其进行很有限的宏观调控。

实行这一体制的为欧洲一些发达国家和发展中国家的某些公共台。

联邦德国公共广播联盟（简称德广联 ARD）成立于 1950 年 6 月，是各地区广播电视的联合组织，是联邦德国广播事业的主体，也是德国社会联合公营体制的典型代表。联邦德国公共广播电视台的经费来源主要是收音机、电视机的执照费。具体数额由州际协议规定，并由各州联合设立的收费中心征收。经费来源也有广告收入，不过广播法对广告有严格的限制。如星期日和全国节假日一般不能播广告，节目当中不能插播广告，电视广告每天播出时间的总和不得超过 20 分钟，而且只能在晚上 6 时至 8 时之间播出。

跟国有社会公营广播电视体制相比，社会联合公营广播电视体制虽然同属于公营广播电视体制范围，但是有其不同之处：

> 1. 公有制所有权形态多样，主要有国家所有、地方所有、公众团体所有和社区所有等；
> 2. 经费来源更加多元，除了视听费、国家财政补贴和广告收入之外，还有公司、社团、个人捐资等；
> 3. 各方政治力量的共同认可发挥着主导性的政治调控作用，这可以说是此类广播电视体制的突出特点。

因为在国有公营广播电视体制中，中央政府在众多政治力量的互相制衡关系中仍然具有举足轻重的地位，而在社会联合公营广播电视中，中央政府广播电视主管部门一般不能干涉和直接影响社会联合公营广播电视经营机构的人事安排和节目内容，只能依法进行很有限的宏观调控。

也因此，社会联合公营的优势也是十分明显的：

> 1. 媒体不受政府、政党的直接干预，能较好地体现创办者的独立意愿；
> 2. 媒体不受商业集团控制，更注重社会效益，有利于提高节目品位；
> 3. 在一定程度上这类广播电视体制同时避免了纯国营和纯私营体制的缺陷。

总的来说，就是这种体制可以避免国营台的缺点，也可以避免私营台的弊病。

当然，世事无绝对，这种体制也是有一定的问题的。作为社会机构，媒体实际上很难在各方势力中保持真正的独立性。再加上经营运作缺乏有力的经济后盾，这种体制很容易造成财政危机。

相对于国家广播电视和商业广播电视而言，公共广播电视情况的确最为复杂，但同为一个体系，它们还是有一些共同的基本特征，譬如为了提高公众的教育水平，要提供尽可能丰富的、多元化的、反映多民族利益的节目（Pluralism），因此一般不以收视率作为衡量节目质量的标准；为了实现为绝大多数公众服务的目标，公共广播电视一般都是全国覆盖（社区、学校、地方政府等建立的电视台除外）、开路播出的免费无线广播电视；有不同的收费来源，包括执照费、政府拨款和广告等专门的财政支持，财务状况公开；作为服务不同利益团体的机构，公共广播电视台需要平衡各种利益。

事实上，公共广播电视并不容易经营，欧洲公共广播电视已经遭遇到了危机。如费用征收出现不再容易，频道和广播资源不再稀缺，相关法规日渐放宽导致商业广播电视与公共广播电视之间的竞争日趋激烈，政府提供的公共资金日益减少，受众细分使得"大众化节目"难以满足"小众需求"。从传统上来讲，公共广播电视必须面向所有人的要求，而各种相互矛盾的利益以及市场细分的趋势使它陷入尴尬。

小结：存在即合理，任何体制都有好坏

世界上之所以有这么多不一样的广播电视体制，是因为每个国家的具体国情都不尽相同，而广播电视体制植根于各国特定的社会制度中，有怎样的国情和社会制度，就会相应地有怎样的广播电视体制，因此什么样的体制都是合理存在。

但是我们也能看出，似乎没有哪一种广播电视体制是完美无缺的。这正应了那句话，世事无绝对。因此，无论传媒事业发达的英美，还是尚处于转型期、存在诸多问题的我国，大家都在为扬长避短而不断努力。

最后，我们用一张表格（表5-1）对本章内容做一个总结。

表5-1 不同广播电视体制情况比较

比较项目\体制类型	国家广播电视	商业广播电视	公共广播电视
开办及终止	由政府或执政党直接决定开办或终止。	由投资者按法律、法规申请开办或终止经营。	国家向公共机构发放特许状或委托状准许开办；因上述文件届满而自动失效或因特定事由被收回、取消而终止。
经费来源	由政府或执政党拨款；有限的商业收入等。	商业广告、节目销售等经营性收入；其他投资收入。	执照费或收视费；民间捐助；部分政府财政拨款；少量商业收入。
广告投放	基本不播放或播出少量商业广告；播出公益或政令发布、政策宣导广告。	播出商业广告；根据需要播出其他性质的广告。	基本不播出商业性广告；播出公益或政令发布广播；播出少量商业广告或赞助商形象广告（但节目赞助商明确不得影响节目内容）。
负责人产生方式	由政府或政党直接任命、指派或认可；本身属于政府或政党序列。	投资者或股东大会产生或认可。	由公共机构委任、延聘，或经国家机关通过、备案。
节目取向	重视新闻、教育节目；政治倾向性强，承担政策宣传、舆论导向、政令发布任务；节目总体较严肃、格调健康。	强调商业利润，节目以受众喜好、收视率为主要导向；节目取向从严肃到娱乐化都有，没有明显的倾向性。	重视新闻、服务类节目，强调对公众负责；节目取向较严谨、格调健康。

续表

比较项目 \ 体制类型	国家广播电视	商业广播电视	公共广播电视
节目管理方式	由政府或执政党直接介入管理，或通过法律、法规进行管理：事前限制、事后追惩及强制禁用。	通过法律、法规进行管理：事后追惩。	通过法律及特许状管理：事后追惩、强制禁用。

思考题

1. 从广播电视体制的角度说说美剧拥有"高人气"的原因。
2. 从广播电视体制的角度说说英国广播公司与中国中央电视台的相似与相异之处。

Chapter 6
第六讲　广　播　新　闻

- ▶ 广播新闻是什么
- ▶ 广播新闻的特点
- ▶ 广播新闻的改革走向
- ▶ 小结：新媒体时代的广播新闻发展

案例一 "炉边谈话"的传奇

炉边谈话是指 20 世纪 30 年代美国总统富兰克林·罗斯福当选总统之后利用刚刚兴起的广播媒介,通过收音机向美国人民进行政治宣传的方式。罗斯福被公认为是美国历史上最会利用新闻媒介的政治家之一,进行初次"炉边谈话"的背景,正值美国 30 年代大萧条时期。

1933 年 3 月 12 日,罗斯福总统在总统府楼下外宾接待室的壁炉前接受美国广播公司、哥伦比亚广播公司和共同广播公司的录音采访,工作人员在壁炉旁装置扩音器。总统说希望这次讲话亲切些,免去官场那一套排场,就像坐在自己的家里,双方随意交谈。哥伦比亚广播公司华盛顿办事处经理哈里·布彻说:既然如此,那就叫"炉边谈话"吧,于是就此定名。"炉边谈话"取得的巨大影响,成为广播史上的一个传奇。①

罗斯福的"炉边谈话"

案例二 国家应急广播的作用

从 2008 年的雨雪冰冻灾害、汶川地震,到 2010 年玉树地震、2013 年芦山地震,再到 2014 年 8 月发生的云南鲁甸地震,在历次重大自然灾害中,中央人民广播电台和各地方电台都进行了应急广播的有益尝试。尤其是 2013 年的芦山应急电台和 2014 年的鲁甸应急电台,就是中央电台与地方电台合作的两次成功尝试。在这两次灾难中,以"国家应急广播"为呼号,迅速启动对灾区民众定点、定向播出的广播,显示出应急广播的巨大作用。开办应急电台,既是中国广播人传播理念上的重大突破,也是各级广播电台成功合作的经典案例。②

国家应急广播宣传片

案例三 中国之声首发李克强回应冒险访问尼日利亚原因引起广泛关注

按照之前的安排,中国总理李克强于 2014 年 5 月访问尼日利亚并出席世界经济论坛非洲峰会。但出访前,尼首都发生多起恐怖袭击事件,多国政要取消访尼行程,外界一度传言李克强可能也会取消。李强访尼行程的发布让传言不攻自破,由此引发各家媒体评论、解读。李克强

李克强总理回应为何会"冒险"如期访问尼日利亚

---

① 黄四海. 罗斯福:四次"炉边谈话"与第一次新政 [J]. 人民论坛,2004 (8).
② 王求. 凝聚共识 群策群力 共同肩负起构建国家应急广播体系的历史重任 [J]. 中国广播,2014 (10).

> 为何冒险访问尼日利亚？各种猜测很多，但始终没有核心人物总理本人的回应。2014年5月8日（北京时间5月9日）李克强出访期间在一场座谈会上首次回应为何冒险访问尼。当时随李克强总理出访的中国之声记者意识到新闻价值所在，用最短时间完成这篇新闻稿件并在第一时间独家播出，引起社会广泛关注。①

20世纪30年代经济大萧条下的美国，在经济大萧条的背景下收音机中传来罗斯福总统的"炉边谈话"，他以亲切诚挚的声调、质朴实用的语句，就银行暂停营业的问题进行了解释。总统说："我可以向大家保证，把钱放在经过整顿、重新开业的银行里，要比放在褥子里面更安全。"如果你听着收音机里传来的总统声音，是不是和全美6 000万听众一样，在可亲的声音中慢慢化解了心中的疑团？

如果你不幸遭遇2013年的四川雅安芦山县7级地震，在一片废墟中必须面对停水停电、通讯失灵的灾后场景，这时，久违的广播声音响彻大地，"这里是国家应急广播芦山抗震救灾应急电台，芦山地震灾区的亲人们我们就在你身边，我们和你们在一起"，此刻的广播声音仿若天籁，你是否不再孤立无援？

时光回到2014年，世界经济论坛非洲峰会即将开幕，在非华人翘首以盼李克强的访问及出席。但出访前，尼日利亚首都发生多起恐怖袭击事件，多国政要取消访尼行程，外界一度传言李克强可能也会取消。此时，中国之声第一时间发布广播消息，李克强总理发声回应为何冒险访问尼日利亚：除了中非友谊，更重要原因是为了中国海外公民的安全。听到总理不容置疑的回答，你是不是不再疑虑重重？

看完这三个案例，对于"广播"你有了什么认识？你是否依然觉得：广播已经没落，明日黄花没有价值？广播新闻和报纸、电视新闻相比，它的优势在哪里？当广播走入新媒体时代，它会焕发出崭新的魅力吗？

认识广播新闻，首先必须理解广播的独特性。单一的声音传播渠道，是广播的劣势还是广播的优势？广播新闻具有什么特点？能产生什么样的作用？在21世纪的今天，我们又该如何理解广播新闻的发展？

广播新闻是什么？

广播新闻，是基于广播媒体的新闻报道。一般我们认为，广播新闻是指运用广播媒介对受众欲知而未知的新近事实的适时报道。② 认识广播新闻，首先需要了解广播媒体的特点，其次才能理解广播新闻的特性。

■广播新闻与报纸新闻

广播的传播诉诸听觉。广播通过听觉激发听众的思维，调动听众的心理能力来参与创

---

① 刘乐，王宗英. 李克强总理回应为何会"冒险"如期访问尼日利亚 [EB/OL]. （2014-05-09）[2017-01-22]. http://china.cnr.cn/qqhygbw/201405/t20140509_515472736.shtml.
② 李岩，黄匡宇. 广播电视新闻学 [M]. 北京：高等教育出版社，2010：131.

作过程。基于广播媒介的特殊性，广播新闻与报纸新闻、电视新闻等其他类别的新闻有着本质的区别。

和报纸新闻相比，报纸重在"读"，广播重在"听"，它们的共性是不论印刷文字还是听觉声音，两者都通过单一渠道传递新闻信息，从而提供了大量的想象空间。二者的区别在于：

1. 新闻生产速度不同

凭借传播快捷性的优势，广播新闻可以实现新闻迅速而及时地传播。报纸新闻由于受到印刷流程的限制，因此在时效性上无法与广播新闻一较长短，而是另辟蹊径以复杂、有深度的文章见长。

2. 语言表达风格不同

广播新闻语言要求口语化，而报纸新闻语言要求书面化。广播新闻传播转瞬即逝，收听新闻的过程没有思考余地，不易接受深奥的概念；而报纸新闻则可多次重复阅读，适合传播深奥概念和较复杂的研究成果。这样的传播特点，决定了广播新闻稿宜采用浅显易懂的口语短文；而报纸新闻则采用可供深度思考的书面长文。

■ 广播新闻与电视新闻

和电视新闻相比，电视重在"看"，广播重在"听"，它们的共性在于都是通过形象的视听符号来传递信息，区别在于：

1. 视听思维方式不同

广播是听觉媒体，广播新闻首先要发挥声音叙事功能；电视是以视觉为主的媒体，电视新闻注重的是画面的叙事能力。广播新闻作为听觉媒体作品，是通过声音传播的，缺乏直观形象感；电视新闻作为视听媒体作品，是通过视听双重通道传播信息的，有声音也有形象。

2. 表意形式不同

广播新闻需要通过声音描绘各种信息；而电视新闻的信息传播既可以通过声音渠道，也可以通过画面渠道，同时字幕等其他视觉符号也可以分担部分信息功能。总之，广播新闻的特殊性建立在广播媒体的特殊性之上，"声音对人的依赖、声音的独特感染力、声音在时间中展开时具有的空间容量（多路声音同时混播）、声音转瞬即逝等，是全部广播节目制作的根据"[①]。

广播新闻的特点

■ 时效快

这是广播新闻的最大特点，也是广播新闻的突出优势。广播新闻的快捷性首先取决于广播新闻制作、播出程序的简单，它既不像电视新闻需要多个环节的协调、配合完成节目

---

① 李岩. 广播学导论 [M]. 杭州：杭州大学出版社，1997：序.

制作,也没有报纸新闻固定时间出样的限定性。因此在很长一段时间内,广播新闻的更新量及更新速度都快于电视新闻和报纸新闻,因而经常成为重要新闻的"第一落点"。所谓第一落点指的是最先报道、第一时间点报道的新闻。[①] 在新闻报道中,能抢占第一落点也就掌握了先机,获得了主动权。其次,广播媒体所使用的设备简便,运行速度快,可以在第一时间以最快的速度通过移动通信设备直接传入直播室。因此广播新闻节目的及时报道,体现在播出次数多,随时可以打破原有节目格局并报道最新消息。

案例三中广播新闻作品《李克强首次回应冒险访问尼日利亚原因 强调保护海外中国公民安全问题》曾获得第二十五届中国新闻奖二等奖,这是一篇典型的以时效取胜、抓住新闻第一落点的优秀广播新闻作品。李克强于2014年5月访问尼日利亚并出席世界经济论坛非洲峰会。出访前,尼日利亚首都发生多起恐怖袭击事件,多国政要取消访尼行程,外界一度传言李克强可能也会取消。李克强访尼行程的发布让传言不攻自破,但李克强为何冒险访问尼日利亚?各种猜测很多,但始终没有核心人物总理本人的回应。当地时间5月8日(北京时间5月9日),李克强出访期间在一场座谈会上首次回应为何冒险访问尼日利亚:除了中非友谊,更重要原因是为了中国海外公民的安全。这个原因在之前的各种评论和解读中未曾涉及,这是最权威也是最核心的回应。记者本人当时随李克强总理出访,意识到新闻价值所在,立即挑选并剪辑出李克强总理本人在座谈会上的同期声,精编了导语来体现新闻背景,用简洁明了的记者口播来串联两段同期声,用最短的时间完成了这篇质量较高的稿件,第一时间独家播出。稿件在中国之声《全国新闻联播》独家首播后,又陆续在当天多档重点新闻节目中播出,听众和媒体同行给予高度评价,国务院办公厅相关负责人口头表扬。

■ **内容简洁**

广播新闻以口语为主,听众面广泛。为了保证听众对于新闻内容的掌握,广播新闻的内容一般都讲究篇幅的短小精悍。广播的短消息一般都在一分钟左右,如广播新闻《彭丽媛出席"艾滋病防治宣传校园行——走进浙江大学"活动》(表6-1)就是一条长度不到一分钟的广播短新闻。

表6-1 广播消息《彭丽媛出席"艾滋病防治宣传校园行——走进浙江大学"活动》文稿

央广网北京9月6日消息(记者马闯)据中国之声《新闻和报纸摘要》报道,国家主席习近平夫人彭丽媛昨天和出席二十国集团领导人杭州峰会外方代表团团长夫人共同出席了"艾滋病防治宣传校园行——走进浙江大学"活动。彭丽媛同来宾们在中国卷轴造型的签名板上贴上红丝带,共同表达对防治和抗击艾滋病的坚定支持与共同期待。 同天,彭丽媛还邀请外方代表团团长夫人们参观了中国美术学院,观看了展览。彭丽媛邀请来宾们一同书写汉字"和",在国画《西湖秋胜》前合影留念。[②]

[①] 樊晓燕,魏志刚,陈映午. 时事报道如何抢占第一落点:以万隆会议60周年报道为例[J]. 新闻前哨,2015 (7).
[②] 彭丽媛出席"艾滋病防治宣传校园行——走进浙江大学"活动[EB/OL]. (2016-09-06)[2017-01-22]. http://china.cnr.cn/news/20160905/t20160905_523114223.shtml.

广播新闻《彭丽媛出席"艾滋病防治宣传校园行——走进浙江大学"活动》共计 198 个字,播出时间不到一分钟,语言简洁适于听觉理解。其中,"同天,彭丽媛还邀请外方代表团团长夫人们参观了中国美术学院,观看了展览"就是典型的广播新闻的短句表达方式。如果出现在报纸上,这句话的表述可以是"当天,彭丽媛还邀请外方代表团团长夫人们参观了中国美术学院并观看了展览"。两者差异的原因正是因为广播新闻必须适合于口语化表达并尽量避免听觉上的歧义。

> **广播新闻稿的表达要求**
>
> 一、选择适合于听的词语:1. 多用双音节的词;2. 注意同音不同义的词;3. 谨慎使用简称;4. 少用方言;5. 慎用代词;6. 简化关于数字的报道;7. 使用象声词。
>
> 二、尽量使句子口语化:1. 简化报道;2. 避免使用倒装句和倒装格式;3、避免使用被动句式;4. 多用短句,避免长句;5. 多用动词,少用形容词和副词。
>
> 三、合理安排文本结构:1. 叙述的顺序与事件发生的顺序大体一致;2. 句子之间的逻辑关系清晰、简洁。①

彭丽媛出席"艾滋病防治宣传校园行"

■ **传播信道单一**

声音是广播唯一能够使用的传播符号,多种声音组合传播是广播新闻节目的特色。广播新闻的采集和制作就是把所有具象、抽象符号都转化为声音符号的过程。这种单一信道的传播方式相对于电视新闻视听双信道的传播方式来说存在一定劣势,但是声音传播也有它独特的传播优势。

为了发挥声音优势,优秀的广播新闻需要精心挖掘、选取新闻事实中适合听觉理解和接受的形象,尽力调动听众的生活积累和想象力,把听到的转化为想到的。广播新闻中的声音,包括语言、音乐和音响,既有来自现场的声音也有来自演播室的声音。语言则来自主持人、嘉宾、记者甚至观众之口,形成广播新闻丰富的语言形态。为了强化广播的声音功能,丰富节目的声音色彩,除了语言外许多节目尽量强化音响元素,使抽象语言形象化、具体问题细节化。

获得第二十七届中国新闻奖广播消息类一等奖的《惊心动魄 160 分钟——首次揭秘"长五"推迟发射》② 就是一档具有丰富声音元素的广播新闻。报道中的现场音响由中央人民广播电台记者张棉棉在海南发射场发射大厅独家录制。记者在发射当天上百个口令声中,

---

① 李岩,黄匡宇. 广播电视新闻学 [M]. 北京:高等教育出版社,2010:164-173.
② 惊心动魄 160 分钟——首次揭秘"长五"推迟发射 [EB/OL]. (2017-06-19) [2017-06-22]. http://www.xinhuanet.com//zgjx/2017-06/19/c_136377638.htm.

选出标志性、阶段性的 20 多个口令声（录音原声）在报道中呈现，层层叠叠，为听众营造了真实而紧张的 160 分钟。一个火箭成功发射的背后故事被有心的记者记录下来，除了发令员的声音，专家离席、三三两两低声交谈、不断响起的电话声，共同构成了这个我国航天史上的重要时刻。

作为广播节目最基本的构成元素，不同的声音要素根据传播需要，遵循某种内在规律排列组合则形成了广播节目的基本模式。广播媒体刚兴起的时候，广播新闻形态简单，基本类似于"报纸新闻"的广播演绎。20 世纪 80 年代第十次全国广播会议提出"自己走路"的方针，倡导"新闻节目音响化"①。之后，音响元素开始受到重视，录音新闻、现场报道等节目样式增多，音响元素成为广播消息和广播评论节目增加现场感和真实性的有效手段。80 年代末，"珠江模式"开创了中国广播推崇"主持人""大版块""直播化"的全面改革。在此风潮之下，新闻谈话类节目开始兴起，节目中引入热线参与的方式强化了与听众的互动。直至 90 年代后期，新闻现场形态开始勃兴。广播现场直播开始引入多方位、多角度的报道形式，节目中既有前方记者的现场报道，又有后方直播室的嘉宾评论，还有主持人的串联和引导。在现场直播节目中，实况广播是整个节目的核心；新闻专题、谈话类节目、连线报道等节目形态作为节目的构成元素融入节目整体之中。在这个过程中，声音元素的潜质得到不断的开发，广播新闻形态多元化的格局开始形成。

广播新闻的改革走向

进入 21 世纪，广播新闻进入持续、深入的改革，开启了一系列探索和实践。

■构建新闻报道立体格局

2008 年大事频发，广播新闻在信息传播方面起到重大作用，中央人民广播电台中国之声率先进行了新闻改革。中国之声调整架构后定位为"报道和解读国内外新闻的总汇"，提出"轮盘式"②改革，追求"独家线索、独特视角、独特观点、独特语态"，从录播变为直播，从宣传变为传播，极大强化了新闻信息量，收听率比之前有大幅度增长，成为中国广播新闻改革典范。

改版之后的中国之声保留了原有精品新闻栏目早间的《新闻和报纸摘要》《新闻纵横》、午间的《全球华语广播网》和晚间的《全国新闻联播》。这几档节目引领早中晚三个收听高峰期，对一天三个时间节点前的新闻进行集纳汇总，从而形成三个特色鲜明的新闻版块节目群。所谓轮盘式编排方式，主要体现在上午三个小时和下午三个半小时的《央广新闻》节目。该节目以半小时为单元对新闻内容进行滚动刷新，以新闻"5W"要素为关注视角，设置第一时间、第一现场、第一人物、第一真相/背景、第一评论/解读

---

① 申启武. 改革开放 30 年广播新闻节目形态的演变与发展 [J]. 现代传播，2008 (4).
② 所谓"轮盘式"新闻编排指从早晨到晚上，中国之声除了原先早中晚时段的几档重点栏目，全天播出的新闻像轮盘一样转动起来，每半个小时一个轮盘的新闻统一称为《央广新闻》，全天新闻节目时长达到十个小时。

五个子栏目分类新闻内容。同时在《央广新闻》中每半小时设两档《此时此刻》，在其他新闻节目中每个半点设一档《此时此刻》，全天共设44档《此时此刻》，相当于整点新闻直播，如表6-2所示。

表6-2 中国之声2016年节目编排表①

类型	时段	一周七天	播出形式
夜间特色节目	00：00—02：00	千里共良宵	直播
	02：00—02：30	记录中国	录播
	02：30—04：00	昨日新闻重现	录播
	04：00—04：30	养生大讲堂	录播
	04：30—05：00	中央农业广播学校/致富快车	录播
	05：00—06：00	阳光购物街/悦动清晨	录播
早高峰新闻版块	06：00—06：30	国防时空	录播
	06：30—07：00	新闻与报纸摘要	直播
	07：00—09：00	新闻纵横	直播
新闻轮盘	09：00—12：00	央广新闻	直播
午高峰新闻版块	12：00—13：00	全球华语广播	直播
新闻轮盘	13：00—16：30	央广新闻（午后版）	直播
新闻轮盘	16：30—18：30	央广新闻晚高峰	直播
晚高峰新闻版块	18：30—19：00	全国新闻联播	直播
	19：00—20：00	央广新闻晚高峰	直播
夜间特色节目	20：00—20：30	小喇叭	录播
	20：30—21：00	直播中国	直播
	21：00—24：00	央广夜新闻	直播

通过以上图表，我们可以发现，轮盘式内容编排形式更加符合新媒体时代资讯传播即时、更新快、信息量大的特点，也更能体现广播新闻专业化内容定位。中国之声实行版块化轮盘式内容编排后，"各个新闻时间段打通，新闻传播随时间和事件呈线型流程推进，新闻大进大出，新闻节目占全天节目比重迅速上升到85%以上，新闻首发率和报道原创率明显提高，报道角度也更加多元和丰富"②，从而形成了广播新闻播报的立体格局。

中国之声的节目编排方式是版块式加轮盘式。一般来说，广播内容编排形式可以分为节目式、版块式、轮盘式三类。节目式注重特色栏目的相对独立；版块式注重同一主题下各栏目的关联型；轮盘式则以时间为单位循环，结构不变内容更新。我国多数广播新闻采用的是节目式或版块式的内容编排结构，尽管内容有序但是时效性不强，尤其在重大突发新闻事件时其弊端更为明显。使用版块式加轮盘式的编排结构之后，中国之声从早晨六点半至深夜二十四点几乎全部是由直播新闻节目构成，不仅广播新闻的时效性大为强化，更呈现出一个全天滚动的立体报道格局。

---

① 中央人民广播电台第一套节目（中国之声）时间表 [EB/OL]．http://www.cnr.cn/jmb/erji/zgzs.html.
② 阮虹，陈怡．从中国之声改革成果探析广播节目的研发与创新 [J]．中国广播，2011（5）．

■广播连线重构解读方式

传统意义上的广播是由播音员根据节目文稿顺序完成播送的。当连线出现后,广播的信息传递和解读方式发生了巨大变化——从单纯的播音员向听众单向传递信息,转变为主持人与记者连线、与评论员连线、与新闻当事人连线甚至与听众连线。通过连线,广播新闻改变了原有的单向性传播方式,变成一种双向的交流平台。

连线报道是近年来广播新闻广泛采用的一种报道形式,它的特点是简便灵活、信息量大、可听性强,既避免了文字消息在广播中所受的篇幅限制,又可在无法取得或播出更多典型音响的情况下,及时将生动的大容量信息传递给受众,具有较强的广播特色。但是,连线报道的突出优势也导致这种形式的滥用,需要引起注意。

连线报道应注意的几个问题

第一、时效性不强。在新闻实践中,采用现场连线报道的形式来报道昨日甚至更早发生的新闻事件是没有必要的。

第二、现场感不足。关于现场感的强化,一是现场报道的记者要善于利用新闻现场的背景音响,充分发挥声音传播的复合性优势,增强连线报道的现场感和新闻的真实性。二是现场报道的记者要多用描述性语言,少用概述性语言,强化新闻现场报道的形象性。三是尽量报道正在发生的新闻典型细节,摆脱追求完整事实的束缚。

第三、拖沓冗长。现场连线报道,就新闻事件来说,既是报道方式也是播出的新闻稿件。新闻稿件应力求简练,在满足报道新闻基本要素的前提下,稿件内容应根据新闻事件的价值适可而止。

第四、词不达意。现场连线报道中记者若表达不畅,则大大影响连线报道的价值。解决这一问题,还需要各新闻媒体从一线记者的基本功抓起,刻苦训练新闻语言的表达能力。同时,采访前期的准备工作应抓得更深更实,尽量减少因不懂专业常识而产生的词不达意问题。[1] (有删节)

■重视评论,追求新闻"第二落点"[2]

广播新闻入耳入心,扩大影响力不仅需要通过广播实现新闻传播的第一落点,更要追求新闻传播的第二落点,也即通过对新闻的解读加深听众对新闻的理解。通常,这种借助广播媒体对新近或正在发生的新闻进行的分析与评议,我们称之为广播新闻评论。

当前的广播评论,带着鲜明的时代烙印,有着鲜明的特色,大致可以分为以下三种类型:

---

[1] 王康宏. 连线报道在广播新闻中应用 [J]. 视听,2015 (2). 小标题为本书作者所加,内容有删节。

[2] "第一落点"指最先报道、第一时间点报道的新闻;"第二落点"指别人已经先报道过,但其他媒体从事件发展的另一个时间点或新的角度组织报道。

> 1. 本台评论。本台评论大多以代表官方的声音出现，如本台评论、本台评论员文章、本台短评和编后语等。
> 2. 精英评论。主持人以及专业人士主持的品牌评论节目大多属于这一类型。主持人、评论员以及专业人士在广播新闻节目中的即时点评，也归属这一类型。
> 3. 草根评论。草根评论一般指非专业人士如普通听众的评论，多见于热线电话或短信，也包括使用网络如微博、微信等方式实现。

以获得第二十四届中国新闻奖一等奖的广播评论作品《一张道歉条，触动了我们什么？》（表6-3）为例，作品从车主的误会与车上所留道歉字条入手，通过网友评论引出"诚信"问题，继而通过对事件当事人车主、少年以及相关人士，如少年的班主任老师、借笔给少年的报亭阿姨、少年的同学、少年的母亲的多方采访一步一步还原事件真相，一层一层剖析事件内核。除了新闻相关人，来自扬州大学社会学副教授的专家视点点评以及来自《新京报》的社评补充了新闻第三方观点。① 难能可贵的是，作品最后以一位网友的评论收声，用草根话语读解新闻真相，再次拉近民心。这篇广播评论是典型的官方评论、精英评论和草根评论的结合，同时也是广播评论"触网"的典型案例。此事在广播中首发，引起中央电视台、新华社等主流媒体以及境外媒体的多方报道后，系列广播评论的传播进一步引导该事件的正向发酵。新闻中的少年徐砺寒因此被网友称为"诚信中学生"，并入选新华社"中国网事·2012"年度人物榜。

表6-3 广播评论《一张道歉条，触动了我们什么？》文稿

不小心剐蹭了别人的车，车主不在现场，你是选择逃避还是面对？
博友小怪怪：（配音）前段时间不小心蹭了一辆车，怕对方讹我，就溜之大吉了。汗颜、汗颜！
博友凤凰生活—陕西：（配音）扬州有个诚信少年，西安糜家桥小区却出了个"逃逸哥"，把一辆停着的车撞了赶紧跑掉！人和人之间的品行差距咋这么大呢！
扬州的这位诚信少年叫徐砺寒，在一个人的诚信考场上，他的答卷是这样的：（录音）我自己已经犯了错，当然要去承担责任。
最近，扬州新闻广播率先报道的这张诚信答卷在社会上引起强烈反响，更引发人们深深的思考。来听新闻述评：《一张道歉条，触动了我们什么？》
2号中午，凌先生和几个朋友吃完饭回到停车点，突然发现自己的宝马车上有一道刺目的划痕，后视镜也撞坏了。气恼的凌先生刚要发火，意外地看到前挡风玻璃上有一张字条。上面这样写着："尊敬的车主，在今天中午的上学途中我不小心弄坏了您的车，主要是一划痕及左后视镜，我无法及时赔偿，联系方式如下……"后面还写上了大大的"对不起"三个字。
车主凌先生：（录音）我是非常震惊，真是！而且非常感动，因为在我们现在这样的社会，像这样的孩子，这么实诚的孩子太少了，真是！
留字条的孩子走出没多远，发现车主来了，赶紧回头认错。旁边报亭的阿姨说，这孩子已经在这儿等很久了，刚才向她借笔写的道歉条。车主凌先生连忙安慰起孩子。

---

① 新闻相关人一般指新闻事件直接当事人，也可以是范围更广的责任相关人、利益相关人等；新闻第三方可以是新闻事件的知情者，以及对新闻事件进行采访的记者、有关专家学者等。

续表

　　（录音）然后我就拍了拍那小孩儿的肩膀，安慰了他一下，让他赶紧去上课。没事儿，我说没事儿，小事一桩。这个孩子确实让我太感动了！

　　恰巧路过现场的新闻广播主持人燕妮，第一时间将事情经过和孩子的道歉字条照片发到了扬州新闻广播官方微博上，没想到转发量急速攀升，一个小时就过了千条。根据字条上的留言，当天下午记者在扬州大学附中高一（2）班找到了这位名叫徐砺寒的诚信少年。当记者告诉徐砺寒他已成为网络红人时，他的回答很质朴。

　　（录音）是我自己闯的祸，自己有过失，自己留下来承担责任这是应该的。

　　班主任李玲老师介绍，徐砺寒是班里的副班长，平时就很朴实正直、勇于担当。

　　（录音）觉得他做出这样的事情，我不觉得意外，他是一定能够做出这样的事情的。

　　一件在老师眼中不觉得意外，在小徐看来理所当然的事情，却得到了媒体和社会的广泛关注。《人民日报》、中央电视台和中央人民广播电台等中央媒体纷纷报道了徐砺寒的事迹，网络上的热度也持续上升，博友们纷纷感叹：真的希望这样的孩子再多一点！市区一家汽修店的老板主动联系新闻广播，提出为车主免费修车。

　　（录音）我们干这一行的，见过很多车被刮坏，肇事者跑了，然后车主有苦没处说。这个孩子的行为特别值得鼓励，我们的社会需要这样有担当的人。

　　那么，一张看似平常的道歉条究竟触动了人们的哪根心弦，引起如此强烈的共鸣呢？

　　扬州大学社会学副教授吴林斌：（录音）它让我们从一个少年身上学到怎样做人、怎样做事，我们遇到类似的事情该怎么处理，在这个新闻里我们看到了一个社会的价值取向。

　　《新京报》就诚信少年所发的一篇评论说，如果我们生活在一个冷漠的社会里，那么，人人都是受害者；反之，大家都会受益。的确，我们已经受够了诚信缺失所带来的伤害：地沟油、毒奶粉、瘦肉精，让我们不知吃什么才放心；楼脆脆、楼歪歪、楼倒倒，让我们不知住哪里才安生；老人跌倒了没人扶，孩子被撞了没人救，一个个的案例让我们心烦、心焦、心酸、心疼乃至心碎。然而，我们没有心死，因为，诚信仍在。

　　徐砺寒的班主任李玲老师：（录音）我们从他身上，看到了一种诚信的回归，我认为我们90后的学生是值得期待的。

　　借笔给徐砺寒写字条的报亭阿姨：回家我就教育我的孩子，这样的孩子实在是太好了！

　　车主凌先生：（录音）如果我们的下一代都这样的话，中国就有希望了！

　　这样的希望会不会实现？这样的希望又将怎样实现？一张令人感动的道歉字条蕴含着哪些成长的密码？

　　徐砺寒：（录音）从小吧，从我的父母就教育我们讲诚信，做人要诚实，然后进入学校以后呢，老师也会这样教育我们，这是中华民族的传统嘛。

　　班主任老师李玲：（录音）发生了这件事之后我们在班级里也讲，如果这个事情换作其他学生，大家都能够这么做。

　　徐砺寒的同学崇书姗：（录音）如果换作我在现场，我也会这么做的，也许说宝马很贵，那可能比起修宝马的钱来说，这种品质更重要，不能丢失。

　　徐砺寒的母亲周女士：（录音）孩子做出来的是一件很正常的事情，他应该做的事情。我倒是感谢那个车主，宽容大度。

　　是的，当我们把赞美送给诚信少年的时候，是否也该给宽容的车主以应有的掌声呢？诚信美德这一正能量需要家庭的熏陶、学校的培育，同时，也需要社会的正向回馈。

　　博友跳水兔：（配音）一个诚信的学生，一个豁达的车主，两件看似平常的小事叠加在一起，温暖了我们的心！

扬州广播电视台《一张道歉条，触动了我们什么？》[1]

---

[1]　广播评论《一张道歉条，触动了我们什么》，首播于2012年11月7日扬州新闻频率《985早新闻》。

上述案例不仅是一则优秀广播评论，也是广播新闻和新媒体结合的优秀案例。评论中出现不少"博友"的文字配音材料，充分说明了新媒体环境下的听众和广播节目之间互动途径的新变化。

小结：新媒体时代的广播新闻发展

所谓"新媒体"相对于传统媒体而言，是指"基于计算机网络技术，能够在全球范围内即时互动传播信息的大众媒体。简言之，新兴媒体即网络媒体，目前主要是指互联网和以手机为用户终端的无线通讯平台"[1]。从严格意义上来说，新媒体并不是一个固定不变的概念，以数字技术和互联网技术为基础的新的媒体形态总会不断出现，新媒体的阵营正在不断扩大。

一般我们认为，是否基于互联网技术是区分传统媒体与新媒体的标志。因此，新媒体时代同样是相对于传统媒体时代而言的，一般以网络媒体的兴起为主要特征。以网络化和数字化为代表的新媒体技术不仅改变了传播技术，更重要的是它将重塑传播生态，改变原有的传媒格局。在新媒体技术影响下，广播未来的发展越来越趋近于打造一个声音内容的媒介平台，广播新闻理念和新闻生产流程都将随之改变。

长期以来，广播、电视等大众传媒的新闻传播都沿袭拉斯韦尔的"5W"传播模式：谁、说了什么、通过什么渠道、向谁说、有什么效果。据此模式，广播节目制作方处于传播链条的首端环节，而广播听众处于传播链条的末端环节。正因为此，我们通常把广播节目的收听者称之为听众，把电视节目的收看者称为观众，统称受众。受众概念本身就包含信息接收者的含义，这里的"受"有一定的被动属性。在这种模式下，新闻节目生产方占据较大的主动权，广播节目互动方式无非是增强节目感染力的一个手段。但是，在新媒体环境下，受众不再只是"接受"新闻的一方，新媒体时代的广播受众进入了主动选择、深层参与、多渠道互动的受众主体时代，他们对广播新闻生产的介入是多元且广泛的。

引入互联网思维强调以受众为本的思想，意味着"只要受众需要，无论何时、无论何地，媒体都必须提供让受众可以参与、可以分享的新闻报道"[2]。

首先，新媒体技术改变的是广播新闻节目和听众之间的互动方式。此前，广播新闻节目与听众的互动方式一般包括通过热线电话和手机短信的参与，近几年来以微博和微信为主的网络对接方式成为新的沟通平台。新媒体时代的互动被定义为"对一种媒体的潜在能力的度量，这种潜在能力能够使用户对媒介沟通的内容和（或）形式施加影响"[3]。这种潜能的开发显然受到新媒体技术发展和形态变迁程度的影响。

---

[1] 姚争. 新兴媒体的传播特性研究 [M]. 中国广播电视出版社，2008：3.
[2] 扈长举，王长涛. 融媒体时代的新闻报道"[J]. 青年记者，2013（9）.
[3] 帕加尼. 多媒体与互动数字电视：把握数字融合所创造的机会 [M] 罗晓军，王佳航，王震宇，译，北京：人民邮电出版社，2006：109.

其次，受益于日新月异的新媒体技术，受众主动参与新闻内容的可能性增大导致在新闻传播过程中听众身份可能发生复杂转化。比如听众可以依据自身兴趣融入并参与新闻报道，甚至直接成为广播新闻的生产者，如播客网站就混合了广播新闻节目的消费者和生产者。一旦国内开放新闻生产制约条件，未来广播新闻市场的竞争将更为激烈。

再次，互联网社交属性对新闻消费习惯的影响日趋明显。多种渠道的数据均显示，获取新闻资讯已经成为网民使用社交媒介的主要目的。《2016年中国社交应用用户行为研究报告》显示，获取新闻资讯、分享心情以及获取实用信息已经成为中国社交媒体用户的主要诉求。[①] 事实上，通过社交网络消费新闻的人群比例逐年走高已经是不争的事实，那么谋求与网络社交媒体更合理的合作方式一定是未来广播新闻的发展趋势。

广播新闻与新媒体的合作需要通过多种方式来进行。就目前而言，在广播技术从模拟转化为数字之后，广播节目上网已经不是问题。类似于中央人民广播电台实现的网络直播（如图6-1），主流电台实现广播新闻数字化、网络化播出已是当下常态。

图 6-1　中央人民广播电台直播平台

广播新闻的网络化播出既保留了广播新闻的优势，又对广播媒介功能的劣势加以补偿。在线收听拓展了传统广播新闻的覆盖版图及伴随性收听的路径，有效地扩展了广播新闻的影响力。通过它，听众可以更好地参与新闻节目，拓宽新闻来源，改进节目质量，提高新闻收听率，使听众从"听"广播新闻到"用"广播新闻。但就目前来看，包括中国之声在内的大部分广播网络直播平台或者手机客户端形式都还比较简单，缺少节目推送功能，个性化定制新闻服务并没有真正形成。因此这种方式还是广播新闻嫁接于网络平台的简单移植，未来的广播新闻还需要寻求两者更为理想的合作模式。

---

① 中国互联网络信息中心（CNNIC）．中华人民共和国互联网信息办公室《2015年中国社交应用用户行为研究报告》(PDF) [EB/OL]．(2016-04-09) [2017-01-22]．http：//www.cac.gov.cn/2016－04/09/c_1124534296.htm.

值得深思的是，在新媒体时代，相对于电视、报纸等其他传媒类型，广播媒体受到的冲击也许是最小的。广播节目传播的伴随性和移动性特点与新媒体时代数字化、网络化、移动化的发展趋势高度契合。此外，广播产品相对低廉的生产成本也使得广播媒体转型之路相对容易，转型空间相对广阔。

今天的广播新闻面对的不再是传统意义上的新闻受众，而是一个广播新闻内容的消费者，同时也可能是广播新闻内容的提供者和生产者。尤其是随着社交媒体的兴盛，传统广播新闻听众的积极性和主动性被大大地激活，他们可以参与新闻生产的所有流程并多渠道地完成新闻消费，从而给广播新闻带来新的发展契机和新的发展方向。对此，我们需要保持足够的热情以及足够的勇气。

新媒体的不断涌现为广播新闻的创新、发展开辟了新的天地。对于广播新闻来说，在新媒体时代它不仅需要迎接新的挑战，更将迎来新的机遇。

思考题

1. 请选择刊登在报纸上的一条重要新闻消息，并搜索同一新闻事件的广播新闻表述，比较稿件之间的区别。
2. 选取近期本地发生的一个重要事件，尝试围绕这一事件策划并录制完成十五分钟的广播新闻节目。
3. 收听一天完整的中央人民广播电台中国之声节目，对其中新闻节目的编排方式进行分析。
4. 如果你注册了某个社交网站如微博，搜索一下上面是否有广播新闻节目以及该节目制作人员的注册资料。同时，根据该节目的特点，请为它设计一套与新媒体相融合的方案。

移动互联网时代广播新闻内容模式的改变

互联网时代，各级广播电台投入了大量精力打造新闻门户网站；而依托于智能移动终端的移动互联网时代的到来，则使广播新闻的生存环境发生了颠覆性的改变。与此相应，广播新闻在产品形态上力求创新和探索，APP广播新闻的内容组织模式发生了根本性变化。

一、超越音频，新闻形态泛化

为迎合移动互联网时代的广播用户，广播新闻的表现形态呈现出多样化特点，以更好地契合互联网用户的媒介使用需求和行为习惯。

二、独家自制，节目形态的原创化

根据互联网用户需求，新闻节目宜使用年轻化语言和互联网式编排形式重新整合，注重互联网用户体验。

三、用户上传，内容生产"去专业化"

宽带移动通信网络的提速、移动终端录音拍照功能的进步、APP交互技术的支撑，以及微博、微信等社交媒体的发展，使得用户采集、制作、传播信息成为可能。在此基础上，移动互联网应用产品对传统广播新闻的最大改变即在于受众也能参与其中的内容生产。[①]（有删节）

---

① 卢迪，周翔. APP与微信并举：广播新闻新的发展模式 [J]. 视听界，2015（4）. 小标题为本书作者所加，内容有删节。

Chapter 7
第七讲　广播文艺娱乐节目

▶ 广播文艺娱乐节目的概念解析　　▶ 广播文艺娱乐节目的发展走向
▶ 广播文艺娱乐节目的主要类型　　▶ 小结：世界是平的，节目须立体

案例一　《娱乐大爆炸》节目研讨会发言摘要

《娱乐大爆炸》是浙江电台城市之声2013年3月播出的一档广播综艺节目，获得2014年度浙江省广播电视文艺奖文艺名栏目奖。该节目将移动人群作为核心受众群体，每个工作日的下午四点到七点播出。在长达三个小时的大综艺结构中有十多个碎片化的综艺小单元，一期节目同时云集了诸如脱口秀、情景剧、模仿秀、相声、小品、评书等多种声音综艺形式，十来个主持人为这档节目服务。内容紧扣当天热点话题的事件，综艺桥段可以根据当日节目整体进行组合。

《新闻实践》2013年第六期刊登了关于该节目研讨会的专题，因篇幅所限我们对摘要进行了节选。

沈维霖（思美传媒营销策划总监）：《娱乐大爆炸》节目听完了以后很震撼，没想到广播可以这么贴近时代。从传播学的角度来说，碎片化是符合汽车听众习惯的，碎片化时代我们要做整合，要有碎要有整，放出去要收回来，这样对整体的品牌认知有帮助。另外，这么好的内容在传播上应该外化，《娱乐大爆炸》整体形象的气质打造，要勾勒出来，甚至可以考虑一年集中精力做一件事情。

兰岚（新浪浙江市场总监）：《娱乐大爆炸》给了传统媒体一个新媒体的模式，现在的广播受众大多是汽车人群，这个节目细分出了其中有娱乐精神的、有智慧的一部分受众。《娱乐大爆炸》跟新媒体结合，可以做很好的传播，同时在节目中听到很多传统媒体和新媒体互动结合很好的地方，这一点城市之声在同行中是比较领先的。但怎么样把新媒体作为第二个传播渠道，还要专门考虑互联网的整合营销，这个节目非常适合互联网传播，可以在网络上再做扩大化。

陈又俐（上海东方广播LOVERADIO副总监）：听节目的感受就是我觉得很快乐，《娱乐大爆炸》如果在上海能够听到的话，我是真的每天会坚持去收听。一档节目能发挥每一位主持人的特色，每天都有这样有凝聚力的团队在创作，使我很感动。在制作的手法上面，有些音乐、音效的部分要考虑重复率和持续度。

林勇毅（浙江广播电视局宣传处处长）：弗洛伊德曾说过，"人类总是寻求快乐，避免不快乐"，《娱乐大爆炸》的释放功能、宣泄功能、减压功能，是对当前受众娱乐需求的很好回应，也是汽车收听环境下满足受众接受习惯的节目创新和突围。《娱乐大爆炸》的节目创意、节目编排、节目制作、节目风格以及主持人的演绎能力均达到了较高的水准，也是省级广播媒体原创能力、制作水平和团队精神的充分展现。娱乐类节目在今后运作中还要注意妥善处理好三个关系：一、整体化与碎片化的关系，这是一种有机的联系，要做到"形碎而实不碎"；二、新闻与娱乐的关系，要力求做到话题新鲜而不过于敏感，善于调侃而点到为止，幽默中有智慧，笑声中有感悟；三、娱乐精神与媒体品质的关系，要多挖掘民间资源与传统资源，多挖掘一些原创性和有文化品味的因素，办出自己的特色和风格。相信城市之声《娱乐大爆炸》节目今后会做得更好。①

---

① 用娱乐的方式表达时代走向《娱乐大爆炸》节目研讨会发言摘要 [J]. 新闻实践，2013 (6).

案例二 《小DJ大不同》北京电台主持人大型选拔活动

2008年北京人民广播电台首次举办了广泛面向社会以比赛的形式选拔主持人的活动——《小DJ大不同》。

为了保证选拔的专业性、严肃性与公正性，除了广播界的权威专家团队，结合选拔活动的专业分组，北京电台还邀请到了文化、文艺、新闻传媒等社会各界的学者、专家和知名人士组成阵容强大的评审团。杨澜、黄磊、徐静蕾、于丹、骆新、赵普、李菁、王翰涛等各界名家陆续出现在这次选拔活动各级评选的评委行列中。

选拔活动持续了三个月，分为海选、初赛、复赛、半决赛以及总决赛五大阶段。

这次活动最大的特色在于"新"，它突破了人们心目中对于广播主持人的固有印象，除声音和思维表达外，选手的形象、气质和现场把控能力也成为选拔非常重视的方面。这一指导思想在大赛赛程、赛制的设计中也得到了始终的贯彻。整个活动最终以大型广播电视晚会的形式决出各大奖项。北京电台从获奖者中选拔一批选手补充到专业和客座主持人队伍当中，真正实现他们的主持梦想；其他入围和获奖选手也进入北京电台人才库，并被推荐到电台外围的其他节目制作机构，成为北京电台未来发展的后备力量。（有删节，题目为作者另加）①

新广播新主持 挑战无极限小DJ大不同

案例三 当广播遇到脱口秀

大铭是谁？

他是温州广播电视传媒集团交通频率节目部副主任、主持人。全名孙允铭，同事、听众都叫他"大铭"，他的几档节目也就分别叫了《大铭的快乐时间》《大铭的幸福生活》等。

大铭怎么成了"现象"？

之所以温州广电集团和业界将其视为一种现象进行讨论，一是因为大铭主持的节目《大铭的快乐时间》《大铭的幸福生活》以广播脱口秀的形态出现，且独树一帜，被称为"铭式脱口秀"；二是因为大铭主持的节目收听率极高，在温州，每天收听三次以上大铭节目的听众接近20%；三是因为大铭的节目带动了温州广播商业价值的提升，据温州广电估算，大铭主持的几档节目每年给温州广播带来的广告收益超过1 300万元，每30秒的广告价格已经达到3 000多元。

---

① 新广播新主持 挑战无极限小DJ大不同 [EB/OL]. (2008-03-18) [2017-01-22]. http://yule.sohu.com/20080318/n255773620.shtml.

把耳朵叫醒

"大话房价、大话皮鞋、大话三八节几期节目听下来,我就特别喜欢大铭的节目了。大铭最可贵的地方,不是草根的愤青,而是草根的智慧。比如大话房价一期,他说自己是买不起房的,但又望房兴叹,可是节目的落点是只要睡得香,哪里都是床;大话皮鞋一期,从皮鞋谈到食品安全问题,甚至幽默地总结为'上得厅堂、下得厨房、吃得酸奶、咽得胶囊'……"中国传媒大学电视与新闻学院教授曹璐谈起"铭式脱口秀",赞美和喜欢溢于言表。曹教授今年已经76岁了,是个"30后",那么,"80后"大铭制作的脱口秀节目究竟有什么魔力能让一位"30后"专家为其叫绝呢?

……

"大铭节目的鲜明特点,就是把时代生活与交通广播的特性很好地结合起来了,把他本身的幽默诙谐以及他想做另类新闻评论的愿景很好地结合起来了。"温州广电传媒集团交通频率总监黄晓虹用内容幽默讽刺、风格大胆犀利、构思天马行空、既有笑料又有养料这几句话来总结"铭式脱口秀"。

一直致力于交通广播研究的中国传媒大学教授潘力也仔细研究过大铭的节目,在他看来,这种广播脱口秀节目很适合交通广播的特性。温州交通广播的一项调查也恰好佐证了这一点:数据显示,在温州交通广播收听大铭主持节目的移动听众中,稳固听众和次稳固听众比例较大,分别占36.3%和40.7%,这说明大铭主持的节目听众基础较为雄厚。"听众听到这类节目以后,感觉想听了,竖着耳朵听了,这才是有效传播的最佳通道。"潘力认为,媒体要影响受众,首先要吸引受众,没有受众,何来引导?因此"铭式脱口秀"最大的成功之处在于它把耳朵叫醒了。[①](有删节)

当广播遇到脱口秀

《娱乐大爆炸》你可能不太熟悉,但是中央电视台大年三十的春节联欢晚会你总不陌生吧?《娱乐大爆炸》跟春晚有些相像。三个小时的大体量,什么表演形式都要有。但二者又有很大的不同。那就是春晚一年才一次,一次准备半年,而《娱乐大爆炸》是每天一次,每天都要更新!如果你是《娱乐大爆炸》的工作人员,你会不会崩溃?

"超女"你不陌生吧?《小DJ大不同》是不是像DJ界的"超女"?

"看了"铭氏脱口秀,你会不会也希望让大铭叫醒你的耳朵?

广播节目中,像《娱乐大爆炸》《小DJ大不同》、"铭氏脱口秀"这样的节目还有很

---

① 当广播遇到脱口秀 [EB/OL]. (2014-02-18) [2017-01-22]. http://blog.sina.com.cn/s/blog_4ce48bed 0101ilee.html.

多，它们共同的特征就是要给大家带来有意义、有意思的娱乐和消遣。这些节目我们称之为广播文艺娱乐节目。当然，今天的听众很少需要守着收音机来享受这些节目了，手机、网络方便了我们的娱乐。广播文艺娱乐节目也因此进行着悄然的变化。

广播文艺娱乐节目的概念解析

按照比较传统的节目分类方式，广播电视节目大致分成三种类型：新闻、文艺、社教专题。那么，什么是广播文艺节目呢？

广播文艺节目是以电子技术、广播技术为传播手段，以声音为唯一的物质媒介（材料），借助于听众的想象构成视像的特殊听觉艺术。[①]

广播文艺节目有广义和狭义之分。广义的广播文艺涵盖广播电台中播出的一切文艺节目；狭义的广播文艺则专指广播电台独有的经过广播化艺术处理的文艺作品，如广播剧、广播小说、广播小品、电影录音剪辑、音乐故事、配乐散文等。我们这里要讲的是狭义上的广播文艺节目，主要包括广播文学节目、广播影视作品类节目、广播戏曲曲艺节目、广播综合文艺版块节目、广播音乐节目。

随着20世纪90年代末娱乐业的逐渐兴盛以及传播观念的变化，各种娱乐节目开始出现并很快盛行起来，以至于非娱乐节目也开始加重娱乐色彩。广播自然也不例外。只不过，广播娱乐节目比电视娱乐节目起步要晚，关于电视娱乐节目的界定到现在我们都没有统一的说法，广播娱乐节目更是如此。有人从节目的具体娱乐手段和主要元素入手对其进行这样的界定：

> 娱乐节目专指那些运用幽默的语言、游戏的方式和演艺的手段使人发笑的节目。广播娱乐节目主要具有可笑性、通俗性、趣味性、时尚性和艺术性。[②]

也有人从节目的功能和格调出发，有这样的阐述：

> 广播娱乐节目是指以娱人取乐为目的，迎合大众趣味的、借由声音形式表达的节目形态。[③]

这两种说法并不矛盾，它们从不同的角度对广播娱乐节目进行了描绘，让我们对广播娱乐节目有了更加全面的认识，我们完全可以将二者合一。

广播娱乐节目因内容和手法的不同，形成了不同的节目形态。目前比较流行的广播娱乐节目形态有：广播娱乐脱口秀、广播真人秀、广播游戏节目以及音乐广播等。

需要注意的是，由于在传统的文艺节目中，综艺节目与娱乐节目最为接近，因此现在也有一种"大综艺"的说法。广播中的音乐广播、文艺类广播以及偏娱乐类的都市生活广播都可归为广播综艺，与新闻广播、交通广播、经济广播并列。[④] 事实上，电视领域也有

---

① 苗棣. 中国广播电视节目概论 [M]. 南京：南京师范大学出版社，2010 (8)：20.
② 胡妙德. 解读广播娱乐节 [J]. 南京：中国广播，2005 (10)：60.
③ 董旸. 广播节目策划与制作 [M]. 北京：中国传媒大学出版社，2007：59.
④ 柴子凡，满霜，李静. 变局与变革：广播综艺的融媒张力与形态重塑——2015年中国广播综艺节目年度报告 [J]. 中国广播，2016 (2)：41.

类似的说法。

也有人觉得整个广播文艺节目与广播娱乐节目的亲缘性都很强，广播娱乐节目是各类广播文艺节目样式的综合，如：文学、音乐、戏剧、曲艺、电影录音剪辑等[①]，从而将文艺二字剔除，只说广播娱乐类节目。

也有与之相反的，它将广播文艺节目当作一个泛称，将传统的文学类型、文艺类型、新兴的音乐广播，以及资讯、访谈、情感、搞笑、休闲娱乐等衍生变化中的新类型统统归于广播文艺节目范畴之下，而只说广播文艺节目。

实际上，在节目娱乐倾向越来越明显、综艺节目和文艺节目的综合性和兼容性愈发凸显的今天，综艺也好、文艺也好、娱乐也好，都没有什么本质性的差别。而且，我们不得不承认，广播娱乐节目从某种程度上来说就是文艺节目的发展和演变。鉴于此，这里还是统称为广播文艺娱乐节目。

广播文艺娱乐节目的主要类型

■广播文学节目

广播文学节目是广播文艺节目中的一个重要组成部分，是各种文学作品广播化的节目形态。广播文学节目也有广义和狭义之分。从广义上来讲，广播节目中一切文学性的节目都是广播文学节目，比如中国现当代文学、外国文学、古典文学、革命故事、民间文学、广播剧、小说连播、电影录音剪辑、话剧录音剪辑、名作赏读、文学报道等。从狭义上来讲，广播文学节目不包括广播剧、电影录音剪辑、话剧录音剪辑等具有相对独立性的艺术类节目，广播小说、广播散文、广播报告文学是其最具代表性的节目。这其中历史最为悠久、影像最为广泛的要属广播小说，它通常都是以中长篇小说为基础，经过编辑加工，由一位或两三位主要播讲者用有声语言播讲的节目。典型节目如中央人民广播电台的《长篇连播节目》。该节目以前被称为小说连播，顾名思义是演播小说的栏目，开办于1958年。早期曾经播出过大量至今仍为人津津乐道的作品，如"三红""一创""两队""两歌"，新书《夜幕下的哈尔滨》《新星》《故土》《芙蓉镇》《四世同堂》《平凡的世界》《穆斯林的葬礼》等一批长篇小说均是借助中央人民广播电台的电波蜚声全国、传入千家万户的。中央台在2000年文艺节目改革时，对小说连播节目进行了一些小的变动，将栏目定位为20集以上的长篇小说、报告文学、纪实文学、特写的播出平台，使得长篇连播节目平添了许多时代气息，及时性、娱乐性和审美教育性的结合趋势一下子凸显出来。

广播小说不讲求利用过多的音乐或音效来渲染，主要依靠播讲者的讲述来达到使人身临其境的效果，所以播讲者的演播状态成为节目吸引听众的关键因素。

近年来，不单单是小说类作品，游记、传记、历史故事等体裁的作品也进入广播媒体，进一步丰富了"播讲文学"。

---

① 项仲平，程晋，李欣. 广播电视编导教程［M］. 北京：高等教育出版社，2015：57.

■广播影视作品类节目

这类节目的产生与发展主要得益于广播艺术对电影、电视剧的吸收、融合与"再创作",是声音蒙太奇对声画蒙太奇的二度创作。一般包括电影录音剪辑和电视剧录音剪辑两种。顾名思义,它就是对电影和电视剧进行声音的剪辑,凸显原作品中的对白、音响、音乐的状物言情功能,并辅以必要的解说,使之"广播化"。自20世纪50年代以来,电影录音剪辑曾经受到过听众的热烈追捧。中央人民广播电台曾在80年代组织过一次较大规模的调查,电影录音剪辑的听众数量在所有文艺节目中占据首位。

进入21世纪以后,电视剧录音剪辑凭借热播剧积攒的市场力量而开始受到青睐。《我爱我家》《东北一家人》《武林外传》等多年前播出的情景喜剧,以及《甄嬛传》这样近些年的新剧的录音剪辑都非常受欢迎。

■广播戏曲与曲艺节目

广播戏曲节目是我国独有的广播文艺节目形式。广播戏曲节目主要来源于社会舞台的演出录音,经常采取的是戏曲选段、选场、戏曲演出实况录音剪辑、戏曲知识讲座、戏曲专题、听曲学唱和戏曲唱腔联唱等节目形式。戏曲本身是有地域性的,因此广播戏曲节目也表现出明显的地域性特征。以"生活精彩,天天有戏"为口号的上海戏剧曲艺广播戏剧曲艺频率是全国历史最悠久、库存资料最丰富,播出剧种、曲种最多的纯戏曲专业频率。播出的主要剧种有京、昆、越、沪、淮、扬、锡、甬、绍、黄梅戏、滑稽戏等。播出的主要曲种有相声、独角戏、苏州评弹、北方评书以及情景剧、广播滑稽小品、广播剧和影视剧录音剪辑等。

曲艺节目是广播文艺节目中各种说唱艺术节目的总称。由于曲艺艺术在我国拥有悠久的历史传统和数量众多的曲艺迷,广播曲艺节目堪称是广播文艺节目中的主打节目,长盛不衰、百听不厌。如中央人民广播电台的《评书开讲》、北京人民广播电台的《开心茶馆》。

随着时代的变迁,广播文艺节目日渐增多、更为丰富,但戏曲曲艺节目的播出与关注度却在减少。这其中固然有受众娱乐方式增多等客观原因,也有戏曲曲艺节目自身的问题。如何能够结合传统推陈出新、结合作品资源注入时代的主题,如何能够吸引年轻人扩大受众群,是广播戏曲和曲艺节目必须要解决的问题。

■广播综合文艺版块节目

广播综合文艺版块节目并没有非常清晰而固定的内容与形态,其特征恰恰是内容庞杂、形式多变,具有兼容性、组合型、拼贴性的特点。由于突破了节目素材形式的束缚,这种节目可以充分发挥想象力和创造力,随时吸收生活中的新鲜元素,重新加工,为我所用。也正因如此,综合版块节目也一直是广播文艺娱乐节目中最具活力的一种类型。

案例中的《娱乐大爆炸》以"整体化运作,碎片化表达"的全新运作样式,"大团队制作、大综艺品牌"的全新形态,打破了广播节目的传统创作模式。相声、小品、情景剧、演唱会、脱口秀等各种综艺元素与当天最新热门话题相融合,节目样式非常华丽。角色化的演绎、情景式的设计、曲艺化的形态,更是大大激发主持人声音塑造的空间。再加上音乐、拟音、音效等各种声音手段的整合运用，整个节目的声音表达非常充分地体现了综合版块节目"兼收并蓄"的特质。而在综合文艺的背后，是对资讯的传递和解读，是对经营受众轻松心态的引导和释怀。每期节目都要求及时把握最新的资讯动态，其中很大一部分是源自当下或当天的热点和民生关注事件，保证足够的信息量和收听价值。还有一部分则取材于对声音经典的梳理和创作，以增加节目的厚重感和品质。大综艺背景下的碎片化，促成了《娱乐大爆炸》独具魅力的艺术表现形式。比如以"袁老师"为形象针砭时弊的《袁老师上课》；以"老陕"为人物，讲述前沿科技动态的《老陕脱口秀》；表现家庭情感的《夫妻对话》；彰显当下婚恋观的《相亲记》；还有《时事演唱会》《阿哲评书》《广播 TV 剧》等讲述民生、再造经典的曲艺形式。如此大体量的节目相当于每天办一场春晚。

除了这种"大综艺""碎片化"的节目外，还有一些综合版块节目融合了当下十分流行的真人秀节目的元素，做成综艺秀的样式。由于音乐与广播有与生俱来的亲缘关系，广播综艺秀特别青睐歌唱综艺秀。广东电台音乐之声《天生快活人之为渴望而创》（粤语节目），第一部分：让听众发挥创意，对热门的流行歌曲重新填上自己原创的独一无二的歌词，并在节目中演唱，鼓励大众多动脑筋，培养创意思维，它通过积极向上的歌词来提醒大众为公益多出力。第二部分：听众讲述自己的梦想及为实现梦想而经历的艰辛历程，主持人总结并鼓励听众树立目标和理想，坚定信念、增强信心。海南音乐广播的《K 歌我最红》针对每个喜欢唱歌的人，从中挖掘歌手，节目的参与性很强。漳州电台的《麦克"疯"了》也是一档全民歌唱类综艺互动节目。综艺秀有着广泛的群众基础，通过热线、微信等方式上传声音素材并进行歌唱等才艺比赛和展示。但从目前情况来看，它的质量、规模以及品种都无法和电视相比。无论是零门槛的街头即兴演唱，还是制作精良的明星秀，远远没有取得应有的效果和影响力，手法和理念都有待大幅度提升。

■广播娱乐脱口秀

广播脱口秀起源于美国，当时脱口秀的主要内容是以新闻评论为主的舆论表达。20 世纪 80 年代，大众传媒消费呈现出明显的媒介娱乐化和文化娱乐化倾向，于是娱乐脱口秀节目大量涌出。娱乐脱口秀节目，是指在脱口秀中融入幽默语言和才艺表演等娱乐元素的一种娱乐节目形式。这类节目结合社会热点话题，幽默地反映众生百态，评述世间万象，感悟人生真谛，让听众身心愉悦，缓解疲劳和压力。因为有大量幽默搞笑的语言，这类节目非常符合广播特性，成为娱乐广播的常态。这类节目对主持人的要求高，不仅要有各种知识储备和获取信息的渠道和能力，还要有将这些素材用幽默的方式表达出来的天赋。可以说主持人是脱口秀节目的灵魂，一档节目往往因主持人而存在、而兴衰。

案例中《大铭的快乐时间》即便在提到买房买车这样比较严肃的话题时，也一样采用调侃、自嘲、戏说这样幽默的方式来解读，利用谐音调侃自己的是"负二代"，因为有房贷和车贷所以平常生活中只能吃糠咽菜，看着别人过幸福的小日子。但是，最终的落脚点却是乐观的，"农夫山泉，有点甜"。在这种幽默的语言表演中，即便是再辛苦的日子也有了风轻云淡味道。

> 我是一个负二代，负着房贷和车贷，脑袋上面顶着山，屁股后面追着债。别看我们有房有车过得幸福，其实还贷的日子比你想象的清苦。看着人家成天鱼翅龙虾、熊掌虎骨，我们只能吃着水煮鸡蛋，然后告诉自己，这玩意才是大补……为了过日子我们只能省钱，也不希望被别人看出来得到可怜，我们喝着地沟油，吃着工业盐，拿着山寨机，睡着黑心棉。看着别人喝咖啡，品燕窝，补着天山雪莲，我们只能自己烧一壶开水，放凉了灌到瓶子里，然后大喊：农夫山泉，有点甜！
>
> ——摘选自《大铭的快乐时间》

大铭的脱口秀也常常会截取社会生活的一个侧面，在简短的情节中展开矛盾，在矛盾冲突发展到高潮时突然揭底，造成强烈的语言喜剧效果。这一点在《大铭的幸福生活》中谈到记者无比忙碌的生活状态时表现得非常明显。

> 记者这个行业最大的特点就是忙，没日没夜没准点儿。那年我在吉林省台当记者的时候，正好赶上两会，我一个，摄像一个，还有一个老编辑，我们三个在会场里面连续待了三天。第三天中午，那个摄像跟老编说："哥们儿，一会你帮我拍一下，我先离开一下。"老编问她："这时候你还干啥去呀？"摄像说："没啥事，今天我结婚，我出去把婚结了，一会儿就回来……"
>
> ——摘选自《大铭的幸福生活》

当然，能够做到这一点也是相当不容易的。"铭氏脱口秀"的主持人大铭每天都要花五个小时创作近5 000字的原创段子，并且精确到标点符号。从2008年至今他有原创段子、杂文1 200多篇，多达五六百万字。只有在播音室外下足了功夫，做足了案头准备，才能不断抖出包袱，做出上品节目。

娱乐脱口秀另一种常见样式是以语言为基础，加入音乐、戏曲、曲艺等元素，甚至加入简单戏剧元素，用剧情或角色化扮演的方式来完成。北京人民广播电台的《娱乐72变——大家都爱"话匣子"》，假设了快乐大街876号的酒吧，主持人和嘉宾一共三个人共同饰演角色，有简单的剧情，但对白大多来自录制过程中的即兴发挥和现场加工。节目以广播剧音效的方式制作，音响丰富，更精心选取其中的经典片段进行评述。元素综合、艺术门类综合、时空综合，是较为复杂的脱口秀节目。

■广播真人秀

"真人秀"这种节目形式以"设定目的、设定规则、设定参与者"的方式让受众感受在拟真环境中的人，受众成为高高在上的"旁观者"。我国电视真人秀节目的风靡在广播娱乐节目中也得到延伸，竞技选秀类的如北京文艺广播《小DJ大不同》，以竞聘北京电台主持人为噱头，充分融入真人秀的话题制造和紧张的情节设置来吸引听众；益智游戏类的如中央人民广播电台《拇指英雄》、北京人民广播电台的《短信江湖》都是在节目中通过让真人秀的参与者进行知识竞赛的形式引导听众积极参与，节目的知识性很强；创意类广播真人秀如天津人民广播电台滨海广播的《职场人生》等，都是在节目中从创业、家居、生活等某一领域展开，强调节目中参与者的智力表现。

广播真人秀节目在近年来积极吸取电视真人秀的有益尝试，将其他一些艺术形式融入节目中，通过互联网络加强与听众之间的互动，将广播真人秀中"人"的因素扩展为全体听众，而不仅仅局限于节目的参与者，听众的反馈也成为广播真人秀内容生产的一部分。但当下广播真人秀并不多见，已有的节目因为对真人秀中的规定情境和规定任务以及规则的制定掌握得还不成熟，加之广播文艺娱乐目前只强调低成本快产出，以至于在研发具有广播特色的、有可能更具产业价值和影响力的大制作节目方面还很薄弱。

■ **广播游戏节目**

通过答题等方式进行游戏和竞技比赛的节目曾经在广播节目当中风靡一时，这两年少了很多。这一类广播娱乐节目需要将游戏、比赛与表演很好地结合在一起，如果表演巧妙的话，哪怕是微不足道的游戏也能受到欢迎。相反，如果只知道游戏比赛，不知道表演，不知道秀，答题就是答题，那么节目就会变得无比乏味。

当然，除了答题之外，其他的游戏类型和游戏手段也可以运用于广播游戏节目当中，只是目前这些表现得还不充分。

另外，真人秀节目说到底也是一种游戏，但是它的综合性更强一些，杂糅了很多节目形态，单纯的游戏也被其收入囊中。因此，现在单纯的游戏节目虽然不多，但是以真人秀的形态出现的游戏却有新的发展。

■ **广播音乐和音乐广播**

音乐节目作为广播的最初节目形态，自广播诞生之日起，便成为其发展过程中不可或缺的一部分。广播作为听觉媒介，与作为听觉艺术的音乐，在特征上不谋而合。也正是由于这一特征的契合，使得广播在音乐传播方面如鱼得水，广播音乐节目占据了广播文艺节目的"半壁江山"。

广播音乐在广播节目中有两种体现方式：

> 一是作为文艺广播的音乐节目；
> 二是作为类型电台内容的音乐节目。

第二种情况是广播节目依据分野清晰的音乐风格，发展听众。无论是古典还是流行、怀旧还是新潮，都拥有稳定而忠实的拥趸，所以音乐节目是比较适合受众细分的广播节目样式之一。也因此才会出现类型电台内容的音乐节目。

类型音乐电台是用特定的运作模式，专门播放特定类型的音乐，以吸引固定听众的"窄播"电台。此类电台在美国非常流行。20世纪70年代，随着广播音频技术的更新，声音质量得到大幅度提升，美国兴起电台类型化潮流，推动了众多细分音乐与听众市场的音乐广播诞生。20世纪80年代，广播对于音乐的依赖不断增强，特别是唱片业成为广播音乐内容的重要来源，音乐广播占据美国广播市场的绝大部分份额，并影响着青少年流行文化的方向。电台播放的音乐往往取决于排行榜和音像商店的热卖唱片，这形成了电台、听众、广告商与录音工业四者之间的利益关系。广播也由此找到了走出电视挤压困境的思路：办细分受众需求的专业台。资料显示，截至 2012 年美国全国共有 13 817 家电台，其中音乐台 9 000 多家，并细分成很多门类，其中乡村音乐台最多，为 2 134 家；成人抒情、热门成人抒情、轻柔成人抒情、城市成人抒情四种共计 1 577 家；摇滚、现代摇滚、古典摇滚、另类摇滚共有 1 172 家；节奏蓝调、成人节奏蓝调、老年节奏蓝调共有 287 家。①当然，美国音乐广播如此发达是有原因的。美国是个车轮上的国家，汽车拥有量大，开车听广播的人多。再加上美国人酷爱音乐，音乐产业极其发达，音乐广播的市场自然大。

21 世纪以来，中国的广播也借鉴了欧美国家的市场化道路，逐步总结自己的特点和思路。2002 年 12 月 2 日，作为中央人民广播电台的第三套节目"音乐之声"（Music Radio，北京地区播出频率为 FM90.0）正式推出，这是全国第一个专业化的流行音乐频率。北京人民广播电台下设了音乐广播、有线古典音乐广播、有线通俗音乐广播、有线亚洲流行音乐广播、有线轻音乐广播等专业频率，在"广播"同时也进行着"窄播"的尝试和努力。

随着时代的发展，我国的广播音乐节目和音乐广播不断完善革新，在当下也呈现出一些新的特征。

1. 更强的互动性

以往音乐节目称之为音乐作品节目也不为过，因为它主要以播放歌曲、乐曲为主。但是自"珠江模式"改革以来，听众点歌、分享听众的音乐感受等设计大大加强了与受众的互动性，借助于当下互联网络的飞速发展，利用微博、微信平台实现听众与电台主播的实时互动，及时了解听众的音乐欣赏需求。例如北京音乐广播电台的广播节目《边走边唱》是一档随身 KTV 节目，在直播现场调动听众的热情，随音乐一起跟唱，营造快乐的听觉氛围，构成流行音乐广播的一个新景观，这一形式是对广播音乐自娱自乐功能的新拓展，也是对传统音乐"我播你听"节目形态和传播理念的一个颠覆，也为广播综艺注入了新鲜血液。苏州汽车广播（FM102.8）《大兵的 K 歌战队》让普通听众在节目中放声高歌，同时配合专业音乐嘉宾的点评，让听众充分参与到音乐创作与音乐欣赏中来，大大激发了听众的热情。

2. 更强的个性化

受众欣赏偏好越来越多元化，音乐节目的细分化、小众化也成为一种趋势，民族、流行通俗、摇滚、原生态、现场音乐等都划分为专门的版块，根据电台频率自身定位细分受众，如歌剧、蓝调音乐等小众音乐也充分利用"长尾效应"赢得听众，如北京交通广播的《蓝调北京》等。

3. 追求音乐广播的品牌效应

广东电台打造的《音乐先锋榜》《古典纵横》《音响世界》等一系列音乐栏目，通过音

---

① 项仲平，张忠仁. 广播电视文艺编导 [M]. 杭州：浙江大学出版社，2014：74.

乐栏目打造电台核心竞争力和社会影响力。中央人民广播电台"音乐之声"2009年改版后成为一个完全的类型化音乐电台，进一步巩固其在时尚、年轻的中青年尤其是在大学生、中学生受众群体中的品牌形象。节目版块配置是以"M""T""V"进行划分。节目根据工作、生活、娱乐三个方面需求，做出了更有针对性的版块设计，旨在打造覆盖面最大的类型化音乐电台，以及全球华语流行音乐的指标性频率。同时"音乐之声"探索了一条公益活动和商业活动相结合的"品牌宣传""品牌营销"道路。意大利某运动、休闲服装品牌与"音乐之声"大型公益活动"我要上学"的密切合作就是一个成功的典范。

4. 注重体制和机制的改革创新

北京音乐广播、中央人民广播电台"音乐之声"积极探索市场经济中的广播运作规律，同社会性的民营公司北京七福公司合作，建立了全新的适应媒体发展的新机制、新体制，大量吸收境外、国际的广播运作模式和节目内容，节目质量和收听率不断攀升，广告额度不断增加，创造了广播的新亮点。

广播文艺娱乐节目的发展走向

中国的广播节目与电视节目一样都经历了节目—栏目—频道—频道/频率专业化的过程，也同样都面临着数字网络新媒体带来的冲击和挑战。事实上，在这个转型的过程中，广播面对新事物的反应速度一点也不比电视慢，甚至还要更快一些。广播文艺娱乐节目因为最能体现广播对声音质量的高要求（比如音乐节目），以及伴随性的娱乐特征，在诸多广播节目中总是能够走在前面，并呈现出越来越繁荣复杂的趋向。

■发展态势

1. 形态潮流：大综艺、泛娱乐

综艺节目实际上是很难明确定义内容形式的一种节目形态。在娱乐浪潮出现之前，我们对综艺的界定还算清晰，主要是指将歌舞、小品、戏曲、曲艺等传统文艺表演形式融为一体的晚会及将其固定化播出的综艺栏目。但是，随着20世纪90年代后期电视娱乐节目的兴起，电视综艺节目首先开始了娱乐化转变，而新兴的娱乐节目也表现出强大的兼容并蓄的能力，综艺与娱乐之间的界线开始变得模糊，以至于现在有了大综艺、泛娱乐的说法。这股潮流自然也波及了广播，广播综艺节目异军突起并成为一股不可小觑的力量。这股力量不仅促生了如《边走边唱》这样突破传统综艺节目模式的新节目，还渗透到传统的广播节目形态中，使其慢慢被综艺化、娱乐化，比如"铭氏脱口秀"，可以说是新闻脱口秀和娱乐脱口秀的混合体。

2. 理念转向：碎片化、个人化、小众化

碎片化是后现代的典型特征。实际上从某种程度上来讲，媒介融合也是印证了碎片化的时代特点。综艺节目本身具备的综合性和兼容性，其实就是对其他元素的组合、拼贴和再创造，这一点与碎片化极为相似。《娱乐网大爆炸》的成功恰恰说明了在整体化理念指导下播出版块灵活多样的完善革新，是顺应了网络时代传播规律的。随着智能手机的快速

发展，大量受众改为使用手机终端收听广播，个性化和小众化的节目和产品大量出现，"点对点"的定制化成为当下广播综艺节目的一种思维转变。具有直播、点播、互动功能的"中国之声"微信号有好友几十万人，平均每天收到语音回复千条以上。

3. 平台衍进：多元渠道、整合传播

媒介融合和数字化发展令传播渠道不再单一。很多权威主流广播媒体都开始尝试与新兴的网络电台联手，以提升节目的影响力，如中央人民广播电台中国之声与蜻蜓FM、蜻蜓FM与北京电台、河南南阳电台合作推出"虚拟电台节目"。事实上，传统媒体长久以来依赖的平台优势已经逐渐式微，冲破平台桎梏、寻求多元的传播渠道已经是当下发展的必然。北京文艺广播《吃喝玩乐大搜索》以节目为平台推出一款应用软件，将娱乐与消费通过节目连为一体。浙江人民广播电台城市之声推出"巨欢乐"全媒体品牌，整个品牌适用于频率的微信服务号和淘宝、微店等端口，将频率的线上内容产品和资源融合产品转化为线下的用户体验和销售行为。该频率提出"一个全媒体＋一组社会资源＋一组商业品牌"的活动运营模式，颇有新意。

■ 万变之宗

1. 内容为王

数字时代导致的社会变化风云莫测，没有做不出，只有想不到。当技术不再是问题的时候，当渠道不再是问题的时候，我们还需要做什么？习近平总书记在《推动传统媒体和新兴媒体融合发展 强化互联网思维》的重要讲话中提到，技术是支撑，内容才是根本。面对日新月异的、眼花缭乱的技术更新，我们必须稳住心神，明确内容为王才是广播文艺娱乐节目的立根之本。

2. 声音是根

广播文艺娱乐本是声音的艺术，不管我们在"广播＋"后面填上怎样的内容，广播的本质不能改变，否则定然泯然于信息量更大的媒介中。例如《娱乐大爆炸》对主持人的语言表达能力和声音塑造能力都有很高的要求。他们中有"百变声优"，有声音怪咖，角色可正可邪，随时能说学逗唱。

3. 杂中有序

碎片化是移动互联网时代争夺受众注意力的一个产物，受众能停留在一个媒介上的时间越来越短、越来越散，要想抓住受众，必须将信息集中展示。但是如果只重视碎片化，而忽略了碎片之间的衔接，碎片只能是碎片，转瞬即逝。如何能够做到杂而不乱、多而有序，让碎片连接起来产生新价值，显得尤为重要。中央人民广播电台的《今晚听吧》的突出特点就是每天都有一个主题，并提供与主题相关的文化资讯，这种相关联的传播方式给予听众更多的信息，并能够起到强化主题的作用。

小结：世界是平的，节目须立体

《世界是平的》作者托马斯·L.弗里德曼（Thomas L. Friedman）曾说："我们已经进入

全球化的 3.0 时代，数字化、微型化、虚拟化、个人化和无线技术的存在让我们可以随时处理、收集或传送声音与数据。"他将这种技术比喻成推动世界的十大动力之一。各种媒介纷纷进入 3.0 时代，当广播与移动互联网结合之后，这也意味着广播已经进入 3.0 时代。

技术的发展和普及一方面揭开了传统媒体神秘的面纱，我们进入人人皆媒体的自媒体时代，同时也打破了媒介之间的界线，未来媒介统于一屏也很有可能。

但是，我们必须明确这一点：无论节目样式怎样花哨，最终还是要看它为何引人发笑。广播文艺娱乐节目说到底是旨在向社会大众提供休闲娱乐、陶冶大众情操、引领精神风尚的广播节目类型。传播当代中国价值观念，生产体现中华文化精神，反映中国人审美追求，思想性、艺术性、观赏性有机统一的优秀作品，才是我们要追求的目标。所以，技术可以是平的，平台可以是平的，但节目不能是平的。

思考题

1. 如何理解广播文艺节目与广播娱乐节目的关系？

2. 任意选取一个音乐广播频率，分析它的节目构成及设计特点。

3. 结合你自己的感受，说说对当下广播文艺娱乐节目发展状况的认识。

Chapter 8
第八讲 电视新闻

- ▶ 电视新闻是什么
- ▶ 电视新闻理念的发展
- ▶ 电视新闻表意系统
- ▶ 电视新闻视觉元素
- ▶ 电视新闻听觉元素
- ▶ 小结：电视新闻的困境和发展

案例一　电视消息：《刁娜：舍己一条腿　救人一条命》

第二十二届中国新闻奖电视消息一等奖作品《刁娜：舍己一条腿 救人一条命》报道了烟台市民刁娜为救助车祸伤者而不幸被撞的事迹，其时正值"小悦悦"事件引发全社会道德大讨论。记者敏锐地捕捉到"刁娜救人"所具有的重要的新闻价值，当小悦悦事件几乎让世人对整个中国社会的道德良知产生怀疑时，刁娜事件的报道及时补充了社会正向信息的缺失。记者并没有把刁娜作为唯一的报道对象，而是通过对施救方、被救者和肇事方家属这三方的采访，从他们共同表现出来的善良与友爱中，反映出社会普遍存在的向上向善的力量。整个报道让当事人说话，而当事人朴素话语所传递的积极价值观更具有感染力，更容易引发社会共鸣。①

案例二　电视评论：《"电商"与"店商"谁能争锋》

有远见的新闻是社会之需，也是媒体的立身之基。我们正处于一个快速变化的时代，在这样一个时代背景下，新闻媒体要重视的是孕育未来趋势、代表时代走向的新闻事件，更多地担当起瞭望者的责任。

第二十五届中国新闻奖一等奖作品电视评论《"电商"与"店商"谁能争锋？》就是这类报道的代表。2014 年，杭州四家大型实体百货接连倒闭，与此同时，以阿里巴巴为代表的"电商"却风生水起。"电商"与"店商"何以争锋？争锋的实质是什么？发展的趋势是什么？它给当下的启示又是什么？记者带着这些疑问和思考深入万达等大型实体百货与阿里巴巴等大型电商企业进行采访，并利用首届世界互联网大会在浙江召开的契机，采访了国内外众多互联网大咖，同时还深入企业、市场、农村，探寻电商为浙江经济带来的深刻变化。评论最后的结论是，互联网经济发展是未来大方向，"电商""店商"一面争锋，一面将走向融合。后来形势的发展，证明该报道思想敏锐，立论正确。当年 9 月份媒体报道了万达与苏宁云商的合作，苏宁云商进入万达广场，线上与线下联成一体、共同打拼。这说明浙江台的评论对趋势揭示得准确。②

---

① 案例来自中国新闻奖获奖作品。
② 案例来自中国新闻奖获奖作品。

案例三　电视专题：《食品工厂的"黑洞"》

获得第二十五届中国新闻奖电视专题一等奖的作品上海广播电视台的电视专题《食品工厂的"黑洞"》是一部优秀的电视专题作品。作品将目光聚焦于涉及公众利益、受社会普遍关注的食品安全问题，通过对美国欧喜集团上海分公司生产线历时三个多月的隐性采访，揭露了大型食品生产企业的食品安全问题。此片不但引起了国际媒体的普遍关注，还直接促成了新修订的《食品安全法》相关条款的完善。

一个舆论监督类节目为什么获得这么好的社会效果？其中有两点值得借鉴。一是选题。食品安全始终是百姓关注的热点话题，食品安全监管是中国政府近几年着力推进的改革领域，《食品工厂的"黑洞"》正击中群众与政府共同的聚焦点。二是专题调查缜密，叙述客观。在调查过程中，记者严格遵守了新闻界公认的隐蔽式采访规范，以严谨客观的态度，忠实记录下观察到的事物，没有进行诱导式的采访。报道叙述语言平实，客观公正，所列举的新闻事实都有相关证据进行交叉验证，用事实说话，没有刻意渲染。难能可贵的是，在拍摄条件困难的情况下，依然做到了多角度、多机位呈现，充分发挥了电视新闻的特长。[①]

案例四　电视直播：《"太空新旅 天宫授课"直播特别节目》

2013年6月20日，中央电视台新闻中心推出三个半小时特别节目——我国首次太空授课直播特别节目。运用电视媒体最直观的表达方式，直播报道团队完美呈现了这次天地对话以及王亚平老师精彩绝伦的物理课，实现了中国新闻直播历史上距离最远、难度最大、系统最复杂的天地直播。此次直播报道的策划工作历时半年，由记者、摄像、编辑组成的太空授课报道团队开始了直播节目的实施，直播点分设在中国人民大学附属中学、航天城，以及浙江春晖中学、江西阳明学校等四处。经过数十场次的演练，各工种间反复磨合、通力协作，对公共信号内小片、对比实验、PPT课件动画播放等环节的精雕细琢，对演练中出现的各类问题逐一分析解决，制定详细的应急预案，确保了特别节目的精良制作与安全播出，完美呈现了天地对话以及精彩绝伦的小球、陀螺、水球

---

① 案例来自中国新闻奖获奖作品。

等多个项目的太空授课内容。太空授课直播节目推出后，立即引起国内外媒体的关注和社会各界的强烈反响。直播节目在央视微博、客户端、微信等平台同步进行推广，内容被数千次转发和评论，视频被新浪、搜狐以及路透社等多国多家各类媒体转载转发。[①]

这个世界每天都产生众多信息，但不是每条信息都成为新闻。当你在电视中知晓刚刚发生的一场交通事故，看到记者对施救方、被救者和肇事方家属三方的采访，你是否能读解出事故背后更多的信息？

每天我们都需要面对大量新闻，就像淘宝每天都涌现出更多的网络商铺。马云登上《时代》封面的新闻，再度引发了社会对电商业的关注。那么，电商和店商的交锋是否预示着商业形态乃至社会形态的某种变化？优质的新闻评论，看得见从新闻延伸出的开阔视野。

作为非虚构类作品，电视新闻专题常常以电视短片的形式出现。上海广播电视台派记者打入上海一家给肯德基、麦当劳等快餐店提供原料的食品加工厂，用暗访的方式采访拍摄到了一个新闻专题作品。这部电视作品，甚至直接促成了新修订的《食品安全法》相关条款的完善。

有人说，电视传播的最大魅力就在于直播。那么，新闻直播是电视新闻最具魅力的播出形式吗？2013年，央视团队在"神舟十号"上进行了一次特殊的"太空授课"直播。全国6 000多万师生通过电视直播收看了我国首次太空授课的全过程，收视报告显示"神十航天员进行中国首次太空授课"相关报道在全天多个时段有收视提升表现，是频道收视提升的关键报道。

看了这四个案例，对于"电视新闻"你有了什么新的认识？电视新闻消息、电视新闻评论、电视新闻专题、电视新闻直播都是电视新闻类节目的常见类型，那么这些电视新闻节目有什么相同点，又有什么不同点？

首先，我们需要明晰"新闻"的概念，然后需要进一步区别"电视新闻"与呈现在其他媒介平台上的新闻形式有什么区别？电视新闻的优势体现在哪里，劣势又在哪里？在新旧媒体并存的今天，电视新闻的发展方向是什么？电视新闻传播者应该具备怎样的新闻理念？

电视新闻是什么？

无论是山东人刁娜舍己救人、食品工厂批发过期原料，还是电子商务日益挤占传统店铺的商业份额，从这三个作品中可以发现三个基本共性：

1. 最近的事实
2. 群众关心的重要事实
3. 对事实的报道

[①] 案例来自中国新闻奖获奖作品。

这三点实际上也是我国学界、业界对新闻的基本看法。比如徐宝璜认为，"新闻者，乃多数阅者所注意之最近事实"[1]；范长江认为"新闻是广大群众欲知、应知而未知的重要事实"[2]；陆定一则提出新闻的定义应该是"新近发生的事实的报道"[3]。三位前辈的定义避开具体媒介差异而将着眼点放在"事实"与"受众"的关系上，对新闻的看法跨越了时代的局限。鉴于此，我们对电视新闻可以做出如下定义：

> 电视新闻是运用电视媒介对受众欲知而未知的新近事实的适时报道。[4]

这种借助电视传播的视听符号对变化的事实的及时报道，被称作"电视新闻"。电视新闻是电视屏幕上各类新闻性节目的总称。电视新闻强调电视的媒介特点，肯定新闻传播的重要作用。随着电视技术和电视艺术的发展，电视新闻理念也在不断革新。

电视新闻理念的发展

从技术角度来看，早期电视是电影技术与广播技术的集大成者，即远距离传输视频和音频的合成。因此，包括新闻节目在内的早期电视节目从形态上清晰呈现出电影和广播这两种媒介的影响。于是电视新闻节目的最初样式就表现出两种完全不同的样态，即电影（纪录片）新闻形态与广播新闻形态。

■电影新闻形态的影响

在世界各国电视诞生初期，电视新闻基本延续了电影新闻形态。最早的电影新闻片于1909年出现在欧洲，由法国百代（Pathe Freres）以及高蒙（Gaumont）电影公司摄制出品。电影新闻片在第二次世界大战期间达到发展顶峰，但战后电视网的兴起促使电视新闻片取代了电影新闻片。1947年，美国全国广播公司（NBC）和哥伦比亚广播公司（CBS）相继和电影厂商合作，生产专供电视新闻摄制使用的16毫米摄影机和胶片。[5] 从此，活动影像的新闻报道渠道从电影转向电视。但是它继续沿用了新闻影片的名称，不仅借用电影拍摄格局而且也借鉴了电影的配音方式。换句话说，当时以电影材料制作的电视新闻，只不过是电影新闻片的电视版而已。在中国，电视新闻的起步情况也是如此。当时，初创期的电视台自产新闻片能力较弱，难以满足日常播出需要，因此中央新闻纪录电影制片厂的新闻纪录片《新闻简报》就成为充实播出时段、维系电视新闻栏目运行的重要来源。甚至有专家认为《新闻简报》称得上"中国电视新闻的雏形或母体"[6]。这一时期的《新闻简报》对中国早期电视新闻理念、模式和风格产生了深远的影响。

---

[1] 徐宝璜. 新闻学 [M]. 北京：中国人民大学出版社，1994：6.
[2] 范长江. 记者工作随想 [M]//通讯与论文. 北京：新华出版社，1981：314-321.
[3] 陆定一. 我们对于新闻学的基本观点 [M]//陆定一新闻文选. 北京：新华出版社，1987：2-11.
[4] 李岩，黄匡宇. 广播电视新闻学 [M]. 北京：高等教育出版社，2010：131.
[5] 黄匡宇. 当代电视新闻学 [M]. 上海：复旦大学出版社，2010：4.
[6] 常江. 中国初创期电视新闻形态及其开创的传统 [J]. 新闻与传播研究，2015（3）.

■广播新闻形态的影响

早期电视新闻的另一效仿对象则是广播新闻。接近于广播新闻形态的早期电视新闻的主要特征是，强调其中诉诸听觉的声音元素而忽视诉诸视觉的画面元素，实际上电视画面的视觉特性远未得到开发。从具体的风格上来看，早期的电视新闻片的画面和文字之间的关系是疏离的，起初文字只是作为视觉符号的补充存在，但随后演化为画面屈从于文字（解说词），从而造成新闻画面无法与文字所能承载的信息量相匹配。

20世纪50年代出现于电视屏幕上的中国第一代电视新闻节目《图片报道》和《简明新闻》可谓以上两大传统的典型代表。《图片报道》通过荧屏播放图片，同时以播音员解说图片内容的方式来向观众介绍新闻事件。《简明新闻》则是一种以播音员出镜口播为主要形式的新闻节目，除了出镜的播音员填充了整个屏幕之外它几乎就是广播新闻的电视化翻版。

■电视新闻理念的发展

可见，早期电视新闻节目要么延续广播新闻思路强调声音的作用；要么效法电影崇尚画面的力量，声音和画面并没有得到充分的结合。只是因为新闻信息的传达既通过画面也通过声音，所以被认为是采用了视听双渠道的电视新闻。值得注意的是，尽管早期电视新闻在对电视媒体的认识上和对新闻的理解上存在偏差，但《图片报道》和《简明新闻》作为演播室直播新闻节目使电视直播的优势得到了较大普及。

随着电视技术进步和电视观念更新，电视新闻逐渐走出声画两张皮的初始形态。从20世纪50年代后期到60年代前期，英美等主要发达国家建立了对于电视媒体特性更为深入的认识：即电视的"单调图像"（stripped-down image）和即时性（immediacy）特质。[①]所谓"单调图像"指电视因缺乏细节而显得单调；而"即时性"的意思是电视图像能够使观众产生直接交流的感觉。显然，对电视媒体特质的认识加深在一定程度上推动了对电视新闻认识的变化。从国外到国内，越来越多的电视新闻节目类型涌现出来，电视新闻终于成为一个既不同于电影也不同于广播的全新新闻形态。电视新闻的特点在这个过程中也得到了更好的发掘，声音和画面的结合形态有了更为多元的选择。

电视新闻表意系统

电视新闻不仅是新闻，而且是通过电视媒介完成的新闻传播。电视传播一般以多种语言符号同时进行，电视研究学者黄匡宇提出的"电视新闻符号双主体结构模型"将可视性的语言子系统和可听性的语言子系统解构、组合成为一对平行解构的声画系统。在此基础上，各个元素的若干组合方式扩展出形态各异的电视新闻节目。

在这个系统中，抽象语言和具象语言的区别比较简单，相对复杂的是客观性具象语言

---

① 麦克奎恩. 理解电视：电视节目类型的概念与变迁 [M]. 苗棣，赵长军，李黎丹，译. 北京：华夏出版社，2003：6-7.

和主观性具象语言的差异。在电视新闻中,客观性具象语言是指由所有被摄人物的体态语言及其环境因素所构成的非语言符号。体态语言主要指形体动作、面部表情、服饰穿着等;环境因素包括空间、音响、色彩等。这类符号最大的特点就是"客观性",记者只能在新闻现场去捕捉、发现和选择,而不应加以任何主观干涉。其中的特技语言、动漫、图表则是对视觉信息的缺失进行有效的间接补充。主观性具象符号是指镜头运用技巧驾驭与造型语言相关的线条、色彩、影调、角度等基础元素和用蒙太奇语言的逻辑性整合所形成的隐形表达方式。所谓隐形表达,是说线条、色彩等基础主观性语言符号所传递的信息都是隐含在具象的人形物状之中,受众视觉所及首先是具体的人与事物,此后解读才会论及线条、光影等基础细节元素。①

表8-1 电视新闻语言符号构成系统②

电视新闻语言符号系统	抽象语言符号系统	应用型语言符号	播音语言符号	
			现场话语符号	
			屏幕文字符号	
			画内文字符号	
	具象语言符号系统	蒙太奇语言符号	时间	
			空间	
		应用性语言符号	图形语言符号	形体符号、穿着符号、表情符号、色彩符号、特技符号、动漫符号、图表符号
			声音语言符号	音响符号、音乐符号
		基础性语言符号	角度、线条、光线、影调、色彩	

从电视新闻语言层面,我们可以通过以上符号(如表8-1)解读具体的新闻作品。在电视新闻传播层面,更多时候我们通过视觉和听觉两个维度去理解新闻作品的表意。从视觉层面上来看,电视新闻画面由主持人口播画面、现场画面、主持人和现场连线画面等构成。从听觉层面上来看,有主持人口播、解说、同期声、音乐等构成。在优质的电视新闻节目中,我们可以看到多种形态的画面以及多样化的声音处理。

电视新闻视觉元素

一般我们认为电视新闻的视觉元素是指出现在电视屏幕上的所有视觉信息,包括画面、文字、图表、动漫等。

从画面来源以及拍摄形式区分,电视新闻画面有来自新闻发生地的现场画面、记者现场连线画面、记者出镜画面以及来自演播室的访谈画面等。在一档相对复杂的电视新闻节目如电视新闻直播节目中,我们经常可以见到这些不同形式、不同来源的画面。这些画面

---

① 黄匡宇. 当代电视新闻学[M]. 北京:复旦大学出版社,2010:108-109.
② 黄匡宇. 当代电视新闻学[M]. 北京:复旦大学出版社,2010:108.

有来自现场的实拍画面、连线画面,有来自演播室的主播画面、访谈画面,也有来自其他素材的资料镜头(画面)。

■ **电视新闻报道形式**

记者现场连线:指在电视新闻节目播出过程中,由记者在新闻现场发回的直播报道。

记者现场连线是电视新闻相比其他传统媒体最具优势的报道形式,其更新信息的能力以及传递新闻现场感的能力,无不凸显了电视新闻的本体优势。充分利用记者现场连线进行报道,是优质电视新闻的重要要求。

以《"太空新旅 天宫授课"直播特别节目》为例,主持人张泉灵先后对地面课堂和天宫一号进行了现场连线。首先让我们来看看地面课堂记者帅俊全在地面课堂人大附中报告厅的现场连线,如表8-2所示。

表8-2 《"太空新旅 天宫授课"直播特别节目》中的第一场记者现场连线

(现场连线)

记者:首先,大屏是太空实时传送下来的画面,现场非常难得。其次,这是一个互动的课堂,也就是说现场的学生不仅能够听到、看到王亚平老师在太空中授课的整个过程,同时有什么问题也可以向王亚平提问,这也非常难得。为了调试信号的传输,学生还没有进入现场,等到9:30信号调试之后学生才会陆续进入现场。泉灵。

主持人:这两天我们微信、微博上的互动,很多人都在问,到底这节课会做哪些物理基础实验?能不能替我们在现场找一找他们有没有准备什么样的物理实验器材或者教具?能不能透露一下?(节选)

在地面课堂进行的这场记者现场连线,一方面补充了地面课堂的情况、更新了信息,提升了报道的实时性;另一方面,现场连线中地面课堂记者所在的环境,对地面课堂的实验教具、器材等进行了一一展现,凸显出报道的现场感。而主持人与记者现场连线时的交流,提及微信、微博中的观众提问,也进一步强化了互动感。

记者现场连线不仅出现在新闻直播中,在其他新闻节目中也并不鲜见,呈现出常态化的趋势。这种常态化趋势是指,在电视新闻节目播出时,只要一条新闻仍处在现在进行时,且存有新闻现场,就尽可能采取记者现场连线的方式,给观众最大限度的实时现场感。

记者出镜报道:指记者在新闻现场面对摄像机做报道的画面。

现场报道作为电视新闻采访活动和节目制作的基本手段和表现手法,直接影响到电视新闻节目播出的质量和收视效果。而记者在现场的出镜报道显然是现场报道中最为重要的一种,这种节目形式对出境记者的新闻敏感力、现场洞察力、语言表达力等都有较高要求。

演播室访谈：主持人或记者在演播室内对新闻相关人或新闻第三方进行的采访。

这里的新闻相关人可以是新闻事件的直接当事人，也可以是范围更广的责任相关人、利益相关人等；新闻第三方可以是新闻事件的知情者、对新闻事件进行采访的记者、有关专家学者等。在演播室对新闻相关人或新闻第三方进行访谈，是电视新闻节目传递新闻信息与意见的重要形式。

演播室访谈也是电视新闻的常见形式。例如在《"太空新旅 天宫授课"直播特别节目》中，主持人在演播室中对来自中国科学院的两位物理专家进行了访谈，如图 8-1 所示。

图 8-1 《"太空新旅 天宫授课"直播特别节目》中的演播室访谈

■ **多样化报道形式**

为了提升新闻传播效力、丰富节目形态，当下电视新闻节目越来越强调对多种报道形式的综合运用，通过口播、记者现场连线、演播室访谈、资料片等多种报道形式。

主持人口播画面

现场实拍画面

记者出镜画面

主持人和记者的现场连线画面

演播室访谈画面　　　　　　　　　　　　资料镜头（画面）

图 8-2　《"太空新旅 天宫授课"直播特别节目》的多样化画面

　　构成电视新闻作品的具象信息，除了多样化的画面，还有特技、动漫、图表等其他视觉符号。

　　画面特技：画面特技也称为画面特殊效果，或者画面特效。电视画面特效主要是在制作后期通过数字特技手段完成的（现场直播的特技画面则是同步利用数字特技手段完成的）。

　　电视新闻后期编辑运用的特技手段主要有：1. 合成画面（画中画）；2. 画面分割（多画面），如"主持人和记者的现场连线画面"的左侧画面；3. 图片遮罩（以选定的图像在画面 A 中形成画面 B 的遮罩），如"主持人和记者的现场连线画面"的右侧画面；4. 替换（以画面 A 的形状代替画面 B 中的内容）等。如图 8-2 所示。

图 8-3　《食品工厂的"黑洞"》中的特效画面

■ 图文、动漫的运用

　　除了实拍画面，电视新闻的视觉表意系统还包括所有出现在电视新闻屏幕上的图标、图表、动漫等视觉信息符号。

　　随着电视新闻编辑对信息丰富程度的标准以及电视观众对信息传递效果的要求提高，电视符号系统对抽象、复杂信息的表达局限日益凸显。电视新闻的时间线性特征，客观上要求电视新闻在编辑时尽可能避免抽象、生涩的内容，尽量以形象、易懂的内容传递信息。但是，在日常新闻报道中，我们还是会遇到一些用电视画面和口语短句很难表达清楚的抽象、复杂的内容。在这种情况下，运用图文、动漫对之进行视觉化演示，成为当下电视新闻的常见方法。在电视新闻评论《"电商"与"店商"谁能争锋》中，图表就对解释抽象、复杂内容起到了重要作用，例如"万达广场项目解读"中对万达百货在万达广场项目中比重的数据解释,"电商发展"中对网上零售占社会总体零售比例的说明等。在电视新闻直播节目《"太空新旅 天宫授课"》中,动漫对延展画面形态、丰富画面语言也起到了重要作用,例如主持人提及历史故事"曹冲称象"时出现的插图,以及主持人通过口播串联"太空心愿"环节时出现的漫画,等等,如图8-4所示。

《"电商"与"店商"谁能争锋》中的图表、图标

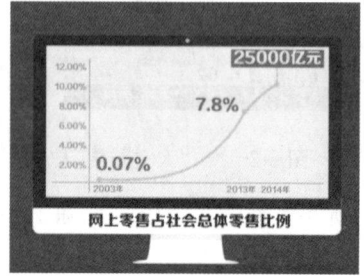

《"太空新旅 天宫授课"直播特别节目》中的动漫

图 8-4 图表、动漫元素在电视新闻作品中的应用

电视新闻听觉元素

电视新闻的听觉元素也即声音元素包括语言,其中主要指口播、同期声、解说以及音乐和音响等。

■电视新闻语言

导语:导语是用来介绍记者新闻的话语,由主播播读。

表 8-3 电视消息《刁娜:舍己一条腿 救人一条命》导语部分文字稿

导语:近日,烟台龙口一名女子在下班途中被车撞倒,南山旅游景区24岁女孩奋不顾身,从车流中舍身救人,她的感人事迹在齐鲁大地引发强烈反响,这位被人们誉为最美烟台女孩的刁娜,在这个冬天温暖了无数人的心。

这是一段18秒的口播导语,包括对交通事故的简单描述、对最美女孩救人事迹的陈述,以及对救人反响的概述。如表8-3所示。

口播:口播指主持人对新闻的口头播报。

口播是电视新闻节目的重要组成部分,在传递信息、开展评论、串联节目等方面起着重要作用。口播是新闻节目中出现频率最高的报道形式之一,大部分新闻栏目的新闻导语都通过主持人口播完成。

解说: 解说也称作旁白,指播放画面时主播同步陈述的声音。此时的画面既可以是静音也可以把同期声的音量调得很低,从技术上称为"背景声"或"环境声"。[①]

同期声: 在电视新闻中,新闻同期声是指电视新闻的拍摄人员在拍摄现场通过电子设备(摄像机或录音机)记录下来的、客观存在的真实声音。它包括记者与被采访者的同期采访声、拍摄现场的背景环境声以及其他各种同期音响等。[②]

同期声作为新闻事实的一部分,可信度和说服力远远超过第三方讲述,在渲染现场气氛、展示人物个性等方面发挥着无法替代的作用,给人以强烈的现场感和感染力。因此,在电视新闻报道中,被采访者对于新闻事件的描述、评价可以强有力地向电视机前的观众还原事件本身,提升新闻的真实性和可信度。电视消息《刁娜:舍己一条腿 救人一条命》(表8-4)中,对施救者、被救者、肇事者三方的采访,如实表现了他们对这一事件的看法,让观众感受到报道的真实、可信。

表8-4 电视消息《刁娜:舍己一条腿 救人一条命》文稿

  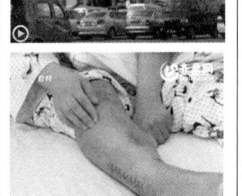	【解说】记者赶到龙口市人民医院,是在车祸发生半月之后。因为刁娜和家人的低调,她的故事直到今天才被大家了解。躺在病床上的刁娜笑容满面,但她腿上的伤疤和X光片见证了她经历的那个惊险时刻。2011年10月23日下午6点左右,龙口市民刁娜和丈夫开车经过通海路时,突然发现路中央有一团黑乎乎的物体。当时天下着小雨,视线很差。小心绕过时,刁娜才看清,那是一名躺在血泊中的女子。 【同期声】刁娜:我看到她的时候,我就想起来小悦悦那个事件了,我就想如果我就这样走了的话,是不是就昧了自己的良心了。
   	【解说】此时,刁娜的车已经驶出十多米远,她毫不迟疑地让丈夫停车营救。 【同期声】刁娜:她当时头部严重受伤,然后满地是鲜血,然后我就下车帮忙,帮她指挥过来的车辆往旁边绕行,我怕把她第二次被碾压。

---

① 有关"导语""口播"与"解说"的定义,见怀特,巴纳斯. 广播电视新闻写作、报道与制作:第5版[M]. 黄雅堃,译. 北京:清华大学出版社,2013:304、206、208.

② 彭碧萍. 电视新闻同期声制作及其发展探讨[J]. 新闻知识,2014 (8).

续表

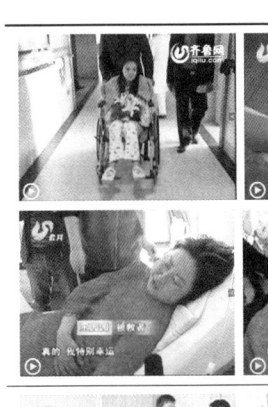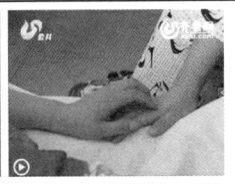	【同期声】杜女士：在家坐不住啊，也是为儿子，也是对小姑娘挺敬佩。 【解说】虽然刁娜和王园园同在一所医院治疗，却无法见面，王园园的伤情一直让刁娜牵挂。经过半个月的治疗后，今天刁娜终于能下床了，她要求去看看同在一个医院治疗的王园园。这是十多天来她们的第二次相见。
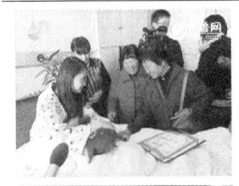	【同期声】王园园：我真的，我特别幸运，遇见了你。我希望所有的好人一生平安。王园园丈夫戴勇业：一定会的，一定会的。 【解说】刁娜用自己的爱，感动了无数市民，许多人自发来到医院看望刁娜。 【同期声】蓬莱市民：怎么说呢，叫我真是竖起大拇指夸奖。 【解说】一场车祸，将三个原本不相识的家庭连在了一起。施救者、被救者、肇事者因此而结缘，刁娜救人的举动，温暖了这个冬天。

■ 声画关系

电视新闻视听兼备，决定了电视新闻必须通过声音和画面两个通道去消除人们对事物认识的不确定性，进而使人们获得确信无疑的信息。电视新闻首先是"电视"的"新闻"，"画面"是它最重要的要素，运动性和现场感是它的本质特点。但是，电视新闻强调活动影像的画面主体地位，并不意味着应该忽视声音的表意效果，电视新闻节目必须是画面、声音这两大要素的和谐统一。这就是我们强调的电视新闻"声画主体性双重结构"。所谓主体性双重结构，指电视新闻声画关系这一物质形态，是承载电视新闻全部形式与内容的主体。这一主体在传播过程中呈现出双重结构层次，新闻内容逻辑表述结构层和新闻事实证实结构层。[①] 其中，声音承担了逻辑表述的基础作用，而画面承担了事实证实的重要功能。因此，"声音为主"的说法和"画面为主"的说法都是对电视新闻的片面理解，"声音为主说"会削弱新闻传播的效果与质量，将电视新闻拉回到"广播新闻"形态；而"画面为主说"则易导致新闻事实的故事化倾向，将电视新闻趋同于"电影新闻"形态。

确认了电视新闻的本质特点在于电视媒体特点和新闻要素的结合，电视新闻创作者既不能固守于"画面为主"，也不能执念于"声音为主"。在具体的电视新闻作品中，需要根据不同作品的具体要求完成不同形态的电视新闻作品。

---

① 黄匡宇. 电视新闻用语言叙述，用画面证实 [J]. 现代传播，1997（10）.

小结：电视新闻的困境和发展

在《食品工厂的"黑洞"》中，我们看到画面中为了鼓励观众与节目组进行网络互动的二维码图标；在《"太空新旅 天宫授课"直播特别节目》中，我们看到了节目组在直播过程中针对微信、微博用户所提问题的画面互动，如图 8-5 所示。当然，新媒体手段不仅是这些，电视新闻如何与网络媒体合作，扩大自身影响力还值得我们继续探索。

《食品工厂的"黑洞"》中的二维码互动

《"太空新旅 天宫授课"直播特别节目》中的微博互动

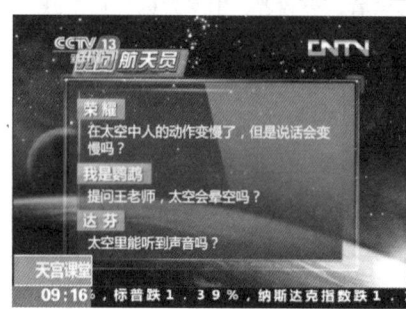 

图 8-5 电视新闻中的新媒体互动

■电视新闻的发展方向

1. 电视新闻的传播优势遭受冲击

相对于报纸新闻和广播新闻，电视新闻的优势独具。声画结合的信息传播方式在视听双重渠道上满足了受众多方面的心理需求，准点播出的电视新闻栏目形成了一定的收视惯性。但在进入网络时代之后，电视新闻的传播优势受到极大挑战。首先，电视媒体独有的视听双渠道信息集成方式已经不具垄断优势，网络媒体综合了文字、视频、音频等现有的所有信息传播手段，更有利于全方位地展示新闻。其次，网络媒体不仅可以提供直播，同时还具有强大的互动功能。因此在电视中处于核心优势的"即时播出"方式遭受到了前所未有的冲击。

2. 电视新闻的传统制作方式受到挑战

和传统的电视新闻采集、制作、播出方式相比,网络视频的制作方式更加简洁、便捷。采集设备便携化、编辑方式傻瓜化、传播方式便捷化带来视频新闻制作技术的突破。随着数字技术的进步,电视新闻的移动化、社交化、视频化趋势不可逆转,对电视新闻传播生态造成了颠覆性的变化。其中,轻直播、微团队、宽平台是其三大特征。[①]

3. 新媒体逐渐改变传统受众的新闻消费习惯

以网络为代表的新媒体已经深刻影响了现代人接收信息的渠道和习惯。在传统媒体时代,受众固定时段的惯性收视行为与其个人甚至家庭的生活方式密不可分。进入新媒体时代,新媒体的迅猛发展加速分化传统媒体占有的受众资源,特别是年轻一代已经成为新媒体的主要受众群体,他们养成了新的新闻接受习惯即通过移动新媒体获取新闻信息。电视新闻消费人群向互联网的转移,电视新闻的移动化、社交化、视频化,已经成为无法阻挡的潮流,从而对传统电视新闻消费造成了极大的倾轧。

鉴于此,如何坚守电视媒体优势,同时尽可能吸取新媒体元素优化电视新闻节目,提升新闻影响力成为电视新闻发展的重要方向。

利用新媒体来提升电视新闻收视的有效途径

在新媒体为观众提供更多选择的同时,各大电视公司也在充分地利用新媒体技术推广电视新闻。和在电视节目中插播广告相比,这些手段较少干扰性,同时还能够为消费者提供更多有价值的内容,更好地满足观众的需求和兴趣。

1. 热点营销:在众多的方式中,热点营销是最简单也是最有效的,就是把即将要播出的新闻节目关键内容的概述放置到自己网站的显著位置,以此引起网民注意,提升节目的收视。

2. 幕后新闻:由于网络在空间和播出时间上没有限制。播出前各公司可以各显其能地在网站上进行节目预热,电视播出后也可以把节目中无法涵盖的内容放置到网站上。

3. 社交网络:社交网络的发展对提升电视新闻的收视产生了两点比较突出的影响。首先,社交网络为传统电视新闻节目拓展了观众群。其次,社交网络对于电视新闻的另一个重要影响是网民和电视新闻的互动。

电视新闻如何利用社交网站:一是建立社交网站的链接地址。包括在电视新闻主页上建立社交网站链接地址,以及在节目主播和记者的社交网站主页上发布新闻节目链接。二是在社交网站上建立能吸引网民的特别内容。例如,ABC 新闻在 Faeebook 页面上有一个"每周一测"的小游戏,对新闻内容进行竞猜,这个游戏吸了更多人对网站的关注甚至是习惯性浏览。

[①] 敖德芳. "轻视频"给传统电视新闻带来的挑战及其应对 [J]. 中国记者,2015 (10).

思考题

1. 谈一谈你对"电视新闻"理念变迁的理解，以及你对口播新闻和图片新闻至今存在的现状分析。
2. 收看本地播出的一档电视新闻节目，对这档节目的新闻呈现方式进行分析。
3. 在报纸上选择一篇科技类新闻，将它改写为电视新闻稿。分析是否需要使用图文或动画对这篇电视新闻稿进行演示。如果需要，请写出图文、动画的演示方案。
4. 选择本月播出的一条重要电视新闻，追踪分析该新闻在主流社交网络上的表现方式，并就电视新闻应该如何借助新媒体扩大影响力写出你的结论。

> 4. 线索即新闻：第四个途径是让公众通过网络提供的线索成为新闻。新媒体的公共属性和个性化特点正在消除线索与新闻之间的鲜明界线。来自网友的大众新闻作品包括故事、照片和视频已经陆续成为电视新闻的重要内容，往往是线索即新闻。①（有删节）

我们所见的是过去的电视新闻和现在的电视新闻，但是未来的电视新闻是怎么样的？

新媒体技术的发展正改变着人们的生活方式和信息获取方式，同时也对整个新闻传媒业产生了重大影响。谷歌新闻产品总监金格拉斯（Richard Gingras）在美国新闻与大众传播教育协（AEJMC）100周年年会上所做的《新闻的未来展望》演讲中指出："技术变革的步伐不会减弱，它只会加快。我们正处于一个特殊时期，媒体景观正在发生改变，新闻业也正在经历着重大变革。"电视的概念在变，新闻的形态会变，但不变的是对新闻本质的认定以及对新闻理念的理解。我们必须以新闻内容为源头，不断创新电视新闻的呈现样态，用开放的心态积极迎接新闻传播新时代的到来。

---

① 王行言. 利用新媒体来提升电视新闻的收视——美国新闻业的启示[J]. 声屏世界，2012 (3).

Chapter 9
第九讲　电视综艺晚会

- 电视综艺是什么
- 如何理解电视综艺晚会
- 电视综艺晚会如何实现
- 电视综艺晚会的制作
- 晚会主题
- 晚会结构与节目编排
- 可视性元素的处理
- 小结：电视综艺晚会制作的注意事项

案例一　与民同乐，央视春晚热度不减

从 2001 年到 2014 年，中央电视台春节联欢晚会的观众规模一直在持续增长。2001 年，春节 7 天长假期间观看春晚的观众人数为 7.15 亿，2014 年这个数字为 9.04 亿，增长了 1.89 亿，一共有 71% 的观众看了春晚。2001 年，在除夕夜看春晚首播的观众人数为 6.38 亿，2014 年这个数字为 7.05 亿，增长了 6 700 万。2014 年，春晚占除夕夜电视市场份额 72%，春晚观众的平均收看时长为 149 分钟，相当于 56% 的观众完整收看了春晚。

以 2014 年春晚为例，平时收看央视相对较少的 15—24 岁年龄段观众也占了 14.4%，超过了 55—64 岁老年观众 13.1% 的比重。加上电视时移、网络直播，2014 春晚总收视率为 33.15%。

2014 年春晚，电视直播收视率为 30.94%，当天时移收视率为 0.04%，网络直播不完全统计的收视率为 2.17%，多屏累计总收视率为 33.15%。其中电视直播收视占比超过 93%，电视是春晚收视的主平台。①

CSM 郑维东：2001—2014 央视春晚收视数据全披露

案例二　强化互动，第86届美国奥斯卡晚会创收视新高

第 86 届奥斯卡颁奖礼于美国时间 2014 年 3 月 2 日完满落幕。外媒报道称本届奥斯卡颁奖典礼创下了收视新高，共吸引全美逾 4 300 万人收看，成为近十年来直播收视率最高的一届奥斯卡。其中，18—49 岁成年人观众有 12.9% 的出色收视率，相比上一年度增长了 6%。颁奖礼之前的红毯仪式也具有相当的观众，在颁奖礼开始前的最后半小时观众数达到了 2 760 万。

对此，主持人艾伦·德杰尼勒斯的表现可谓功不可没。作为全美身价最高的脱口秀主持人之一，艾伦成功吸引到了年轻观众群体坐在电视机前观看颁奖典礼，节目在 18—34 岁年轻人以及男性观众群的收视成绩也创下自 2007 年来的最高峰。节目现场互动不断，其中主持人和明星当场玩自拍和主持人邀请明星观众吃比萨的环节非常温馨，将一台颁奖盛典做成大家庭聚会般亲和，令不少观众直呼"好感度飙升"。②

奥斯卡收视率创 10 年新高 社交媒体反应火爆

---

① CSM 郑维东：2001—2014 央视春晚收视数据全披露 [EB/OL]. (2014-02-18) [2017-01-22]. http://1118.cctv.com/2015/02/04/ARTI1423036217899819.shtml.

② 奥斯卡收视率创 10 年新高 社交媒体反应火爆 [EB/OL]. (2014-03-04) [2017-01-22]. http://media.people.com.cn/n/2014/0304/c40733-24526992.html.

在中国，自 1983 年以来，中央电视台主办的春节联欢晚会年年都应时在除夕夜的电视荧幕上亮相，成为中国人喜迎新春的重要内容。30 多年来，央视春晚创造了无数收视高峰，也曾遭受全民吐槽，但多年来收视热度不减，是公认的综艺晚会典范。

在美国，奥斯卡金像奖在颁发之初就受到了媒体的高度关注。1953 年奥斯卡颁奖典礼开启电视直播的历史。在媒介全球化的时代背景下，奥斯卡奖的影响力持续提升，时至今日，奥斯卡颁奖礼已经成为不折不扣的电视盛会。世界上几乎每个有媒体的地方就会有奥斯卡晚会的转播，全球大约有 10 亿电视观众收看奥斯卡晚会。[①]

中国春晚是节庆晚会，美国奥斯卡颁奖典礼是颁奖晚会，二者性质不同。但是，它们都以极高的关注度成为所在国度文艺思潮的集中体现。另外，作为高收视率的电视晚会，它们都汇集了顶尖的创作团队、先进的制作设备，成为研究电视综艺节目的绝佳样本。

电视综艺是什么？

在电视节目类型中，电视综艺是近几年备受关注的一个节目类型。相对于其他类型电视节目而言，"电视综艺"指向比较模糊，学界有较多争议。

■关于电视综艺的讨论

对电视综艺节目的内涵界定，学界和业界迄今并无明确共识。欧阳宏生等所著《电视文艺学》一书，将电视综艺节目界定为：充分调动电子技术手段，对各种文艺和非文艺因素进行再创作，既保留原有文艺形态的艺术价值，又充分发挥电子创作的特殊艺术功能，给观众提供文化娱乐和审美享受的电视节目形态。该书把综艺节目按照播出周期和表现形式，分为电视综艺晚会、电视综艺栏目、大型选秀类综艺节目三大类别。刘习良主编的《中国电视史》没有专门谈及综艺节目，而是将其置于"文化娱乐节目"中。与《中国电视史》理解类似，赵化勇主编的《中央电视台发展史》也没为综艺节目开设专门章节，而是将其融会在电视文艺的讨论中。而刘利群、傅宁的《美国电视节目形态》一书，则将电视综艺节目界定为：一般是由一系列短小但不相关的歌曲、舞蹈、滑稽幽默剧组成，并与真人秀、游戏类、益智竞猜节目相并列。[②]

值得注意的是，随着社会的发展，媒介交融的趋势促使电视节目类型也日渐杂糅、互相融合。作为一种综合文艺类型，电视综艺节目将音乐、舞蹈等编排融合成一个节目，这种综合性电视节目如今已逐渐成为当下电视节目类型的主流。概括地讲，我们可以认为电视综艺节目是指将音乐、舞蹈、戏曲、杂技、游戏、魔术等艺术形式融合电视化的技术手

---

① 哈维. 奥斯卡大观——奥斯卡奖的历史和政治 [M]. 丁骏，译，北京：商务印书馆，2008：451.
② 刘川郁. 略论新媒体环境下电视综艺节目的嬗变 [J]. 现代传播，2014 (2).

段加以再创作的节目样式。① 正因为它本身的杂糅属性,电视综艺节目的外延相较于其他电视节目类型才有着更为鲜明的扩展性。可以说,它将所有具有文艺、娱乐属性的节目类型都囊括其中。

■ **电视综艺晚会**

电视综艺晚会是指"以现场直播的技术手段,文艺晚会的艺术样式,通过电子技术手段的制作,对各种文艺节目进行再创作,经过节目主持人的组织与串联,将文艺与娱乐融为一体,给观众以综合审美享受的电视节目形态"②。

综艺晚会是发端最早的电视综艺节目类型,是电视综艺娱乐节目最早的表现形式,后来丰富多样的综艺娱乐节目是在此基础上发展起来的。从电视综艺晚会到电视综艺栏目再演变为多元、丰富的电视综艺节目,这条路径基本上可以概括电视综艺节目的演进方向。

这一讲将以"第86届奥斯卡晚会"(The Oscars 2014 | The 86th Annual Academy Awards)为主案例,通过对节目的梳理来解析电视综艺晚会的电视制作。

奥斯卡电影奖是最具权威性的电影奖项之一,一年一度电视直播的奥斯卡颁奖典礼受到全球关注(图9-1)。对于现场观众而言,奥斯卡颁奖典礼是一场热闹的庆典,但这台晚会对于全球观众而言就是一场顶级电视晚会。约翰·奥康纳在《纽约时报》上有这样的评论:"观众接受的不仅是颁奖事件本身,他们同时是在接受全方位的电视背景。"③ 甚至有记者指出:"(奥斯卡晚会)每个字,每个动作都是为镜头而设计的……奥斯卡打破了自己一贯的庄重、枯燥和一板一眼,这一切都是为了迎合她的新婚伴侣:不拘小节的电视先生。"④

图9-1　第86届奥斯卡晚会电视直播片头标题(Title Card)⑤

---

① 项仲平,张忠仁. 广播电视文艺编导[M]. 杭州:浙江大学出版社,2014:152.
② 高鑫. 电视艺术学[M]. 北京:北京师范大学出版社,1998:297.
③ 哈维. 奥斯卡大观:奥斯卡奖的历史和政治[M]. 丁骏,译. 北京:商务印书馆,2008:11.
④ 哈维. 奥斯卡大观:奥斯卡奖的历史和政治[M]. 丁骏,译. 北京:商务印书馆,2008:28.
⑤ 本图片截自2014年3月2日美国全国广播公司(ABC)播出的第86届奥斯卡颁奖典礼(电视晚会),除特别注明外,本书所涉图片均来自第86届奥斯卡颁奖典礼(电视晚会),该电视晚会本书统一简称为"第86届奥斯卡晚会"。

第 86 届奥斯卡晚会于 2014 年 3 月 2 日在美国加利福尼亚州洛杉矶市好莱坞的杜比剧院内举行。该典礼由美国电影艺术与科学学院负责制作，美国广播公司（ABC）负责电视转播。其现场转播信号覆盖美国全境（包括阿拉斯加和夏威夷）、加拿大、英国以及世界其他国家和地区，数以亿计的电视观众收看了这档节目。

如何理解电视综艺晚会？

■电视制作理念

从电视的发展历史来看，电视制作理念的变化是和电视制作技术的进步同步发展的。从电视诞生时期的直播，到录像机发明之后出现的录播，继而发展到直播成为电视最突出的优势，我们可以看到电视制作观念的变迁。另一方面，随着电视媒体的日趋强盛，电视拍摄对象从真实发生的事件逐渐演变为为了电视而存在的事件。

如果说直播和录播区分的是节目制作和播出的关系，那么电视的事件制作或事件的电视制作，就成为判断具体电视节目存在理由的依据。从这个层面来看，电视节目可以分为为电视而制作的节目以及节目的电视化制作。为电视而制作的节目，或者称为"电视的事件制作"，指的是为制作电视节目而产生的节目，比如电视谈话类节目、电视真人秀节目、电视剧都是典型的因为电视而存在的节目。如果不需要电视制作，那么节目本身就不复存在。另一类就是节目的电视化制作，或者称为"事件的电视制作"，也就是对某些活动用电视制作的手段拍摄并播出，比如大部分电视新闻类节目、电视综艺晚会等。

不同的电视制作理由、电视制作手段决定了不同的电视制作方式，也形成对具体节目制作水准的评测依据。

■电视制作方式

作为一场完整舞台节目的电视播出，电视综艺晚会建立在现场晚会正常举办的基础之上。不论电视播出采取直播还是录播形式，晚会的正常流程不能因为电视制作而受到影响。和纯粹为电视播出而制作的节目不同，这种形式的电视节目附着于现场事件，必须严格按照各类活动的议程来进行。因此，相对而言，电视制作团队在此类节目的制作过程中的确处于相对被动的状态。正因如此，这种类型的电视节目需要更为周详的前期策划和更多次数的彩排，以此保障节目制作的顺利进行。

按照电视综艺晚会的拍摄、制作要求，大部分晚会都在室内搭建舞台完成电视摄制，如案例一中，中国中央电视台春晚大多都在央视演播楼内搭建舞台完成制作，但也有在室外搭建舞台进行节目摄制的例子，比如 2017 年春晚就采取了室内＋室外的多地直播形式。当然，这里的室内或室外，更多体现了电视节目制作方式的差异，在晚会内容上并无太多出入。

从电视节目的整体性考虑，显然室内＋室外的节目制作形式能够最大限度地结合两种制作方式的优点，既强化了室外制作的现场感又保留了室内制作的便利性。以案例二第 86 届奥斯卡晚会为例，它就是一台结合室外、室内制作方式，极力体现电视制作魅力的电视综艺晚会。

电视综艺晚会如何实现？

电视综艺晚会的实现分为两个层面，一个是关于晚会现场综艺表演部分的策划和编排，另一个是关于晚会电视呈现的整体设计。两者相辅相成，共同构成电视综艺晚会整体。

■晚会策划

晚会策划：它一般指对晚会主题、结构、形式以及具体节目内容、节目编排、节目主持人等重要元素的设计。

主题是电视综艺晚会的基调和灵魂。一台晚会没有一个明确的主题就像一个人没有灵魂，有了主题才能延伸出晚会结构和具体节目。[1]确定了晚会主题，才能够根据主题进行结构设计。晚会的结构和形式是有效表现主题的方式，是容纳节目内容的具体框架。框架确定了，再结合实际情况进行具体节目的设计与编排。比如对音乐、舞蹈、戏曲、杂技、小品、游戏、魔术等诸多艺术形式的选择，以及对具体节目表演者、主持人的选择等等，都是构成一台综艺晚会前期策划的重要内容。

说到底，任何节目的最终目的都是吸引观众，为观众传播娱乐与信息。因此，综艺晚会策划关键点不仅要确认有内涵的主题，设计出有感染力的节目，还要考虑到节目动情点以及节目之间的编排，以此构成节目之间的内在联系。

■电视设计

电视设计：这里的电视设计是指晚会的电视化，即对晚会现场的电视呈现效果的总体设计。

传统电视晚会的总体设计由电视导演负责，联合导播、摄像、舞美、灯光、录音等工作人员共同完成，事实上这也是大多数电视台节目制作沿袭已久的舞台节目制作工种的分工观念。但随着数字化的深度介入，技术的巨大变革逐步改变了电视人传统晚会的制作观念。现在的电视晚会舞台已经不再是传统实体舞台的概念，实体舞美结合虚拟影像的舞台效果早已不是个案。因此，出于对电视画面视觉效果的整体控制，现在的电视晚会往往通过设立"艺术总监"或者"视觉效果总监"类似的岗位来把控电视呈现效果，并调动其他工作部门进入创作目标管理范围，从而将晚会的艺术概念设计分解、落实到各个部分的实际创作之中。

需要注意的是，类似观念在国内电视晚会制作领域并没有得到广泛认可。因此，在这个新旧技术交接的时期，经常出现不同团队对同一个岗位的不同定位。最典型的莫过于，"艺术总监"位居国外大型电视综艺晚会制作团队名单前列，却鲜见于国内同类电视制作团队名单。

电视综艺晚会的制作

电视综艺晚会的制作，实际上和一档完整的电视节目制作差异不大。广义上的制作一

---

[1] 项仲平. 论电视文艺晚会策划的五要素 [J]. 杭州师范学院学报，2003（4）.

般包括前期策划、中期拍摄和后期制作三个阶段。当然，直播类电视晚会的制作是一个拍摄、制作和播出同步发生的过程。比如案例一中的央视春节晚会和案例二中的奥斯卡颁奖典礼电视晚会都是典型的直播类电视综艺晚会。

迄今电视晚会制作已经有数十年的历史，在这个历史进程中，一直没有离开技术的介入、影响和推动，以及由此带来节目制作理念的更新。

以奥斯卡晚会为例，一般来说，奥斯卡晚会需围绕电影主题对年度优秀电影工作者和电影作品进行表彰，在直播颁奖过程中，穿插各种类型文艺表演。整台晚会一般由室外部分和室内部分组成。其中，室外部分也就是嘉宾走红毯的过程通常称之为"红毯秀"，室内部分指在剧院内搭建舞台完成的颁奖典礼现场。相对而言，《红毯秀》的节目形态较为灵动，制作方式也更加多元。

■红毯秀

红毯作为彰显荣耀的习俗由来已久，每逢重大节庆，作为仪式惯例的红毯总是占据画面主背景，英文中将此形容为"红毯礼遇"（red-carpet treatment）。但红毯秀成为奥斯卡晚会电视直播节目的一部分，显然更多体现了制作团队对电视播出效果的设计。

作为颁奖典礼开始之前的预热段落，剧场外露天直播的红毯秀无疑是颁奖典礼的加长版预告片。显然，从明星由户外进入剧场这么一个简单过程演进为长达一个小时的红毯秀直播节目，其中凝聚了电视节目制作人不少的巧妙构思，也是电视制作的典范案例。

从电视制作层面考虑，红毯秀不仅拉长了整体时间、强化了娱乐属性，更多方面推进了直播效益。同时，由于红毯秀最初仅是步入会场的一个基本步骤，主题性较弱的特点也赋予这个环节更多的发挥空间。以第86届奥斯卡颁奖礼红毯秀为例，其中节目内容的编排和节目形式的展现，可以为我们提供很多有益的参考。

从报道流程来看，红毯直播的报道范式可以归结为：现场主持人采访（视频：现场画面＋音频：现场音频）＋现场主持人评论（视频：现场画面/图片＋音频：主持人解说）＋资料片播放。应该说，由于红毯现场不乏视觉美感，这场直播更多地将重点置于现场画面，同时通过资料片的插入实现信息的扩展。如表9-1所示。

表9-1 第86届奥斯卡晚会红毯秀的主要内容

次序	节目内容	播出形式
1	主持人自我介绍	直播＋（单双视窗）
2	主持人红毯采访	直播
3	特别环节"我的奥斯卡照片"	直播
4	奥斯卡重要奖项入围者介绍：最佳男主角、最佳女主角、最佳影片	直播＋特殊处理的现场画面（图片）
5	电影中的时尚之《蓝色茉莉》《美国骗局》	资料片（主题短片）
6	红毯造型点评	直播＋特殊处理的现场画面（模版）
7	我的奥斯卡初秀	资料片（人物专访）
8	奥斯卡团队诞生记录	资料片（新闻专题）
9	奥斯卡颁奖礼倒计时	直播

■ 多样化报道形式

区别于传统直播节目中主持人"口播"加"现场记录"的基本形式，当下电视直播节目越来越强调对多种报道形式的综合运用：通过口播、记者现场连线、演播室访谈、资料片等多种报道形式，进一步提升电视直播的传播效力，丰富节目形态。在"红毯秀"直播节目中，主持团队的现场播报、采访、评论和资料片播映相得益彰，既展现了电视直播的魅力所在，又不失文娱活动的活泼个性。信息因其采用了比较和组合的方式而更显价值，信息碎片的价值显然不如信息组合与信息流，因而在直播过程中多样化的报道形式相互促进，共同构成了信息的多样化。

现场采访：它一般指在节目播出过程中，由记者在新闻现场发回的采访报道。

现场采访是最具优势的电视报道形式，其更新信息的能力，以及传递新闻现场感的能力，无不凸显了电视的本体优势。以红毯秀为例，现场采访是节目最主要的报道形式。四位红毯主持人参与现场的主要形式就是出镜采访现场嘉宾。通过现场访谈，节目得以向观众介绍参与本届奥斯卡颁奖礼的嘉宾以及他们对奖项的预测等观众关心的话题。为了避免观众产生混乱的视觉印象，四位现场主持人的安排要求现场机位设置以及画面切换必须遵循合理的视觉逻辑，现场画面单视窗和双视窗①的设计用意显然在此。同时，在现场采访画面的处理上，现场主持人尽量以侧面甚至以背面角度入镜，也是为了将视觉重点置于嘉宾所在位置。如图 9-2 所示。

主持人出场画面处理（单视窗＋双视窗）

主持人现场采访画面处理

图 9-2　第 86 届奥斯卡晚会红毯秀的采访镜头

现场评论：它一般指在节目播出过程中，由主持人或嘉宾在新闻现场发回的即时评论。

现场直播省略了节目制作、播出的许多环节，同时也保证了现场信息传播的真实性和可信性，使信息在传播过程中最大限度地减少了损耗，还事件以本来的面目，以原生态的面貌呈现在观众面前。但是，如果只是纯粹的现场还原正在发生的事件，观众无从了解事

---

① 双视窗是指在屏幕上同时出现两幅拍摄画面。

件的细节以及复杂信息,因此,在直播节目设置评论环节已经成为当下电视直播的常见手段。红毯秀中的评论环节同样通过四位现场主持人来引导完成。为了强化节目的艺术气质,节目组独辟蹊径地采用了更为活泼的画面特效处理来引介相关信息。比如嘉宾造型点评环节使用的是主持人解说+模版式画面制作;重要奖项入围介绍环节则采用了主持人解说+图片+视频的综合报道形式。如图9-3所示。

嘉宾造型点评环节部分镜头处理(模版)

重要奖项入围介绍环节部分镜头处理(图片+视频)

图9-3 第86届奥斯卡晚会红毯秀的部分评论镜头

电视资料片:它也被称为电视资料镜头,一般指对过去发生事情的历史记录。

在电视直播节目中插入资料镜头,为以记录为主的现场直播画面补充了更多信息。本次直播的资料片形式多样,从选题、制作、编排到包装和节目的整体风格融为一体,起到了良好的起承转合的穿插作用,丰厚的背景报道也使直播更加立体化。出现在红毯秀的资料片有主题短片、新闻背景、人物专访等几种类型:在"奥斯卡团队"环节中,现场采访与事先制作的新闻专题互为补充,更好地介绍了"奥斯卡团队"的由来;在"电影中的时尚"环节,两部主题短片分别介绍了本届奥斯卡热门作品《蓝色茉莉》和《美国骗子》的造型构思;在"我的奥斯卡初秀"环节,三位嘉宾面对镜头向观众介绍第一次入围奥斯卡奖项的心路历程,专访镜头显然较之于现场临时采访能挖掘出更为深入的信息。如图9-4所示。

新闻专题"奥斯卡团队"

主题短片"电影中的时尚"

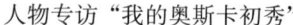

人物专访"我的奥斯卡初秀"

图 9-4　第 86 届奥斯卡晚会红毯秀的部分资料镜头

需要注意的是，多种报道形式的穿插使用在类似的电视直播节目制作中有几点注意事项：首先，需要注意复杂现场的多机位画面切换的逻辑是否清晰。现场镜头是直播节目中最为重要的信息来源，不同机位画面的切换需要建立明确的导播逻辑，以免观众产生零乱的印象。因此，在直播之初对红毯环境的介绍以及多名主持人的双视窗镜头显然是必需的，它有助于观众更好地理解几位主持人的现场站位。其次，需要注意字幕信息量是否充分。作为大型活动的电视直播，红毯秀现场出现了若干电影界人士，但字幕仅仅只显示了其姓名。作为颁奖礼之前播出的预热节目，如果在字幕处理上能够增加更多的信息量，如显示嘉宾在本届奥斯卡的提名作品以及历届获奖情况，不仅丰富了画面元素而且补充了画面无法顾及的其他信息。第三，需要注意声画关系的处理是否合理。多种报道形式之间的连接关系不仅需要在主持人的串联词上体现出来，同样也需要通过画面组接建立合理的连接关系。

如果说"红毯秀"部分近似于奥斯卡颁奖晚会的前菜的话，那么"颁奖礼晚会"则是更为重要的主菜部分。红毯秀以多样化的报道形式对整场活动进行了近似于新闻直播的电视呈现。颁奖礼则将重点置于一台以"电影"为主题的晚会现场的呈现效果上。

晚会主题

在电视综艺节目中可以加入众多文艺表演形态，但为了更好地实现节目效果，需要对节目进行有效、明确的定性。节目定性中最重要的一环就是主题定位。主题是电视综艺节目的核心元素。[1]

主题：主题是电视作品的灵魂，"我们所用的技术手段——镜头、拍摄角度、画面、格局节奏韵律而使用的镜头焦距、编辑时的交叉重叠、声音——全部都要取决于作品的主题。[2]

在主题表现上，一切的节目内容都以直接的形式来表达晚会主题。对于奥斯卡颁奖礼而言，首要任务就是以美国电影艺术与科学学院名义对上一年度的电影进行总结和嘉奖。

---

[1]　吴慕雄. 电视节目编导 [M]. 广州：暨南大学出版社，2012：134.
[2]　道格拉斯，哈登. 技术的艺术：影视制作的美学途径 [M]. 蒲剑，郭华俊，崔庆，等，译. 北京：北京广播学院出版社，2004：5.

因此，奥斯卡颁奖礼晚会围绕"电影"这一主题，围绕颁奖这一目的做精心设计，不做与电影无关的事情。在筹备初期，学院邀请的节目制作团队已经为晚会设定好主题，并根据主题来编排节目。从历史上来看，每届奥斯卡颁奖礼都紧密围绕"电影"主题而展开。在这个大主题下，又分为"电影行业""电影作品""电影工作者"三个系列小主题。这三个系列小主题通常被融汇到具体的节目之中，并通过节目的串联综合归结成一个大主题。以近三年的奥斯卡颁奖礼为例，我们可以看到每一届电视晚会在主题设置方面的规划。在第86届奥斯卡晚会筹备过程中，当主办方确定了节目主要制作团队之后，制作人就公开宣布了他们对晚会主题的整体设计与规划。如表9-2所示。①

表9-2 第84—86届奥斯卡晚会颁奖礼主题设置

	总主题	"电影行业"主题	"电影作品"主题	"电影工作者"主题
第86届奥斯卡颁奖礼电视晚会（2014年）	致敬电影英雄	宣布电影宫将于2017年揭幕	表彰优秀作品、特别设置《绿野仙踪》上映75周年纪念环节	表彰优秀影人、纪念去世影人
第85届奥斯卡颁奖礼电视晚会（2013年）	致敬歌舞片和电影配乐	宣布建立电影学院博物馆	表彰优秀作品、特别设置"007五十周年"致敬环节、"过去十年音乐剧庆典"致敬环节	表彰优秀影人、纪念去世影人
第84届奥斯卡颁奖礼电视晚会（2012年）	无	无	表彰优秀作品、特别设置致敬经典电影环节	表彰优秀影人、纪念去世影人

作为第86届奥斯卡颁奖礼晚会的电视制片人，尼尔·梅隆和克雷格·乍丹确定的晚会大主题是致敬"电影英雄"②："借致敬那些丰富了我们观影体验的英雄，我们希望营造一个充满欢乐的夜晚。其中包括那些承担风险，以挑衅性主题和大胆的角色冲击我们的演员和制片人们。他们都是电影英雄。"③ 在第86届奥斯卡颁奖晚会上，致敬"电影英雄"主题具体表现在三个具体环节中，分别是：动画英雄、凡人英雄和超级英雄。值得一提的是，这里的英雄（heroes）并不是狭义地指如蜘蛛侠、蝙蝠侠一类超级大英雄，而是泛指电影中的坚韧、自信且勇敢的角色们，当然也包括克服重重困难最终完成电影作品的电影工作者们。

为了呼应电影行业特色，这些英雄环节的电视化呈现主要由嘉宾致辞及现场播放相关电影剪辑视频来完成。如表9-3所示。

---

① GETTELL, O. Oscars to celebrate movie heroes at this year's ceremony [J]. Los Angeles Times (Tribune Company), 2014, 1.

② GETTELL, O. Oscars to celebrate movie heroes at this year's ceremony [J]. Los Angeles Times (Tribune Company), 2014, 1.

③ GRAY T. Oscars: Show to focus on movie heroes [J]. Variety (PMC). 2014, 1.

表 9-3　第 86 届奥斯卡晚会颁奖礼致敬"电影英雄"的主题设置

时间①	具体环节	节目类型	致辞嘉宾
16：44—19：59	"动画英雄"环节	现场播放"动画英雄"系列电影混剪短片（时长 69 秒）	金·凯瑞
41：18—44：40	"凡人英雄"环节	现场播放"凡人英雄"系列电影混剪短片（时长 137 秒）	莎莉·菲尔德
112：05—114：40	"超级英雄"环节	现场播放"超级英雄"系列电影混剪短片（时长 120 秒）	克里斯·埃文斯

应该说，现场播放的三段英雄系列电影的混剪短片充分展现了美国影视行业整体制作水平，同时也赋予这台电影主题晚会更为浓郁的电影特色。除了现场播放剪辑作品表达英雄主题外，实际上整场晚会的各个环节包括主持人脱口秀、颁奖嘉宾致辞、获奖人演讲等都或多或少传达了他们对"英雄"主题的理解。一般认为，综艺晚会的主题主要通过具有强烈情感化的节目来体现。② 这意味着在整个晚会的过程中，无论是节目创作、结构安排、主持人串联还是舞台环境，都要围绕着从感情上打动观众这一点来进行。

例如，在"凡人英雄"系列电影剪辑视频播放之前，嘉宾克里斯埃·文斯上台致辞强调电影和英雄的联系。紧接着的环节是艾玛·沃特森和约瑟夫·高登·莱维特登台颁发最佳视觉效果奖。在颁奖之前，两人谈论了他们对视觉特效师的认知，认为"他们是电影的幕后英雄"。在特别单元纪念环节之后上台的表演嘉宾贝蒂·米勒以一首《迎风展翅》述说了对本年度逝世影人的追忆。歌曲高潮处，"你是否知道你就是我的英雄（Did you ever know that you are my hero）"响彻全场。如图 9-5 所示。

图 9-5　贝蒂·米勒演唱《迎风展翅》

除了嘉宾颁奖、嘉宾表演总是围绕"英雄"主题构建节目外，甚至获奖影人演讲也配合地将发言集中于"英雄"主题。在颁奖晚会行进至尾声阶段，第 86 届最佳男主角得主马修·麦康纳上台领奖。他的获奖感言以"成为自己的英雄"为主题，整个演讲中七次出现"英雄"一词。应该说，获奖者的现场演讲虽然可以提前准备但在结果未知同时独立发言的前提下，节目制作团队显然无法控制其发言的具体内容。因此，颇具美式风格的马修·麦康纳的主题演讲显然是受到晚会现场氛围感染所致。

---

① 第 86 届奥斯卡颁奖礼节目总长约 175 分钟，这里标注的时间指节目在颁奖礼中出现的具体时间段。
② 吴保和. 电视文艺节目策划 [M]. 北京：文化艺术出版社，2012：54.

在一个统一主题的统率下，以主题和情感为贯穿线，将各种独立节目统一起来成为一台完整连续的综艺节目，这正是晚会结构所要解决的问题。确定合适的整体结构，对于晚会的创作有着重要的意义。在第86届奥斯卡颁奖礼电视晚会上，为了更好地呼应"电影英雄"主题，晚会将颁奖环节、表演环节和特别环节互相穿插，使得"电影英雄"主题在晚会的节目展开过程中逐步确立，从而使得这一主题建构在整台电视晚会的进程中。

因此，在确立了节目主题之后紧接着的问题就是如何将这一主题贯穿在具体节目之中。我们一般把这种节目的串联方式称为作品的结构。

晚会结构与节目编排

晚会结构：它指以各种手段或方式将丰富多样的节目有机地贯穿连接起来的方式。[①]
电视综艺晚会的结构样式，大致分为线状结构、篇章结构和多元结构三种类型：

> 1. 线状结构：指以晚会的时间进程为线索串联起一个个节目，其中又分为单线结构和多线结构。
> 2. 篇章结构：又称为"版块结构"，是将全部节目分为几大部分的结构方式。
> 3. 多元结构：是以线状的叙述串联起不同版块，或是将多个不同地点的演出组合成一台晚会的结构方式。[②]

线状结构相对简单，一般依赖主持人串联完成节目。篇章结构多见于重大题材的电视晚会，比如2008年北京奥运会开幕式电视晚会就是一个典型的篇章式结构，具体由"上篇：灿烂文明""下篇：辉煌时代"构成，每一个篇章里又由若干个具体节目组成。多元式结构没有将节目按照某主题或意念分割成若干固定单元，更多依赖于一种顺其自然的结构方式。

案例二 第86届奥斯卡颁奖礼晚会正是采用了多元式结构。在颁奖礼的内容设置上，我们可以看到颁奖环节和英雄主题环节、特别环节（此处包括奥斯卡荣誉奖、奥斯卡科技奖获奖情况介绍以及纪念去世影人环节、经典电影致敬环节、学院重大事项公告环节等）的交错设计。相对于线状结构依赖主持人串联完成节目，篇章结构强调明晰的篇章版块设计，多元式结构则偏重于相对自由的组合方式及相对灵动的结构形态。这种结构实际上是对前两类结构的整合与创新。

在这里需要强调的是，尽管第86届奥斯卡颁奖礼晚会采用多元式结构将不同的节目组合播出，但是它并不只是在顺序上将这些节目前后衔接，还在不影响原有节目的基础上，对其内容做出相应调整，使节目之间互相呼应，从而更好地呈现晚会主题。

节目编排：节目编排指对即将播出的具体节目进行排序。

---

① 王国臣. 电视综艺节目编导［M］. 杭州：浙江大学出版社，2011：194.
② 吴保和. 电视文艺节目策划［M］. 北京：文化艺术出版社，2012：57.

表 9-4　第 86 届奥斯卡晚会颁奖礼的节目编排

次序	节目内容	播出形式
1	节目片名 MOS①（无声） 播音员 VO（画外音）	
2	艾伦·李·德杰尼勒斯（主持人）独白	脱口秀表演
3	颁发最佳男配角奖	嘉宾引介，VTPB（播出视频带）
4	金·凯瑞致辞致敬"动画英雄"	脱口秀表演，"动画英雄"资料片
5	介绍并表演最佳原创歌曲提名作品《卑鄙的我2》主题曲《幸福》	嘉宾引介，表演（歌舞）
6	颁发最佳服装设计奖和最佳化妆与发型设计奖、颁发最佳动画短片和最佳动画片	嘉宾引介，VTPB（播出视频带）
7	介绍最佳影片提名电影《美国骗局》《达拉斯买家俱乐部》《华尔街之狼》	嘉宾引介，VTPB（播出视频带）
8	介绍奥斯卡团队竞赛六名优胜者	嘉宾引介，舞台亮相
9	莎莉·菲尔德致辞致敬"凡人英雄"	嘉宾引介，VTPB（播出视频带）"凡人英雄"资料片
10	颁发最佳视觉效果	嘉宾引介，VTPB（播出视频带）
11	介绍并表演最佳原创歌曲提名作品：《她》主题曲《月光曲》	嘉宾引介，表演（独唱）
12	颁发最佳实景短片和最佳纪录短片、最佳纪录片、最佳外语片	嘉宾引介，VTPB（播出视频带）
13	介绍最佳影片提名电影《内布拉斯加》《她》《地心引力》	嘉宾引介，VTPB（播出视频带）
14	介绍奥斯卡荣誉奖和简·赫尔索特人道精神奖	嘉宾引介，VTPB（播出视频带）
15	介绍并表演最佳原创歌曲提名作品：《曼德拉：漫漫自由路》主题曲《爱得平凡》	嘉宾引介，表演（乐队）
16	介绍奥斯卡科技成就奖和欧文·G. 托尔伯格纪念奖得主	嘉宾引介，VTPB（播出视频带）
17	颁发最佳混音和最佳音效剪辑、最佳女配角、最佳摄影、最佳剪辑	嘉宾引介，VTPB（播出视频带）
18	隆重介绍于 2017 年揭幕的电影宫	嘉宾引介，VTPB（播出视频带）
29	乌比·戈德堡主持纪念《绿野仙踪》上映 75 周年纪念环节	脱口秀表演
30	演唱《绿野仙踪》主题曲《飞越彩虹》	演唱（独唱）
31	颁发最佳艺术指导	嘉宾引介，VTPB（播出视频带）
32	克里斯·埃文斯致辞致敬"超级英雄"	嘉宾引介，VTPB（播出视频带）"超级英雄"
33	格伦·克洛斯主持纪念特别环节	嘉宾引介，VTPB（播出视频带）
34	表演纪念环节歌曲《迎风展翅》	表演（独唱）

① MOS 是 "minus potical sound" 的简称，指无声音；VO 是 "voice over" 的简称，指画外音；VTPB 是 "video-tape playback" 的简称，指播放视频带。

续表

次序	节目内容	播出形式
35	戈尔迪·霍恩介绍最佳影片提名电影《内布拉斯加》《菲洛梅娜》《为奴十二年》	嘉宾引介,VTPB(播出视频带)
36	介绍并表演最佳原创歌曲提名作品:《冰雪奇缘》主题曲《随它吧》	嘉宾引介,表演(独唱)
37	颁发最佳原创音乐和最佳原创歌曲、最佳改编剧本奖和最佳原创剧本、最佳导演、最佳女主角、最佳男主角、最佳影片	嘉宾引介,VTPB(播出视频带)

从节目编排本身可以看到,第86届奥斯卡颁奖礼电视晚会的节目形式相对简洁,主要由脱口秀表演、歌唱表演、资料片播映等构成。舞台表演形式并不花哨,此前曾经出现在奥斯卡舞台上的杂技演出、情景剧演出等综艺表演形式并没有出现在这一台晚会上。相对简单的节目形式虽然略有单调之嫌,倒是更容易互相契合,统一于晚会主题之下。从此后的收视率数据来看,观众对这种简洁、精致的节目编排形式显然也是认可的。如表9-4所示。

可视性元素的处理

电视对文艺表演进行转播,对于音乐、舞蹈、戏剧等传统表演艺术产生了深刻影响。实际上,通过电视观看综艺演出是当代绝大多数观众欣赏艺术表演的主要方式,而通过剧场观看文艺表演则成了这一方式的补充。作为一台有较高收视预期的电视晚会,搭建在好莱坞杜比剧院的奥斯卡颁奖典礼舞台需要配合电视播出的要求,实现舞台表演效果的电视化呈现。因此,从节目效果角度考虑,制作团队必须对舞台效果和电视效果做出更好的协调。

■舞台设计

作为一档电视直播节目,第86届奥斯卡颁奖礼制作团队非常重视舞台视觉效果的电视呈现。这届典礼的舞台视觉设计由Mill+ creative创意机构负责完成。创意总监Manija Emran将第86届奥斯卡舞台构思为通过对光线的使用来树立一个光辉正面的视觉图像。他提出:"横跨的圆拱形大梁在三个方面起到作用,第一是在隐藏投影机,它们的光线可以从后面直接出来;第二代表凯旋门;第三能唤起舞台表演者的大舞台观念。"如图9-6所示。①

图9-6 杜比剧院的奥斯卡晚会舞美灯光系统

---

① 第86届奥斯卡舞台视觉设计,[EB/OL].[2016-10-23]. http://www.333cn.com/interior/jdsx/147338.html.

剧院主舞台的道具元素并不多：钨丝灯泡、金属亮片、工业灯及奥斯卡小金人透明雕塑，然而舞台上呈现的效果却千变万化。在主舞台上，钨丝灯泡与金属亮片组合成六扇可以移动的灯门，这些灯门灵活组成多个舞台入口，门上的灯光开灭及不同冷暖颜色组合打造出丰富多变的舞台效果。在主舞台前方，一大二小共三个圆形的小平台作为延伸舞台向观众席的方向铺开，两者之间通过八级台阶相连贯。这四个区域借助于舞台多层次的灯光变化实现视觉调整。在某些特殊环节，主办方还特地设计了更为独特的布景摆设。如在最佳剧本的颁奖现场，舞台布景旋转后变换为巨大的古董打印机陈列架，使布景摆设与此处的颁奖环节主题更为贴切。

为了满足电视转播的画面美感要求，舞台设计不仅需要在视觉上征服现场观众，同时还要考虑到不同景别画面的视觉效果。在杜比剧院半月形舞台上，冷暖色调贯穿全场。蓝色的冷色调与金色、红色暖色交替出现或者冷暖色调混合呈现，打造出简洁凝练而又丰富多变的灯光效果。总体而言，现场光效简洁大气，在它的衬托下远景系列画面显得干净而炫丽；近景系列画面则呈现出一种虚焦下的朦胧美感。随着晚会的推进，灯光和音响作为每个环节的切换的标志互为配合。在特别环节，现场还可以通过旋转装置配合灯光效果迅速切换视觉背景，如图9-7所示。

图9-7　第86届奥斯卡晚会颁奖礼的电视画面效果图

■镜头设置

今天的影视作品制作，分镜头制作技巧已经成为一种常态。在第86届奥斯卡颁奖礼的电视转播中,常规场景转换、规定镜头设计是严格按照电视节目制作要求实现的。

在综艺晚会现场,尤其是在嘉宾致辞及嘉宾表演环节的衔接过程中,相关人员需要上下舞台。频繁的人员走动在视觉上容易造成混乱,因此这个时候的镜头设置就显得尤为重要。在第 86 届奥斯卡颁奖典礼中,嘉宾出场的镜头结合了游动机位和固定机位的拍摄,既大气又灵动。

如本场第一位嘉宾安妮·海瑟薇出场的镜头处理,首先是一个摇臂机位拍摄的运动镜头,这个 12 秒左右的运动镜头记录了安妮·海瑟薇从舞台右侧出现,绕过小金人雕像群后径直走向舞台正中央的全过程。这个运动镜头先是沿着舞台边缘横向移动拍摄安妮·海瑟薇的出场,当安妮从舞台深处走向前台时镜头方向和安妮的移动路径形成十字交叉关系,因此观众看到的画面上安妮从右侧面变成正面,又变为左侧面直至背侧面。当安妮即将走到舞台中央的时候,画面切到正面固定机位,全景接中近景。等安妮站定位置,开始致辞时,镜头慢慢从中近景推至近景,这样嘉宾的面部表情能够更清晰地呈现在画面上。之后从近景切回全景画面,在此处配合视觉包装和最佳男配角入围介绍短片相衔接。当致辞嘉宾是两人或更多人数时,出场镜头的设计也大致相同。如图 9-8 所示,在约瑟夫·高登·莱维特和艾玛·沃特森一同入场颁发最佳视觉效果奖的段落中,镜头由远及近,从大远景到全景展现了他们上台的过程。在两人站定开始说话时,画面切到中近景并慢慢推向近景,以一个大远景镜头收尾并配合视觉包装衔接入围介绍短片。实际上,不论上台的嘉宾是谁,每个出场段落的镜头设置大致相同,可见奥斯卡颁奖典礼现场的电视制作团队在事前对镜头设置做过明确的要求并进行了充分的沟通。

图 9-8 颁奖嘉宾出场镜头分析

■整体包装

除了恰当的主题设定、合理的节目编排以及华彩的舞台设计之外,节目本身的形式美感对于一档电视综艺晚会的重要性同样不言而喻。完整的电视包装,对电视本身起到引导、识别、强化愉悦、宣传以及行销和广告的作用。① 因此,对于优质的电视节目而言,合理的电视包装也是必不可少的环节。

电视包装:也称为电视形象设计,包括视觉、听觉的形象设计。

电视片头:作为一种电视包装形式,它是电视节目重要的组成部分,对节目的包装、定位、形象设计起着一个"标识"的作用。如图 9-9 所示。

显示片名以及电视节目分级标志　　　　　　　显示台标

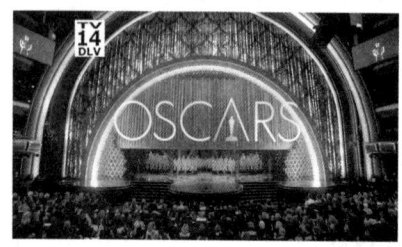 

图 9-9　第 86 届奥斯卡晚会颁奖礼的电视直播片头画面

从本义上来讲,电视包装是对电视节目、栏目、频道甚至是电视台的整体形象进行的包括图像、空间、光线、色彩、运动、声音等外在形式要素的规范和强化。在电视包装制作中,凡是在画面中出现的,包括画面素材、标识、色块、文字、线条、光效、粒子等,都是对画面起决定作用的造型元素。这些造型元素除了传递信息之外,更重要的作用是美化画面,它们可以完成画面中的色彩与构图,充实和丰富画面的内容,使画面充满美感和艺术性。

历届奥斯卡颁奖礼的电视片头大都以金色为主色调,凸显奥斯卡奖作为全球认可的权威电影奖项的尊贵地位。同时为了和奥斯卡奖的小金人奖杯的色调相呼应,历届片名标题都使用了金色字样。如图 9-9 所示,在片头画面中央位置出现有设计感的"OSCAR"字样。

片头除了出现在节目刚开始的地方,每次插播广告后切回节目时也会出现片头画面,图 9-10 介绍了第 86 届奥斯卡颁奖礼插播广告前后画面的处理。第 86 届奥斯卡颁奖礼节目时长三小时,加上近 40 分钟的广告插播,总长近四小时。广告时间也是现场观众的中场休息时间。就像影视剧拍摄需要打场记板一样,插播广告前后有一个标识性的声音和画面给现场观众同时也给电视观众提供了明确信息。我们可以看到每次插播广告前后画面的视听设计几乎一致,从摇臂镜头的运动方式、片名标题出现的时长到转场音乐的旋律莫不如是。

---

① 苏小妹. 电视包装制作技巧 [M],北京:同心出版社,2005:15.

广告前渐显片头标题，配合转场音乐和报幕员解说"The Oscars are on ABC, sponsored by…"，此处时长 5 秒

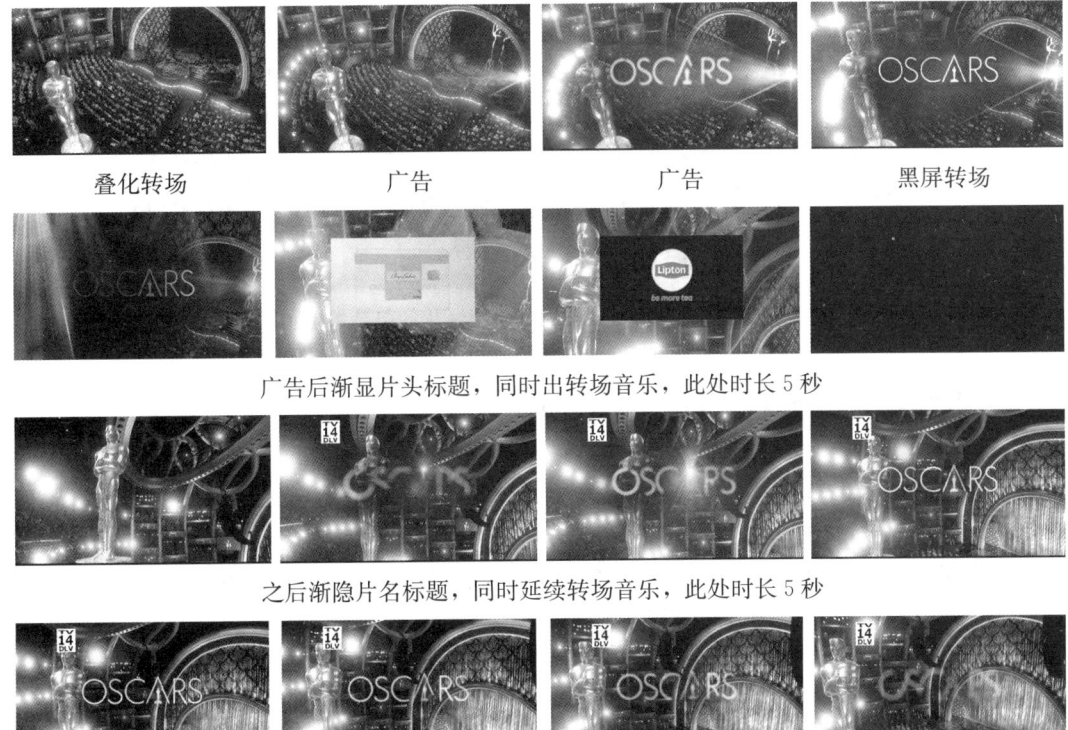

图 9-10　第 86 届奥斯卡晚会颁奖礼插播广告前后的画面处理

电视包装不仅是对片头、片尾设计的强化，它的设计理念是贯穿于作品始终的。图 9-11 展现的是奥斯卡颁奖典礼公布获奖作品那一刻的画面效果。显然，视觉包装赋予整个电视作品更为强烈的设计感和整体感。在奖项公布之前，向观众介绍入围作品显然要比宣布一部获奖作品要花费更多的时间。历届颁奖礼都出现不少入围作品的混剪短片，这类短片由于其素材来源类型不一，段落和段落之间的视听风格差异较大，很难将其流畅地组合为一个整体。但通过统一的视觉包装处理，最终实现和谐、流畅的动态播放效果。

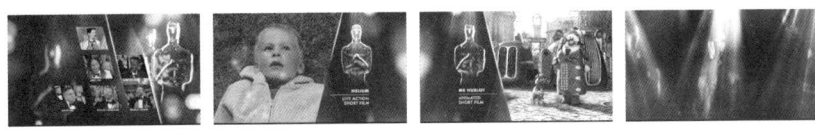

图 9-11　公布奖项归属时电视画面的包装效果示意图

值得注意的是，为了配合本场晚会的主题"致敬电影英雄"，节目包装的视听觉设计上极力强化了"英雄"概念。如图 9-12，我们可以看到在节目插播广告间歇播出的片花，制作团队也设计了一个完整的电视包装方案。在这套方案中，视觉主体永远是高高在上的奥斯卡雕像，披挂金光的奥斯卡就像一个大英雄一样傲然屹立在镜头前方，无论是仰视角度还是环绕的移动路径，所有的镜头设计都在传达同一个概念：电影英雄。如图 9-11、图

9-12，此处包装中呈现出的奥斯卡雕像，无论是聚光灯效果还是仰视角度设计同样基于晚会主题"电影英雄"的定位。

图 9-12　最佳纪录长片入围作品介绍短片的包装效果示意图

小结：电视综艺晚会制作的注意事项

一是重视形象包装。

现代电视行业的电子数字技术为电视综艺节目的包装提供了巨大的可能性，精致的整体包装才能体现出节目本身的质感。综艺晚会的形式包装包括：节目场景、舞美灯光、音乐音响、主持人及嘉宾造型、机位安排、现场切换技巧，以及片头、片尾等关键环节的视听设计。在明晰的包装意识下，最后呈现的电视综艺晚会才可能成为一档精品节目。

二是鼓励观众参与。

观众参与是综艺节目的突出要素，体现出节目开放性程度的设计。不论是参与节目拍摄的现场观众还是电视前的收视观众，对于节目来说都是强化节目吸引力的关键因素。尤其对于电视综艺晚会而言，现场观众的参与程度甚至可以左右电视机前观众对于节目观看的投入程度。基于此，大部分节目都会使用各种手段促使观众参与到节目进程之中，第86届奥斯卡颁奖礼的红毯部分"我的奥斯卡照片""奥斯卡团队"等环节的设置，以及颁奖部分"艾伦自拍"等环节的设计显然都是为了进一步强化观众的参与感。

三是不可忽视新媒体的影响。

随着数字化技术的进步，新媒体以其实时、共享、互联的特质影响着传媒业态的发展。综艺晚会作为传统电视节目的典型代表，以其丰富多变的节目格局、新鲜有趣的内容制作，成为人们喜闻乐见的节目类型。科技的更新换代，深刻影响着传统电视产业的生存环境。

目前，新媒体的触角已经延伸到综艺节目领域，频频向传统电视综艺节目发出挑战。在这种形势下，电视人需要充分借助新媒体的特点和优势来谋求发展。

在新媒体思维的影响下，电视节目制作在各个方面都做出了改变。最后要提及的是第86届奥斯卡颁奖典礼令人印象深刻的一幕。在大多数综艺晚会中，现场主持人一般都是拿着话筒站在台前讲串联词。但这次显然不同，主持人不仅走下舞台，而且现场自拍发推特[1]，招呼观众分食外卖比萨，委实把颁奖晚会当成了朋友聚会。此举作为隐性的手机植入广告虽然有脱离晚会功能之嫌，但因太过讨巧反而成为本届奥斯卡的华彩一幕。该照片

---

[1] 推特即 Twitter，是起源于美国的一个社交网络及微博客服务的网站，是互联网上访问量最大的十个网站之一。

由赞助商三星手机所拍摄,在艾伦上传到推特后的 35 分钟,就以 81 万次的转发成为史上同时间段内转发量最大的推特照片。颁奖典礼尚未结束,艾伦自拍照已经疯传社交网络,一举打破转发纪录,更在之后绘制成油画入驻推特总部,成为电视传播历史上值得记录的一笔。如图 9-13 所示。

电视直播画面截图　　　　Twitter 上的艾伦自拍图　　　Twitter 总部的艾伦自拍照油画版

图 9-13　第 86 奥斯卡晚会颁奖礼上主持人艾伦自拍相关图片

事实上,奥斯卡对新媒体的涉入不仅仅是颁奖典礼上主持人貌似随性的临场发挥,在利用新媒体扩大电视节目传播力方面,奥斯卡主办方早在几年前就开始了尝试。从操办第 80 届(2008)奥斯卡颁奖典礼开始,主办方加大了互联网的建设,改版了奥斯卡官方网站和美国电影艺术与科学学院的官方网站。同时,在奥斯卡颁奖典礼的电视直播中,每一次插播的广告都在画面显眼位置打出"OSCAR.COM"或者显示"TWITTER"的蓝色小鸟标志,提示观众可以通过网络方式发表意见并参与竞猜。

显然,当下的电视节目制作,已经不能不考虑到新媒体对受众产生的巨大影响力。波德里亚认为:"电视带来的信息,并非它传送的画面,而是它造成的新的关系和感知模式、家庭和集团传统结构的改变。"① 因此,新媒体终端的普及,给人们带来的影响不光停留在观看行为的改变上,更将深刻作用于综艺节目与观众的相互感知中。

电视综艺节目在新媒体环境下的探索

科技的更新换代,深刻影响着传统电视产业的生存环境。目前,新媒体的触角已经延伸到综艺节目领域,频频向传统电视综艺节目发出挑战。在这种形势下,电视人需要充分借助新媒体的特点和优势来谋求发展。随着新媒体技术的成熟,电视人做出了许多有益探索:

1. 综艺节目的内容变化

1)网络热词嵌入综艺语言

网络热词融入综艺语言既体现了其现代性,又将网络生态与传统节目串连在一起。

2)网络投票左右节目进程

综艺节目不再延续"自导自演"的传统模式,而是通过网络等新媒体平台,网罗大众意见,通过观察网络投票、网络留言等手段了解观众的真实想法,以投票结果决定节目的参与嘉宾,左右节目进程。

---

① 波德里亚. 消费社会[M]. 刘富成,译. 南京:南京大学出版社,2006:132.

3）网络热点变身节目内容

传统综艺节目与网络平台并非两条平行线，很多精彩纷呈的热点出现在电视荧幕上，将线上和线下有机地结合在一起。

2. 综艺节目的传播渠道

1）跨屏播放丰富传播终端

在新媒体时代，综艺节目的播放平台不再局限于电视，人们利用电脑、手机、平板电脑等终端随时随地收看节目，传播终端的丰富大大提高了综艺节目的播放次数和观看数量。

2）应用开发拓展传播途径

随着数字技术的发展，基于移动互联网的社交应用APP成为综艺节目与观众互动的新亮点。电视APP围绕节目内容展开，为观众提供跨屏收看、多屏互动的服务，给予用户前所未有的节目互动体验，大大拓展了综艺节目的传播途径。

3. 受众和节目的多向互动

1）开发官方微博，通过官方微博与网友互动，深度挖掘微博与综艺节目的发展潜力。

2）以"二维码"为代表的新媒体技术被综艺节目成功引入，为其革新提供了更多可能。

3）社交APP为电视社交量身定制，两者的深度合作对增强用户黏性、提升节目品质大有裨益。①（有删节）

思考题

1. 选取某年度中央电视台春节晚会，分析其主题设置与结构安排、节目设计之间的关联因素。
2. 比较中国中央电视台春节晚会和美国奥斯卡颁奖晚会在播出形态上的差异，分析奥斯卡颁奖晚会有哪些优点值得借鉴。
3. 收看本地播出的一档电视综艺节目，对这档节目的编排方式进行分析。
4. 选择一个综艺晚会类节目，写出它的电视制作方案；分析其舞台效果、画面表现，并根据你的方案画出现场机位设置图。

---

① 张蓝姗. 新媒体环境下电视综艺节目的新探索 [J]. 中国电视，2014 (9). 小标题为本书作者所加，内容有删节。

Chapter 10
第十讲　电视真人秀

- 电视真人秀是什么
- 真人秀的节目特征
- 假定情境
- 真实记录
- 小结：电视真人秀节目的创新之处

案例一　电影《楚门的世界》

《楚门的世界》宣传片

　　《楚门的世界》是派拉蒙影业公司于1998年出品的一部电影,影片向我们展现了一个平凡的小人物是怎样在自己毫不知情的情况下被制造成闻名的电视明星,却完全被剥夺了自由、隐私乃至尊严,成为大众娱乐工业的牺牲品。

　　影片中的楚门是奥姆尼康电视制作公司收养的一名孤儿,公司刻意培养他使其成为全球最受欢迎的真人秀节目《楚门的世界》中的主人公。楚门过着与常人一般的生活,但他却不知道生活中的每一秒钟都有无数摄像机在监控他,更不知道身边包括妻子和朋友在内的所有人都是《楚门的世界》的职业演员。最终楚门得知了真相,并不惜一切代价走出了虚拟的世界。

案例二　奥巴马总统参加电视真人秀《荒野求生》录制

奥巴马参与录制真人秀《荒野求生》

　　美国当地时间2015年9月1日,美国NBC电视台的热门真人秀节目《荒野求生》请来了一位重量级人物——时任美国总统的奥巴马。在节目里,奥巴马和主持人贝尔·格里尔斯一起生吃了鲑鱼,这一细节在播出后被人们津津乐道。据悉,白宫为唤起民众环保意识推动了多项行动,希望借此宣传全球暖化对环境的负面影响。奥巴马参与真人秀节目的录制,展现总统"环保卫士"的形象也是宣传措施之一。节目播出后,该期真人秀节目获得好评,也促使减排问题获得更多关注,白宫也在拉近总统与民众距离方面发明了一个新的方法。①

案例三　《奔跑吧兄弟》西安站录制遭遇粉丝疯狂围观

《奔跑吧兄弟》官方网站

　　2015年《奔跑吧兄弟》第三季西安站录制开始之前,粉丝们的热情就引爆了网络。从不同渠道流出的《奔跑吧兄弟》(简称"跑男")诸明星行程时间表,让延续几天的"跑男"西安站录制,被动卷入一场"全城追星"的疯狂行动,随即引发的,是微信朋友圈里相关话题的大讨论。当听说"跑男"要去大唐芙蓉园,很多粉丝汇聚大唐芙蓉园,当日大唐芙蓉园四周有门的地方都围满了粉丝,更有粉丝甚至爬到房顶和树上。而在工作人员和明星们居住的酒店附近,只要挂工作证或标志手环的人基本都会遭遇粉丝的"围追堵截"。这一围观事件迅速成为当地新闻,也再次引发大众对真人秀节目的热议。②

---

① 王玮.奥巴马的"荒野求生"[J].环球人物,2015 (25).
② 该不该这样围观"跑男"引发全城大讨论[J].西安晚报,2015-10-14 (6).

电影《楚门的世界》讲述了一个无比荒诞的故事。楚门是一个生活在海景小镇的年轻人。自诞生以来，他一直是24小时全天候直播真人秀《楚门的世界》的唯一主角。他居住的小镇是一个无比庞大的摄影棚，他的亲朋好友和他每天遇见的人都是职业演员，也就是说他的一举一动都时刻暴露在隐藏的镜头面前，这就是影片中的真人秀节目"楚门的世界"。全球上亿观众都关注着楚门的一举一动，而他却在不知情的情况下生活了几十年。影片中的楚门在得悉真相后，拒绝了成为明星的诱惑毅然离开了真人秀片场。在电影中我们看到了楚门的选择，今天的你我又如何看待今天的电视真人秀呢？

电视真人秀是当下全球最受欢迎的电视节目类型之一。节目的影响力之广，甚至成为美国总统宣传政治理念的一个手段。2015年美国总统奥巴马在出访阿拉斯加期间参加了真人秀节目《荒野求生》（*Running Wild with Bear Grylls*）的录制。据媒体报道，奥巴马参与这档节目，一部分原因是希望借助该节目推动限制二氧化碳排放法案的立法与施行，通过对阿拉斯加自然环境恶化的观察，让民众能更清晰地了解到气候变化对自然生态的打击。奥巴马参加真人秀《荒野求生》的消息一经传出，立刻成为网络热门话题。不得不承认，该节目引发全球关注的同时，减排问题也的确获得了更大的关注度。

真人秀节目的热播在美国具有极高关注度，事实上在中国也同样如此。由浙江卫视推出的户外真人秀节目《奔跑吧兄弟》自2014年播出以来，在全国范围内持续引发收视和讨论热潮。2016年第四季《奔跑吧兄弟》播出后，在竞争激烈的电视综艺市场仍然拥有不断走高的受众热度，而它的网络表现也同样抢眼。微博#奔跑吧兄弟#粉丝数量达到457万，同名话题以413.5亿阅读量，3 161.3万讨论量位居热门综艺活跃度榜首。①

可以说，电视真人秀这种发端于20世纪90年代的节目类型，在21世纪初期已经迅速占领荧幕，对全球观众都产生了巨大影响。早在2000年，美国畅销杂志《新闻周刊》就在其9月的一期刊物中，以《我们都是窥视狂吗？》为标题，以十几页长文报道了电视真人秀节目引起的轰动效应。从欧美到亚洲，电视真人秀节目经过短短十几年时间已经发展为全球最受欢迎的电视节目类型。那么，它到底是一种什么类型的节目？它为什么会引起那么大的关注度？它对今天的电视节目生产又产生了哪些影响？

电视真人秀是什么？

作为融合形态的节目，真人秀的来由比较复杂。这种节目类型是在具体媒介环境下，从现有的电视节目种类和模式中创新杂交产生的。这类节目发源于欧美，是20世纪90年代以来欧美各国娱乐节目的新潮流。在欧美，它通常被称作真实电视（Reality TV）或者真实秀（Reality TV Show）。

真人秀是对这种节目类型的中文称呼，目前已经无法考证最早的中文译名出自何处，但国内不少电视学者认为这一中文名的出现与电影《楚门的世界》有关。显然，*The Tru-*

---

① 根据新浪微博实时数据统计，截止于2016年11月1日。

man Show 中的主人公楚门的姓氏 Truman 直译过来就是真人，而 The Truman Show 的直译就是真人秀。相对英文名，真人秀的中文翻译可谓神来之笔，不仅直接点出"真（实）""人（物）""秀"的节目构成，而且直白说明了真人秀节目的两种属性：真实记录和虚构秀，充分彰显了真人秀是一种真实性和虚构性同在的节目形态。

真人秀：真人秀的"真"是指非虚假。"人"是指必须表达人性，"秀"是指需要在一定规则下进行的表演。①

经过十几年的开发，目前流行于全球的电视真人秀节目林林总总，既有室内节目也有户外节目，既有竞赛类节目也有非竞赛类节目。英国威斯敏斯特大学安纳特·希尔教授（Annette Hill）把真人秀分为以下几类②：

> 1. 信息娱乐类（Infotainment），比如《特别婴儿》《从地狱中来》等；
> 2. 纪录电视剧类（Docu-soap），比如《X汽车》《飞机场》等；
> 3. 生活方式类（Lifestyle），比如《房间改变的故事》《地狱厨房》等；
> 4. 真实游戏秀类（Reality gameshows），比如《老大哥》《幸存者》等；
> 5. 其他，如《接受我的婆婆》《性别交换》等。

随着节目的进展，这种节目形式会出现更多的新变化。真人秀的不断创新，为现存节目形式源源不断地提供新的案例，由此也出现大量的节目模式版权交易。作为后来者，真人秀模式引进成为一种高度商品化的生产方式，深刻影响了中国电视娱乐节目生产。

显然，现有真人秀节目在其具体元素、构成、模型、规则设计等方面都有程度不同的差异，很难找到一致性。尹鸿教授认为，根据它们的共性，"真人秀作为一种电视节目，是对自愿参与者在规定情境中，为了预先给定的目的，按照特定的规则所进行的竞争行为的记录和加工"③。谢耕耘、陈虹教授则认为，"所谓真人秀节目，就是由普通人而非扮演者，在规定情境中按照指定的游戏规则展现完整的表演过程，展示自我个性，并被记录或者制作播出的节目"④。显然，这里提出的"自愿参与者""竞争行动""记录"等关键词体现了真人秀非虚构性的特点，而关键词"规定情境""给定目的""特定规则"和"加工"概念则更多指向真人秀的虚构性特点。苗棣教授则提出，尽管真人秀的具体定义很难完全统一，但是对真人秀节目类型的评判标准是可以确认的。他认为，人造情境、自由时空和真实记录是界定电视真人秀的三大特征。⑤

---

① 尹鸿. 电视"真人秀"元素分析 [J]. 现代传播，2005 (5).
② Annette. 流行真人秀：真实电视节目受众的定性与定量研究 [M]. 赵彦华，译. 北京：中国国际广播出版社，2008：56.
③ 尹鸿. 解读电视真人秀 [J]. 今传媒，2005 (7).
④ 谢耕耘，陈虹. 真人秀节目：理论、形态和创新 [M]. 上海：复旦大学出版社，2007：58.
⑤ 苗棣. 揭秘真人秀——规则、模式与创作技巧 [M]. 北京：中国广播影视出版社 2015：60.

真人秀的节目特征

两种界定方式实际上都是针对电视真人秀节目特点提出的。不论是哪种观点,都指出真人秀的主要特征在于它既体现了虚构作品的特点,又符合非虚构作品也就是真实作品的一些特点。因此,这种节目类型是一个典型的综合性电视娱乐节目。

通常我们会将电视节目分为两种类型,一种是虚构类节目,另一种是非虚构类节目。其中,电视剧和电视文艺节目是常见的虚构类作品,它们最大的特点就是假定性和创造性;而电视新闻和电视纪录片则是典型的非虚构类节目,它们以真实性和纪实性见长。然而,一向泾渭分明的虚构和非虚构概念,在电视真人秀中似乎实现了某种程度的融合。从节目理念上来看,电视真人秀打破了"非虚构节目"与"虚拟节目"的界限,最终用规则创造了虚构,用真人展现了真实。

表 10-1 虚构类电视节目和非虚构类电视节目的对比

	非虚构类节目	虚构类节目
人物类型	非角色、真实人物	角色、假定
逻辑结构	纪实性	戏剧性
叙事形态	非确定、无规则	有确定目的、有具体规则
时空观念	开放性环境、情境真实	封闭或半封闭环境、情境假定

从表 10-1 可见,电视真人秀符合非虚构类作品的人物类型、逻辑结构特点,同时又符合虚构类作品的叙事形态和时空观念特征,充分体现了真人秀创新的节目类型,同时也说明了真人秀节目的魅力所在。电视真人秀节目是假定情境中的真实展现,是一种超越虚构与非虚构的综合性娱乐节目。它拍摄真实人物但不同于纪录片,它假定具体情境却不同于电视剧,它的特殊魅力在虚构与非虚构之间,它引发的巨大争议也正在于此。

这一讲将以美国 *The Amazing Race* 与中国版《极速前进》以及韩国 *Running Man* 与中国版《奔跑吧兄弟》为主案例,对电视真人秀进行解析。如表 10-2 所示。

案例四 美国 *The Amazing Race* 与中国《极速前进》

The Amazing Race 是美国 CBS 电视台的真人秀节目。该节目自 2001 年播出,至今为止已经播出 28 季,十次获得真人秀最高荣誉——黄金时段艾美奖"最佳竞技类真人秀"①。节目每季比赛由 10、11 或 12 队选手组成,每组两人,要求为多年熟识的家人、情侣、同事或者好

The Amazing Race 在线观看

---

① 黄金时段艾美奖最佳竞技类真人秀节目 (Primetime Emmy Award for Outstanding Reality-Competition Program),是表扬每年美国黄金时段播映的最杰出真人秀节目而设立的艾美奖奖项。自艾美奖 2003 年设立黄金时段艾美奖最佳竞技类真人秀以来,*The Amazing Race* 获得十三次提名并十次获奖,获得这一殊荣的年份是 (2003—2009, 2011—2012, 2014 年)。以上数据截止于 2016 年 11 月 1 日。

友。记录多对选手在一个月中进行的环球竞速比赛。节目中,选手将在游览风景的过程中,完成考验他们智慧和体力的各项挑战,进行11—12个赛段并逐渐被淘汰,最后只剩三对选手进入决赛,最先冲过终点线的组合将赢得冠军,并获得100万美元的奖金。

The Amazing Race 在美国取得成功之后陆续卖出海外版本拍摄权,先后出现了《极速前进亚洲版》《极速前进巴西版》《极速前进拉丁美洲版》《极速前进澳洲版》《极速前进越南版》《极速前进加拿大版》等多个节目。截至2014年底,包括美国在内,共有13个国家或地区制作了14个当地的版本(不包含终止拍摄的中欧版)。《极速前进》中国版由深圳卫视于2014年从美国制作公司PROFILES引进版权,在中国综艺市场上获得了较高的收视率和关注度,目前共制作三期节目。不同于美版的是,该版并没有设置巨额奖金,并且将参与选手从普通人换成了文娱明星。

《极速前进》在线观看

案例五　韩国 Running Man 与中国《奔跑吧兄弟》

Running Man 在线观看

Running Man 是韩国SBS电视台于2010年7月11日起在《星期天真好》单元推出的大型户外竞技真人秀节目。每期节目由七位固定成员及不同嘉宾参演,对应每期节目不同的主题,分为不同的队伍进行比赛,最后获胜一方将获得称号或奖品。节目创造了"撕名牌"作为任务的最终目标,在最终任务之下每个组还要执行若干小任务。

《奔跑吧兄弟》在线观看

《奔跑吧兄弟》是浙江卫视引进韩国SBS电视台综艺节目*Running Man*后推出的大型户外竞技真人秀节目,由浙江卫视和韩国SBS联合制作。《奔跑吧兄弟》每期节目有不同的主题,分为不同的队伍进行比赛,选手们需要根据各种线索来破解最终的谜题,最后获胜一方将获得称号或奖品。总体而言,中国版和韩国原版的相似度比较高。

表10-2　《极速前进》第一季和《奔跑吧兄弟》第一季的节目特点分析

	《极速前进》第一季	《奔跑吧兄弟》第一季
人物类型	陈小春与郑伊健、钟汉良与妹妹钟秀萍、白举纲与关晓彤、李小鹏与妻子李安琪、张铁林与女儿张月亮、应采儿与刘芸、周韦彤与辰亦儒、刘畅与金大川共八组选手	邓超、Angelababy、李晨、陈赫、郑恺、王宝强、王祖蓝共七名选手

续表

	《极速前进》第一季	《奔跑吧兄弟》第一季
逻辑结构	比赛设十个赛段，八组队伍参赛，以速度为决定性因素，包含大量规则任务，实行末位淘汰。 奖励设置：获胜的队伍除了物质奖励和旅游大奖等，会有下一场比赛优先出发的权利；还有可能获得直通卡/安全卡/反转权利等。 惩罚设置：上一场比赛的排名决定下一场比赛的出发顺序，并且最后一名在下次比赛追加"减速带任务"。	每期节目有不同的主题，根据主题分为不同的队伍进行比赛，选手们需要根据各种线索来破解谜题完成前期任务，胜出的队伍或个人获得对最终任务有利的提示或权力，最后在最终任务地点进行终极环节。
叙事形态（任务制定和规则制定）	强调任务和规则，目标是追求快速完成任务到达指定地点，成功胜出的队伍或个人，将获得称号或奖品。 每场比赛任务包括：路线信息、绕道、路障、快进等四个阶段。率先完成这四个阶段的队伍出发前往中继站（本赛段终点站），第一个到达中继站的队伍获胜。	强调任务和规则，目标是根据主题完成多个小任务及追逐战，或完成一个主要追逐战，成功胜出的队伍或个人，将获得称号或奖品。 围绕"撕名牌"制定具体规则，本季出现了密码名牌、间谍名牌、技能名牌、等级名牌、身价名牌、大号名牌、迷你名牌、天使名牌等特殊规则设置。
时空环境	半封闭环境，参赛者需要走遍环游世界的规定路线。	半封闭环境，参与者需要根据规则在指定环境中完成任务。

由此，我们可以认为，电视真人秀的典型特征在于：

> 1. 假定情境是电视真人秀的首要特征。任务、规则和环境，三者如同血、肉和骨骼一般互为支撑，共同构成完整的假定情境。
> 2. 真实记录是真人秀的重要特征，包括环境真实、人物真实和再现真实。

假定情境

"情境"概念来自西方美学，是人类社会对古希腊以来戏剧舞台直观叙事实践的理论总结。一般认为，情境包含三大要素：

> 1. 人物活动的具体时空环境；
> 2. 人物面临的具体事件或者情况；
> 3. 由此构成的特定人物关系。[1]

---

[1] 张芊芊. 论情境原理在真人秀节目中的运用 [J]. 中国电视，2004 (9).

所谓假定情境是指在真人秀节目中,由电视制作者人为制造的情境,以突出非虚构的戏剧性。如何实现戏剧的虚构性与纪录片的纪实性,把握好真实与建构的界限,是假定情境的关键。其中,任务制定和规则制定是假定情境的重点。

假定情境是真人秀区别于其他电视节目类型,尤其是区别于非虚构类作品比如电视新闻和电视纪录片的最显著标志。任何一档电视真人秀节目,都需要针对具体事件进行全程记录,从节目规则、人物介绍、任务规则等进行全方位多视角的跟踪式拍摄,这与纪录片的拍摄有着极大的相似度。但是,与真正的非虚构类作品如电视纪录片拍摄真实事件不同的是,真人秀所记录的事件本身并非自然发生而是人为制造出来的事件。也就是说,如果没有节目团队,那么真人秀所呈现的事件本身是不复存在的。因此,假定情境是真人秀节目存在的前提,也是它的首要特征。

在上述案例中,《极速前进》第一季第一集的假定情景是选手们两人一组构成团体,按照节目要求完成任务并尽快抵达最终目的地,竞赛标准是速度的快慢。在第一季第一集中,选手们从中国深圳出发,在深圳华侨城中找到提示线索后启程前往美国纽约。在纽约时代广场,选手们需要完成路线信息任务,在广场饭店克服路障后,前往东河公园或比萨店选择完成其中一项任务实现绕道,在汤普金斯广场公园获得下一个路线信息任务后,前往好莱坞特技学校克服又一个路障最终到达中继站布鲁克林大桥。选手到达中继站的顺序决定了排名次序,此站冠军的奖励是两张直通卡。显然,指定环境、指定任务和指定规则构成了这一节目的假定前提。

电视真人秀的假定情境,由大小任务、行为规则与时空限制共同构成,如图 10-1 所示。

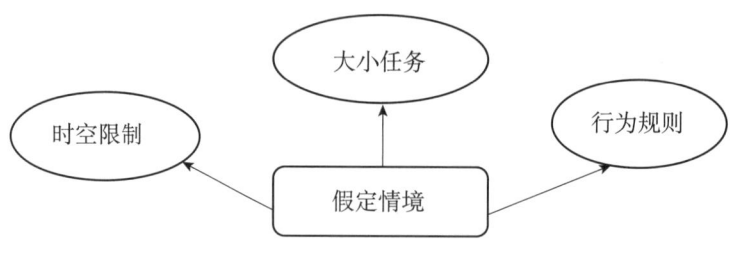

图 10-1 假定情境的构成

■**任务是真人秀的核心,也是假定情境的动力来源,它决定了节目的整体走向**

如果说假定情境是一个人体,那么任务的作用类似于人体心脏。这也是所有的真人秀与真人秀雏形期节目的最大区别。比如早期的流行于西方的恶作剧节目,通过设置圈套去观察路人不同的反应。在节目中,参与节目的不知情路人流露出的所有情绪包括愤怒、惊讶、无奈等各种状态都被记录下来成为节目主体。这种类型的节目虽然流行一时,但这种记录形式过于单一而且节目之间没有延续性。但是,一旦加入"任务"成分,赋予整个行动明确的目标因素,节目的结构就发生了改变。任务就像心脏一般,持续给予节目前进的原动力。在由总任务和若干小任务构成的大小任务驱使下,每一位参与者的身份、彼此的关系、最终的结果都成为重要的节目组成部分。

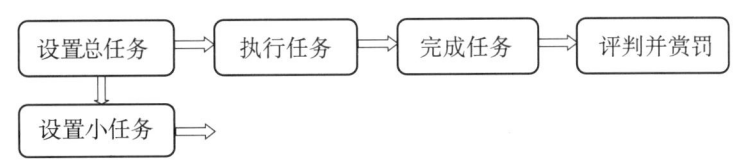

图 10-2　真人秀的任务流程

如图 10-2 所示，整个节目的叙事结构根据任务的行动流程自然生成。其中，任务设置是根本，任务的执行和完成是节目的主体内容，而任务完成之后由裁判、参与者甚至观众来参与评判并进行相关赏罚。如此，一个完整的行为逻辑已经生成，如何从中建构并制作完成一个叙事作品那就是节目制作团队的工作了。

比如案例四中，《奔跑吧兄弟》第一季的第一集由七位选手和三位嘉宾共同完成。该期主题是"白蛇传"，任务的最终目标就是"撕掉所有对手的名牌"并找到"白蛇宝物"。在这个最终任务完成之前，每个参与者需要执行许多小任务，而这些小任务的完成情况将会影响"最终任务"的结果。

■**规则决定了任务的走向，架构起假定情境的支撑脉络**

规则贯穿节目始终，它的作用类似于人体的骨骼支撑起肢体构造。任务规定了行动目的，但规则决定了具体行动走向，也就决定了具体节目的叙事形态。

规则的制定，确定具体行动，引发戏剧冲突，从而制造出丰富的情节。一般来说，竞赛类真人秀的规则比较复杂，非竞赛类真人秀的规则相对简单。但是所有类型的真人秀都会制定规则，约束参与者的行为同时也促使参与者的直观动作，从而引发矛盾强化戏剧性。

同时，任务执行的尺度也是由规则决定的。好的规则，无论输赢都应该有利有弊，在输赢背后折射出真实人性，从而使节目值得回味。不好的规则，则可能导致节目走向出现偏差，或过分暴露隐私，或容易产生纠纷。

■**限定的时间和限制的空间为任务的实施提供了框架范围，是假定情境的背景**

它的功能类似于人体的肌肉组织，大量的肌肉组织决定人体的外观，为血液和骨骼的存在提供背景。真人秀的叙事性要求具备一个相对封闭的时间和空间，在规定的时空中行动者按照要求去完成任务，而封闭的时空造就了故事存在的可能性。因此，几乎所有的真人秀都规定了时间和空间。一旦时间和空间被限定，规则才能严格执行，从而带来现场的紧张氛围以及由此产生的巨大悬念。

首先，时间是限定的。为了强化戏剧性因素，推动情节的不断发展，真人秀节目都会规定并强化时间概念，比如第一场、第一次、最后一场、最后一次、倒计时等。时间因素因而成为真人秀叙事的重要因素。

其次，空间是限定的。为了给任务制造独立环境，大部分真人秀都倾向于一个封闭的或者半封闭的任务环境。一方面，任务的执行需要独特环境赋予的戏剧情境，另一方面限定的空间也为节目参与者创造了一个相对独立的空间，避免他们受到社会舆论以及其他人群的影响。

比如美国真人秀节目《老大哥》《幸存者》和中国真人秀节目《变形计》《奔跑吧兄弟》都是典型的封闭式环境拍摄。一旦参与者进入指定环境，节目组就不再允许参与者与他人联系，从而保证了节目参与者的全情投入。比如《奔跑吧兄弟》第一季的第一集，参与者在杭州西湖文化广场集合，通过游戏获得线索一，在维景酒店泳池找到线索二，继而到达任务三场所——在西湖上完成"水上乒乓球"取得线索三，最后在中国美术学院教学楼完成和铃铛使者的对决，获胜者获得所有密码并得到宝物。在节目中观众可以发现，节目组拍摄时有许多围观群众在场，但他们无法进入游戏场地。在一块被单独划出的场地中，节目参与者在相对隔离的环境中完成游戏项目，在此过程中除了节目参与者之间的交流我们看不到他们的其他社交行为。同时，在节目进行过程中，所有参与者都不允许使用个人手机，这条不成文的规则实际上正是为了保障选手在一个封闭的环境中完成拍摄。

除了全封闭式环境，有的真人秀节目也采用半封闭式环境拍摄，比如《美国偶像》《超级女声》，前半段是开放的后半段是封闭的。一旦进入训练营之后，拍摄环境基本是封闭的。也有的节目全程并不脱离正常社会生活，但在节目内容的拍摄和呈现范围内完全按照节目自身走向发展。总之，真人秀节目倾向于规定一个封闭化环境，一方面任务的达成需要特殊环境；另一方面也避免外界对参与者造成影响。

可以认为，任务、规则和环境，三者如同血、肉和骨骼一般互为支撑，共同构成完整的假定情境。

真实记录

真实记录是指真人秀是对节目进展的真实展现，这是真人秀区别于戏剧类作品的重要标志。

从真人秀节目出现后，西方电视学者为了准确定义它，曾经提议过若干名称，比如Reality TV（真实电视）、Formatted Documentary（格式化纪录片）、Constructed Documentary（建构式纪录片）、Docusoap（纪录肥皂剧）等。从以上名词可以看出，早期的命名大多围绕"真实"或"纪实"的特质展开，可见早期真人秀研究对该节目"真实记录"特征的偏重。

在表 10-1 中我们对比了非虚构类节目和虚构类节目的特点，可以看出，非虚构类电视节目要求人物真实、叙事真实、时空真实，而虚构类节目则刚好相反。对此我们通过以下三点进行分析，如图 10-3 所示。

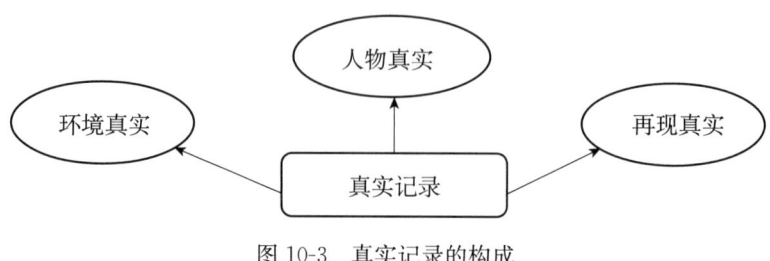

图 10-3 真实记录的构成

■人物真实

"真人"是真人秀节目的核心。

人物真实首先建立在人物身份存在的真实性之上。真人秀节目的参与者都是以自己的真实身份出现的,名字和背景都有据可查。参与真人秀身份的明星和普通人一样,都是以各自真实身份出现。这也给予观众一个强烈的观看体会:他们都是真实的,他们的行为也是真实的。这种真实感源于人物的真实身份,也源于若干细节的强化作用。正因为如此,真人秀节目经常引起观众对于参与者行为的质疑。比如,《真人秀暴露真性格:郑爽太拧巴、黎明太搞笑》[1]《每个真人秀都需要一个许晴》[2] 等标题时常见诸媒体,争议背后折射出的正是参与真人秀的明星在节目中的行为细节。

其次,人物真实也指人物形象展现的真实化。比如《中国好声音》第一季中,获奖无数的姚贝娜穿着T恤和牛仔裤亮相,因为"只想单纯地为唱歌而唱","阿拉蕾"打扮的徐海星一句"我妈妈来了,然后我感觉我爸爸也来了"感动无数观众。或出于衣着造型或出于特殊语句,这些人物都在舞台上树立了鲜明形象。这种具有鲜明个人特色的人物形象,在以往的文艺节目中是难得一见的。因此,尽管真人秀节目中有时也有舞台演出部分,但是观众在观看真人秀节目时能够明意识到它和其他文艺演出之间的区别。如表10-3所示。

表10-3 《极速前进》和《奔跑吧兄弟》中的参与者形象设置

《极速前进》第一季第一期的参与者		《奔跑吧兄弟》第一季第一期的参与者	
参与者	身份标签	参与者	身份标签
陈小春与郑伊健	哥们组合	邓超	队长、超哥、邓导、邓感超人、任我超
钟汉良与钟秀萍	亲兄妹组合	Angelababy	尖叫女神、顺拐女神、小A子、白沙沙、baby公主、东方BB
白举纲与关晓彤	"90后"组合	李晨	大黑牛、技术控、体力男、晨哥、晨妈妈
李小鹏与李安琪	恩爱夫妻组合	陈赫	陈赤赤、赫宝宝、50块、令狐赫、天才陈赫、最强大脑
张铁林与张月亮	混血父女组合	郑恺	小猎豹、奔跑小王子、浪漫才子、屁王、首席外交官、护花使者
应采儿与刘芸	闺蜜组合	王宝强	宝宝、少林宝强、王宝锣、功夫王
周韦彤与辰亦儒	俊男靓女组合	王祖蓝	小蓝蓝、王老太、捡漏王、龟缩之王、长空
刘畅与金大川	长腿男模组合		

---

[1] 真人秀暴露真性格:郑爽太拧巴、黎明太搞笑 [EB/OL]. (2016-04-26) [2017-01-22]. http://news.youth.cn/sh/201604/t20160426_7916878_13.htm.

[2] 红肚兜儿. 每个真人秀都需要一个许晴 [EB/OL]. (2015-09-20) [2017-01-22]. https://cul.qq.com/a/20150920/016197.htm.

在表 10-3 中，我们看到《极速前进》第一季第一期的参与者和《奔跑吧兄弟》第一季第一期的参与者名单，其真实身份和在真人秀中的身份标签都是一一对应的。如李晨在《奔跑吧兄弟》中是孔武有力、精通技术而性格细腻的肌肉男，出现在电视屏幕上的外号"大黑牛""技术控""晨妈妈"等身份正是对以上人物特征的标签化处理。这些标签尽管都是对李晨部分性格的强化，但不可否认的是这些特点的确也是他本人在节目中展露出来的性格特征之一。因此，在真人秀节目中，观众看到的是特色各异、丰富多样的"真人"，而不仅仅是表演的承载者。

同时，由于真人秀通常都具备一定的播出周期，人物性格得以在一定的行动过程中充分展示。在优秀的真人秀作品中，由于制作团队的巧妙设计、精心制作，最后呈现出的人物性格极其鲜明，具有极高的辨识度。

当然，不论是参与真人秀制作的人还是观看节目的人，都必须明白真人秀节目中所展现的那一部分真实，仅仅只是一部分的真实。《中国好声音》第一季副总导演章骊元就曾公开表示，所谓的故事，首先是绝对真实发生的事件；其次是对主人公真实生活事件的一段截取；再次，叙事必须流畅。①

■环境真实

环境的真实主要指真人秀节目的展开环境是真实存在的。真人秀节目的环境一般包括两种类型：室内环境和室外环境。室内环境大多安装了多部摄像机进行全程记录，甚至包括监控摄像头，也就是说节目参与者的所有行为细节都会被记录下来。有的节目是在家居环境中完成的，而家中厨房、客厅、卧室都是真实空间。室外环境大部分情况下有一定范围的限定，镜头中的草原、雨林、高坡等地貌也都拍摄自真实空间。应该说，在一个真实的环境中，节目参与者能够更充分地展现自我个性；同时，真实生动的景观本身也构成节目的一个看点。

另一方面，真人秀在节目中展现的不仅仅是参与者的前台行为，甚至还包括一部分后台行为，两者都是真实发生过的行为。这里的后台行为指在非正式场合发生的行为，如比赛前和赛后的闲聊、热身等。社会学者戈尔曼认为，很多社会行为都可以分为前台和后台，前台是指个人扮演正式角色的社会场合或接触活动，他们在进行舞台表演。后台则是人们积蓄支持力量并为更正式场合的互动做好准备的地方。② 真人秀节目展示的内容往往包括前台和后台。比如《中国好声音》在节目内容上从多个方位去展现选手出现的场景，包括：舞台候场区的选手、舞台上的选手、排练室的选手等。如果说，舞台上的表演是"好声音"的前台展现，那么其他场合的行为都可以列入后台行为，这些非正式场合也构成了真实环境的一部分。

■再现真实

再现真实的问题比较复杂，一般包括拍摄的真实和制作的真实。在拍摄过程中，真人秀在规定了任务、规则、时空之后，其余都是自由的。真人秀节目不提供分镜稿本，利用

---

① 史东学. 电视大片的真相 [M]. 上海：中国出版集团东方出版中心. 2013：77.
② 吉登斯. 社会学（第4版）[M]. 赵旭东，齐心，王兵，等，译. 北京：北京大学出版社，2003（89）.

多机位来完整记录参与者在限定环境中的行为。很多真人秀节目甚至同时动用二十多台摄像机进行同步拍摄，在拍摄过程中维护并保持素材的真实性。

"在众多有创造力以及传统的烹调品质之中，求助于未加工的原始材料优势是极其有用的。"①真人秀的再现真实，体现在所有的素材都来自真实记录。某些节目中，甚至在参与者的卧室、卫生间都安装了隐匿的固定机位。在这种多机位、全方位的拍摄模式下，参与者的行为细节被一一记录下来，真人秀节目真正成为一种记录性的节目。素材是本真的，同时记录手段也是真实的。电视真人秀节目既吸取了电影纪录片的"纪录手法"，又汲取了电视直播的制作技能，运用多机位切换、现场连线、演播室访谈、现场追述等多种报道手段来展现真实感。对于观众而言，无论他们喜欢还是不喜欢，真人秀的基本性能就是"看见它发生"②。

此外，大多数录播的现场节目都会重新剪辑素材，因此为了增加戏剧性，节目组通常会采用在虚构性作品中常见的平行剪辑、对比剪辑等剪辑手法去强化空间和时间的戏剧性关系。

小结：电视真人秀的创新之处

真人秀作为一种新型综合性电视娱乐节目，融合了纪录片、电视剧、谈话节目等以往多种电视节目的样式元素和制作概念，集戏剧性和纪实性于一身。作为一种新的节目形态，这种节目类型不仅符合电视发展方向，还体现出跨媒体的特性。

■**模式创新**：它打破了纪实类电视节目如电视新闻、电视纪录片与虚构类电视节目如电视剧之间原本不可逾越的界限，将人的行为及其环境之间构成关系的再现，与虚构的规定情境及其行为规则之间形成的故事加以融合，从而使得真人秀同时具备故事性、戏剧性、纪实性。同时，真人秀的这种创新理念也为其他节目带来了新的电视元素和制作技巧，出现电视节目"泛真人秀"趋势。

另外，真人秀节目兼具真实与虚构的双重特征，决定了同样的节目模式在不同的国情背景下一定会呈现出不同的本土特色，这个特点决定了真人秀节目特别适合于国际传播。通过国际版权交易，同一真人秀节目可以呈现出多个不同版本，比如《极速前进》在全球包括美国在内共有13个国家或地区制作了14个当地的版本（不包含终止拍摄的中欧版），绝大多数都取得了成功。

■**传播创新**：真人秀节目带来的平民化的媒介视角发扬了电视传播的日常化优势，同时也是迄今为止互动性最强的电视节目类型。真人秀的这种传播特点，既满足了电视观众对他人生活的窥视欲望，贴合观众喜好故事的观看心理，又为电视节目和新媒体融合提供了绝佳的载体。

---

① Hill. 流行真人秀：真实电视节目受众的定性与定量研究 [M]. 赵彦华，译. 北京：中国国际广播出版社，2008：46.

② Hill. 流行真人秀：真实电视节目受众的定性与定量研究 [M]. 赵彦华，译. 北京：中国国际广播出版社，2008：42.

> **思考题**
>
> 1. 真人秀是一种综合性节目,如何理解真人秀的定义?请举例说明。
> 2. 选择中外真人秀节目各一个,解析它们的节目特征。
> 3. 为什么说真人秀是最具互动性的电视节目类型?它的互动性如何体现?
> 4. 谈一谈不同国家制作同一档真人秀节目的异同和特色。

电视传播的日常化是指电视和观众之间的交流内容涉及日常生活的方方面面,同时电视的连续播出机制又使内容的扩展具有无限可能性。尤其在电视直播中,电视仿佛成为现实的一部分,屏幕内外被直播整合到了同一时空中。真人秀摒弃剧本,将参与者的真实生活搬到屏幕上,是对电视日常化传播优势的再度彰显。

另一方面,真人秀节目是当前电视节目形态中互动性最强的一类。不论是节目前的选手征选,还是节目播出时的话题讨论、投票竞猜,还是节目播出后的话题延续,普通观众都可以通过种种方式参与节目并成为节目的一部分,这些方式都让观众产生了强烈的主体意识从而成为全新的观看体验。在新媒体迅速发展的今天,尤其是社交网络的普及使观众能够方便地联系上节目参与者甚至节目制作者,并围绕节目展开多种话题讨论,由此推动了真人秀衍生节目的涌现,因而真人秀往往成为电视互动性彰显的典型案例。

电视的互动策略[①]

电视日常化需要依赖一定的机制才能形成。在"现实效果"框架下,电视互动策略主要可概括为:情境呈现、情感激发、情形接近。

1. 情境呈现。所谓情景呈现是指电视影像和声音(特别是现场声)可以真实再现日常生活场景。对于观众而言,电视镜头尤其是直播画面,能够将他们带入与事件同步的现实情境中。在"现实效果"作用下,电视互动性的中介性仿佛消失,变成了面对面的直接互动,"现场""场信息结构""原生态"等成为电视独特的表现元素,而真人秀节目更是最大限度地扩展了电视互动性的现实情境。

2. 情感激发。情感共鸣是良好互动的内在机制,从古至今,几乎所有文学作品或者艺术都是通过情感传达来唤起受众的认同和反应的。电视也不例外,它借助故事、音乐、画面、细节等多元素作用,传递的情感较文字而言更为直观形象,也更能激发观众的情感投入。

3. 情形接近。所谓情形接近,指的是电视节目尽可能从节目形态到报道语态上接近现实生活中良好人际互动的情形。随着电视传播对于观众认同的日益重视,平等对话成为电视沟通的重要方式,节目内容也更多地呈现生活。在情形接近中,传统专业制作的曲高和寡不再有市场,取而代之的是贴近性、亲和力和参与度。如果说观众以往对媒体的互动带有旁观者评论的味道,而在这类节目中,彼此的互动已经因为节目内容所具有的生活氛围和情境,而弥漫着交往中更深层的人际情感。

[①] 王晓红.类人际互动与日常化:电视传播互动性的本质与表现[J].新闻爱好者,2013(11).

Chapter 11
第十一讲　电视剧

- 电视剧的诞生
- 中国电视剧的发展历程
- 电视剧的导源及属性思考
- 电视剧的主要类型及其特征
- 小结：电视剧还是"电视"剧吗？

案例一　2009年播出的电视剧《我的团长我的团》评价毁誉参半

　　一般电视剧的收视曲线会随着剧情的进展低开高走，但是《我的团长我的团》却在达到顶峰后迅速下滑。原因除了正版影碟发行造成观众分流外，还有两极分化严重的口碑。

　　争论：真诚与质疑真诚的PK

　　综合来看，观众主要批评节奏太慢和场面太脏，孟烦了和郝兽医"追狗"、龙文章和孟烦了劝说美国通讯官回团都是"挑战观众耐心"的情节。华谊将"团长"销售到海外时，便剪去了一半的量，使其节奏加快。电影理论界泰斗、张艺谋的老师周传基也公开发表声明，批"团长"从着装、军容、枪械、布景等方面均不尊重史实，甚至称之为"瞎胡闹的烂片子"，让"团长"口碑再度减分。

　　另外，在"团长"首播大结局前，这场真诚与不真诚的争论已经露出端倪。事情起源于央视主持人徐俐的博文，作为一名忠实的"士兵迷"，"团长"在她看来很不真诚："基本没有故事，它只是在借助几个游动的人渣在表达概念，或者是创作者自认为得意的某种深刻……我仍固执地钻牛角尖，兰编与康导真诚吗？如此排场地、佶屈聱牙地、装神弄鬼地讲几个可能没什么大不了的概念，为何有话不好好说呢。"除了徐俐，几乎超过四成以上的"士兵迷"对此感到同样的失望。

　　但是"团迷"却对此嗤之以鼻，他们认为，这是没有看懂"团长"的缘故："这部电视剧不是十全十美，肯定有不足之处，但绝对不是不真诚的，不说别的，就说那么多演职人员172天在云南那么辛苦地拍摄，连卸妆都要两个小时，他们不真诚吗！世界上的人，并不是每个人都是精锐，也有很多这样的炮灰。尽管他们没有精锐的光芒，也许过着不怎么样的日子，但是他们热爱生命、热爱生活。"① （有删节）

《我的团长我的团》结局难参透评价毁誉参半

案例二　2011成影视圈"穿越年"花费少收视高引投资热

　　穿越剧《宫》的爆红，引来无数"穿越迷"追捧，《女娲传说之灵珠》《古今大战秦俑情》《剑侠情缘》等穿越剧也轮番上映。总之，尽管顶着很多"瞎编""穿帮"的骂名，但一股前所未有的穿越风势不可当地席卷而来，这种披着历史外衣的言情和偶像剧，是怎样赢得眼球的？

----

① 《我的团长我的团》结局难参透评价毁誉参半 [EB/OL]．（2009-03-26）[2017-01-22]．http：//ent.sina.com.cn/v/m/2009－03－26/13152439861.shtml．

花钱少、收视高引发投资热

穿越剧的兴起是从中央电视台播出的《神话》开始,《宫》的出现掀起了穿越剧的小高潮,让众多影视公司义无反顾地投身到穿越大潮中。另外,穿越剧在制作和包装上都有着得天独厚的优势,正因为不受年代的限制,因此可以将古装、言情、偶像等各种流行元素充分混搭,可以更加贴近青少年的审美需求和娱乐心理。

穿越剧投资不大,如《宫》的投资在当下电视剧中只属于中小水平,制作周期也很短,但是因为精彩的故事、收视率和回报率很高,所以它成为非常受投资方欢迎的剧种。

言情偶像剧的变种

《宫》的编剧于正说:"在穿越的世界里,考验的并不是你的文化有多深,而是你的想象力是否强大,是否具有娱乐精神。"他认为,《宫》受热捧充分证明了当下年轻人的娱乐精神正在逐步被开发出来,对此应该抱以宽容的态度,不必苛责。

也有业内人士表示,穿越剧其实就是言情剧和偶像剧的变种,这些作品的定位就是迎合年轻女观众。很多穿越剧的主角几乎都是灰姑娘,穿越到古代,凭借现代的思想和知识,找到了属于自己的王子。很多女性会把自己当成女主角,在穿越剧中满足内心的幻想,"灰姑娘"和"时空预知能力"一直是吸引人的戏剧元素。

跟风别过火

有专业人士认为,穿越剧的写作特点是"技术含量不高",制作特点是"短平快",因而引来跟风不断,这也折射出我国电视剧产业的浮躁状态。但是千万不要因为短期回报率高就一味迎合观众趣味,而缺乏对价值观的考量以及对精品的追求。如果潜心打磨精品,穿越剧一定会成为"精神养料"而不是"口水戏"。

别把它当历史

在业内人士看来,穿越剧其实就是披着历史外皮、有着偶像包装的言情剧,虽然在情节上同真实历史有着共同之处,但完全不能用历史的标准去看待。

当前穿越剧的受众大都是"80后"和"90后",业内人士也提醒,千万不要将历史和文学混为一谈,以免对学业和人生态度都造成影响。①

(有删节)

2011成影视圈"穿越年"花费少收视高引投资热

---

① 2011成影视圈"穿越年"花费少收视高引投资热[EB/OL]. (2011-03-16) [2017-01-22]. http://ent.sina.com.cn/v/m/2011-03-16/11073254863.shtml.

不管你是否看过《我的团长我的团》和《宫》，电视剧对你来讲应该不是个陌生的词汇，随口叫出几个在看的电视剧名字绝不是什么难事。不管是英剧、美剧、日剧、韩剧还是国产剧，看电视剧一直是大众文化消费的主要选择。那么电视剧是怎么出现的？它到底是什么？评价《我的团长我的团》这样的剧目应该按照怎样的标准来进行？《宫》这样的穿越剧的出现到底是好还是坏？也许看完了本节的内容你就可以找到这些问题的答案了。

电视剧的诞生

电视剧伴随着电视而诞生。在最初的电视试播中，就有了最早的电视剧。

> 1928 年 9 月 11 日，戏剧表演在历史上第一次通过广播和电视同时播出。在长达 40 分钟的播出中，声音与动作完全同步地一起穿越空间。这次上演的是 J. 哈特利·曼纳斯（J. Hartley Manners）的独幕剧《王后的信使》，这是一个旧的间谍情节剧，多年来一直是业余演员们的最爱。该剧之所以被选来进行这次实验，是因为它只有两个角色，他们可以在电视镜头前轮流出现。①

以上文字刊载于 1928 年 9 月 12 日《纽约时报》的头版，它描述的正是美国历史上第一部电视剧，也是世界范围内出现得最早的电视剧，由美国通用电气公司在 W2XAD 电视台试播。这部《王后的信使》，又名《女王的信使》（*The Queen's Messenger*），其当年的拍摄状况是这样的：

> 这部戏只有两个演员，因为通用电气公司原始的设备无法拍摄更多的演员，两个演员刚好合适。每台摄像机只能拍摄 12 英寸见方的范围——仅仅能容纳一个人的头部。在拍摄现场，三台摄像机是这样安排的：一台拍摄女演员，一台拍摄男演员，还有一台拍摄两位演员的替身，替身演员的镜头也是电视剧的一个基本组成部分。拍摄时男女演员的头只能一动不动，否则就会出画。不论什么时候只要剧本要求其他的镜头，比如一只握着酒杯的手，就必须打开第三台摄像机，在它的取景框里能够看见替身演员们的手。②

由此可见，这部最早的电视剧尽管采用了后来成为电视演播室的最基本配备——三个机位，摄制风格仍然非常原始，但当时人们对它的评价还不错。

在 WGY-W2XAD 电视台广播演播室外的走道上，放了一排通用电气公司品牌的八角形电视机，这些电视机一个挨一个地放在美国无线电公司生产的橱柜大小的无线电收音机上，以供尽可能多的来访记者们观看戏剧播出。广播专栏作家及早期电视爱

---

① 埃杰顿. 美国电视史 [M]. 李银波，译. 北京：中国人民大学出版社，2012：35.
② 麦克奎恩. 理解电视：电视节目类型的概念与变迁 [M]. 苗棣，赵长军，李黎丹，译. 北京：华夏出版社，2003：10.

好者奥林·邓拉普描述说，电视图像"大约有邮票那么大（长和宽都是3英寸），有些模糊和混乱"。如果不考虑审美因素，观众对《王后的信使》的反应总体上是肯定的，因此引起的报纸和杂志报道远远超出了通用电气公司中所有人的想象。①

20世纪20年代后期是美国电视播映的试验期，所以尽管美国播出了世界上第一部电视剧，但世界电视还并没有正式诞生。1936年英国BBC建立电视台。11月2日，BBC在伦敦市郊亚历山大宫的演播室播出了一场盛大的歌舞演出。从这一天起英国在全世界率先定时播放节目，每周播放13小时，扫描行数已达240行（当时算是高清晰度）。后来，这一天被定为世界电视的诞生日。

英国也是电视剧生产大国。世界上第一部完备的电视剧诞生在英国，是由BBC在伦敦播出的意大利剧作家皮兰德罗的《花言巧语的人》，又称《口叼鲜花的人》，这部剧受戏剧的影响很大，并且限于技术条件采用了直播的方式播出。关于这部剧的诞生时间有两种说法，一是1930年，一是1937年。如果是前者，英国的电视剧与美国一样，都是在电视的试验期诞生的；如果是后者，那么英国电视剧的播出效果应该比美国更成熟一些，毕竟当时电视已经正式诞生了。但无论哪一种情况都说明了一个问题，即英国电视剧也是伴随着英国电视的诞生而诞生的。而英美两个国家的这段历史也充分表明了电视剧历史和电视历史是同步的。

中国电视剧的发展历程

初创期（1958—1966）。我国电视剧起步并不晚，但是中途遭遇"浩劫"。1958年5月1日中国第一座电视台——北京电视台（中央电视台的前身）成立，这一年世界上已有67个国家开播了电视。1958年6月15日，北京电视台播出了"电视小戏"《一口菜饼子》，这是我国第一部直播电视剧，标志着中国电视剧的发端。自此，中国电视剧以黑白、直播的形式走过了八年初创时期。这一时期由于客观条件和主观局限，电视剧都是采用直播形式，剧作结构大同小异，往往是一种模式：一条主线，两三个场景，四五个人物，七八场戏，五六十分钟，两百个镜头。艺术处理接近舞台剧。这跟世界电视最初的形态非常相似。

停滞期（1967—1977）。初创期中央和地方电视台断断续续播出了一百多部电视剧，到"文化大革命"开始就停顿了下来。除了《考场上的斗争》等电视剧外，国产剧几乎一片空白。在这期间，技术上有所突破的是1973年10月1日北京电视台彩色电视节目正式播出。

恢复期（1978—1981）。粉碎"四人帮"以后，我国电视剧逐渐复苏，不仅剧目生产量开始增加，新的电视剧种类出现，而且电视剧评选也开始正规化。1978年5月播出的《三家亲》是新时期录制的第一部彩色电视剧，也是电视单本剧时代的开始。1978年5月1日，北京电视台正式改名为中央电视台——中华人民共和国中央电视台，即CCTV。1981年2月5日春节播出的九集连续剧《敌营十八年》，由王扶林导演，是我国第一部电

---

① 埃杰顿. 美国电视史[M]. 李银波, 译. 北京：中国人民大学出版社，2012：35-36。

视连续剧。同样 1981 年，全国优秀电视剧评选活动开始进行，此后每年一次，从第三届起定名为"飞天奖"。

发展期（1982—1989）。党的十一届三中全会之后，改革开放成为时代的主题，带有现实主义和反思色彩的电视剧大量涌现。《蹉跎岁月》《女记者的画外音》《今夜有暴风雪》《新闻启示录》《四世同堂》《新星》《希波克拉底誓言》《努尔哈赤》《严凤英》《西游记》《末代皇帝》等都是这一时期的优秀剧目。同时一些由海外和中国港澳台地区自行拍摄制作的电视剧开始走进中国内地观众的日常生活，如红极一时的《加里森敢死队》《血疑》《女奴》《诽谤》《人在旅途》《霍元甲》《射雕英雄传》等。

成熟期（1990 至现在）。1990 年，《渴望》与《围城》的热播，标志着我国电视剧走向成熟。50 集电视连续剧《渴望》是我国第一部以基地化生产的室内剧。20 世纪 90 年代以来，从《编辑部的故事》（我国第一部室内系列喜剧）到《北京人在纽约》，从《英雄无悔》到《和平年代》，从《三国演义》到《水浒》，从《宰相刘罗锅》到《雍正王朝》，这一时期电视剧的品种、类型更加丰富多样，产量也逐年增长，并出现了一支日渐成熟的电视剧编创队伍。

同时，随着中国家庭拥有电视机的数量急剧增长，观看电视剧已经成为人们业余生活的重要文化消费行为。西方文化思潮在国内的广泛传播使我国学者意识到电视剧生产与文化工业之间存在着不可分割的关系，我国电视剧行业逐渐摸索出一条产业化发展之路。一些由电视剧生产公司投资拍摄的电视剧获得了巨大的经济收益，如由北京电视艺术中心向中国银行贷款 150 万美元摄制的《北京人在纽约》；投资 600 万制作的《京都纪事》，在 128 家电视台播出后，回收的钱已经够后 60 集的摄制费用，后 60 集再播，纯属收益。这些剧作实现了经济效益和社会效益的双赢。

进入 21 世纪以来，经济全球化的浪潮为欧美及亚太地区的电视剧进入中国市场提供了便利。中国电视剧市场看似是一个多元文化公平角逐的场域，实则是各国权力的博弈场。尽管我国国产电视剧产量逐年增加，对东南亚和非洲地区的出口总量也连年攀升，但其真实的传播效能极其有限。反观亚洲的韩国、日本和泰国却对中国电视剧产业造成了强大的冲击，它们不仅在中国市场与中国国产剧竞争，同时在世界范围内与中国电视剧抢夺市场。近年来，国内的流媒体视频网站的发展呈现出上升态势，除了为广大网络观众提供免费的视频资源外，多家主流视频网站逐渐开始具备自行筹拍电视剧的条件和能力。在媒介融合的传播态势下，中国观众具备了拥有更大消费空间和更多观影体验的机会。

媒体的出现颠覆了传统语境下电视剧单向线性传播的模式，在拓宽国产剧传播渠道的同时，也为海外电视剧进入中国市场开创了传播空间，当然这会使得国产电视剧面临更为惨烈的竞争环境。纵观国际市场，我国电视剧面临着来自欧美、日韩甚至是东南亚国家的电视剧的夹击。外压不断增大，内压依旧不减，在恶俗化和同质现象严重、各种"雷剧"充斥电视荧幕的当下，国产电视剧冲出重围成为当下学界与业界竞相探讨的命题。[①]

---

① 关于我国电视剧进入 20 世纪 90 年代以后的发展梳理，本书借鉴了信莉丽等人的观点。信莉丽，庄严. 当前中国电视剧发展的问题与思考 [J]. 东南传播，2014 (7).

电视剧的导源及属性思考

■电视剧导源

由电视剧的诞生史可以看出，电视剧最早与戏剧紧密关联。不论是《女王的信使》还是《花言巧语的人》，都是以戏剧为蓝本创作的。因此，电视剧最早被人们赋予的含义就是"在电视上上演的戏剧"。然而经过近90年的成长与发展，电视剧自身特色日益显现，样式也越来越丰富，其本质含义远远不是"戏剧说"所能涵盖的。

电视剧应该说是承继了戏剧、广播剧和电影三种艺术的一些既有的卓越成就，而形成的一种全新的叙事艺术形态。有一种说法认为，美国的电视剧可以细分为电视戏剧"TV Play"、电视电影/电视故事片"TV Film"以及电视广播剧"TV Radio Play"。而日本的电视剧也有类似的分类，以语言表述为主的叫作"电视广播剧"，受小说影响较深、讲究叙事功能、画外解说较多的叫作"电视小说"，不带或者很少带画外解说的才称为电视剧。电视剧以刻画和表现人物见长，这一点源于戏剧；电视剧以对白见长，这一点取之于广播剧；电视剧以时间和空间的艺术表现见长，这一点学于电影。但电视剧与这三者又有很大的不同，例如与电影相比，它制作简单，不限时长，可连续播出，因此，电视剧又具备了自身应有的审美特性。

关于电视剧的界定，一直有各种不同的说法。按照我们在第三讲中所说的，电视剧是一种以电视录像手段录制而成的，通过电视传播媒介播映声音、图像的新的叙事艺术形式。这一表述比较清晰地限定了电视剧的制作手段、播出方式、艺术构成以及特性。但是，由于戏剧说、小说论、电影说的影响，学界对电视剧的理论认识仍有很大的争议。而且随着数字化网络技术的发展，电视剧已经不仅仅是在电视上播出的节目类型，它可以在网络上播出，因此数字媒体艺术的交互性、碎片化等特质也开始影响电视剧的生产创作，而网络剧更是在电视剧的基础上伴随互联网技术的发展应运而生。对于受众而言，电视剧的界定早已不仅仅是在电视上播出的剧，而是视听形象的表演剧。

■关于电视剧属性的思考

把电视剧拍成了艺术电影是怎样一种体验？

美剧正处于历史上最繁荣的时期，对这个说法我们已经见怪不怪。当人们要赞美一部电视剧时，常见的说法是"这部电视剧拍得像电影一样"——因为电影历来被视为一种更加高级的影像艺术，在制作品质和智性上都是如此。

但现在的电视剧已经可以和电影并驾齐驱了，我们应该从两个角度来理解这个观点。第一个角度，少部分制作精良的电视剧的投资开始向大片看齐，比如《权力的游戏》，这使得它的特效水平和场面规模开始接近于电影；第二个角度，一些电视剧开始拍得像艺术电影。

> 我们都习惯了"艺术电影"的说法,但很少有人说"艺术电视剧",因为电视剧的制作、传播模式决定了它天生要比电影更加大众化。对"艺术电视剧"感兴趣的观众太少,它得不到生存空间,因此像《奥莉芙·基特里奇》(*Olive Kitteridge*)这样的电视剧出现,是一个意外的惊喜。
>
> 《奥莉芙·基特里奇》是一部四集共四小时长的迷你剧,由 HBO 出品,如果这是一部电影的话,我认为它当之无愧是艺术电影。一般艺术电影应该具备的风格特征,它并不缺少。[1](有删节)

以上文字截取于一位影评人的文章。看到这些文字,你会做何感想?我们在这里并非要为一部新的美剧打广告,这不是我们的重点。我希望大家能够注意到文章的标题以及文中提到这部新的美剧之前的那些文字。这些文字都在表明一个问题,那就是在作者看来电视剧原本是不如电影高级的。前面我们说到,电视剧是一种不同于电影的艺术形态。那么这种不同是不是就是电视剧比较"低端"的意思呢?这需要我们弄清楚电视剧艺术究竟是怎样的一种艺术。

电视是在一种大众传播媒介上存在的艺术形态,因此它身上必然带有媒介自身的特点。鉴于此,学者潘可武在分析了媒介与电视剧观念的变迁及其内在机制后,将电视剧认定为是一种电子媒介的艺术。

> 电视技术、电视的媒介特征,使电视剧获得了不同于文学、戏剧和电影等其他叙事艺术的质的规定性,电视剧是一种建立在现代电视技术之上的媒介艺术。确立电视剧的媒介本性将有助于我们认识电视的创作、传播与接收,了解与面对其建立在传播链条之上的社会价值与经济价值的诉求。[2]

学者苗棣也有相似的观点:

> 从艺术传播学的角度来看,电视剧艺术是一种现代传媒艺术,是一种借助电视传播技术制作、在荧幕播映、主要于家庭环境日常性审美接受的新型戏剧艺术形式。它既有大众传媒属性,也有艺术审美属性和商品属性,是新兴电视传媒技术与源远流长的戏剧艺术传统相交融而诞生的一种新型艺术形式。对它的观察,可以采取三种视角:从电视传媒的新闻本位和宣传功能来观察,从艺术审美功能来观察,从作为文化商品的角度来观察,这三种功能和属性当然又有相互包含交集的部分。[3]

显然,苗棣的阐述更加明确了我们对电视剧艺术的考察视角,他告诉我们电视剧艺术的多元属性,对它的考察绝不可以拘泥于一点一面,应该将媒介、艺术、商品结合起来进行思考。

还有一种更为理论化的阐述:

---

[1] 把电视剧拍成了电影,是一种怎样的体验?[N]. 周末画报. 2015-11-26 (10).
[2] 潘可武. 论电视剧作为媒介艺术 [J]. 河南社会科学,2014 (8):70.
[3] 苗棣. 中国广播电视节目概论 [M]. 南京:南京师范大学出版社,2010:91.

在电视传播新趋势和收视新语境下，电视剧要适合多媒介传播，自身不仅要具备艺术品质，也应该具备传媒品质。艺术品质的载体是艺术文本，传媒品质的载体是媒介文本。两者同属于电视剧本体范畴。①

在学者刘进、孙宜君的阐述中，我们可以明确这样的观点：电视剧是艺术和媒介的综合体。对它的评价不能只看艺术文本，还需要解读媒介文本。这种解读在媒介融合的当下，具有绝对的必要性。在他们二人看来，《我的团长我的团》这样的电视剧之所以会毁誉参半，既有该剧自身的品质问题，也有对电视剧传媒品质识别迟钝的问题。他们认为该剧在一定程度上是值得肯定的，比如其多义性和开放性符合媒介文本意义的范畴，简单来说符合当下大众传媒特别是网络媒体的媒介要求。

需要注意的是，评价《我的团长我的团》，得到什么结论并不是重点，由此引发的对电视剧本体属性的思考才是需要重视的。当更多的电视剧已经不仅仅是"电视"制作播出的剧，甚至根本就不是"电视"制作播出的剧，但却反过来仍然可以在"电视"播出时，我们对电视剧的认知是不是也需要改变了呢？

电视剧的主要类型及其特征

对于今天的年轻观众而言，穿越剧并不陌生，它跟仙侠剧、玄幻剧等新鲜名词并列排入了最新也是最受欢迎的电视剧类型当中。然而，从案例二中我们可以看出，这些类型绝对是电视剧大家族中的"小鲜肉"，是刚刚兴起的子类型，因此对它们的梳理研究也刚刚起步。这告诉我们，对电视剧类型的认识是具有相对性的，不论是哪一家之言，也都是一时之说。而且大家分类标准不一，所得出的结论必然有所差别。

我们这里对电视剧类型的划分，是基于电视节目制作和传播实践的划分，而不是纯粹的理论方面的解读。

电视剧类型是根据长期制作、播出而形成的一些类型特征，是约定俗成的。电视剧类型是人们在电视剧欣赏与审美过程中长期形成的一种心理认同经验，是人们对电视剧的一种审美心理的积淀。②

这种划分主要根据类型元素的构成、表现和作用，以及元素与元素之间的组合关系。目前，大致上可以把电视剧划分成革命历史剧、一般历史剧、古装剧、破案剧、家庭伦理剧、都市言情剧和青春偶像剧、军旅剧、情景喜剧、科幻剧、农村剧等。篇幅有限，我们仅就一些主要类型做详细的阐释。

---

① 刘进，孙宜君. 电视剧传播创新与本体新质论 [J]. 现代传播，2010（6）：75.
② 张智华. 电视剧类型特点与产生原因 [J]. 艺术百家，2012（4）：180.

■革命历史剧

> 革命历史剧属于历史题材电视剧中的一种,指反映中国共产党领导的革命战争历史,塑造我国老一辈无产阶级革命家光辉形象的电视剧,是中国电视剧中的"主旋律"作品。

由于意识形态的特殊性,它在文化建设和构建和谐社会过程中起着重要的引导作用。重大革命历史题材电视剧多数取材于中国共产党领导的革命历史,按规定要报经全国重大革命历史题材电影电视剧领导小组审查批准后方可生产。这类剧目实际上是用形象化的手法为中国革命史树碑立传。由于历史人物、历史事件本身具有的影响力,加上领导的重视和艺术家的用心,这类剧往往比较自觉地追求有艺术的思想和有思想的艺术的和谐统一。

近些年,随着社会的变化,革命历史题材电视剧也有了一些创作上的改变。例如2009年的《人间正道是沧桑》,"标志着革命题材电视剧类型美学的创新"[①],而2014年素有历史题材"金牌编剧"之称的刘和平七年磨一剑的《北平无战事》更是被冠以"代表中国水平的电视剧"之称。

《人间正道是沧桑》实际上是由主流革命历史题材电视剧叙事模式、主流电视商业情节剧叙事模式、主流古装历史剧叙事模式杂糅而出的一个新的亚类型,它兼有各类型的特点,又不完全等同于任何一方,能够更加理想地将"革命""历史""戏剧"有机结合,把政治意识形态、历史性理性、人文精神、商业美学和谐地融为一体。首先,在典型人物塑造上,与此前多数同类型电视剧的主人公形象是我党历史上的著名领袖和高级军事将领不同,它采用了"半虚构"的方式,即借鉴《红楼梦》的"隐括"方式,杂取种种,揉成一个,在艺术形象塑造方面具有更大的自由度。同时这部剧非常注重人物的情感和内心,在精神层面上写人物,写的是有"灵魂"的人,而不仅仅是权谋斗争的工具。其次,在情节叙事上,该剧几乎全景式描摹了从1924年到1949年间的中国现代革命史,把家族叙事和革命史叙事有机结合起来,共同推进叙事。亲情恩怨和儒家伦理价值判断、革命政治主题和历史价值判断,共同融合在这部具有现实主义美学特征的电视剧中,人物形象以及故事情节因此更丰满。最后,在主题层面,这部剧重点抒写了"家"与"国"的复杂关系,同时也隐喻了国共两党之于华夏民族的历史。

《北平无战事》的"国剧良心"之誉可以从这几方面来解读。首先,它给我们树立了一个新的或可复制的电视剧制片模式:编剧中心制,即在影视制作过程中以编剧为主导地位。这种模式在欧美及韩国较为普遍,而国内的影视剧多采用导演中心制,甚至是"演员中心制"。后者的恶劣影响已经在我国影视剧领域充分展示出来了,很多剧成本居高不下的原因就在演员身上。剧应该以"本"为中心,以故事为中心,把故事讲明白、讲精彩,以保证作品的质量和个性。《北平无战事》是国产电视剧实践编剧中心制的一个成功范例,在主创阵容中,刘和平既是编剧,也是总制片人,因此他在大小事情上拥有"一票否决

---

① 苗棣. 中国广播电视节目概论[M],南京:南京师范大学出版社,2010:95.

权"，找投资、组团队、谈演员、做发行、过审查，刘和平都亲力亲为。其次，它告诉我们好剧应以好内容为标准。这是一个拼颜值的时代，但是单纯靠演员的颜值、班底的卡司、花哨的包装宣传已经不足以保证好的利润了。"《北平》已成为一种国产剧的新现象，即雷剧退潮、正剧崛起，同时也是一种观众文化的新现象，告别纯娱乐时代，走入拼智商时代。"① 七年磨砺的不仅仅是讲故事的技巧，更有对内容的扎实考证。可以说，这是一部内容丰富的高智商烧脑正剧，不仅让人看得热血沸腾，还能学习到很多知识。最后，它证明了电视剧可以而且应该做到制作精良。五毛钱特技、声画两张皮的配音、出戏的群众演员、俗艳的调色、奇怪的剪辑等一直是观众对烂剧的吐槽点。这部剧则反其道而行之。制作方按照美剧的标准严格要求画质，不仅配备最先进的摄像设备，而且对服化道美各方面均提出了高标准。另外，高达2.25∶1的变形"宽荧屏"规格使观众获得了有如置身于影院一般的视听感受。

■ **一般历史剧**

> 一般历史剧指以共产党诞生前所发生的历史事件和与之相关的重要历史人物为表现对象的电视剧。

这类剧大致可分为两类：

> 1. 以某个或若干个历史事件为表现对象的作品；
> 2. 以某个历史人物的一生或一段生活经历为素材加以表现的作品，因此又可以被称为人物传记剧。

也有的历史剧二者兼而有之。近年来比较有影响的历史剧有《大明王朝1566》《汉武大帝》《大明宫词》《万历首辅张居正》《贞观之治》《大秦帝国》系列以及《辛亥革命》等。

> 此类电视剧的主要人物和事件有比较充分的历史根据，属于"真人真事"的叙事模式，强调对客观历史事实的尊重，追求艺术创作的历史真实性。无论采用审美再现还是审美表现的文本策略，都应具有对"艺术真实性"的主体追求，或追求客观艺术真实性，或追求主观艺术真实性，从而具有现实主义或浪漫主义美学风格。

此类电视剧依然属于主旋律电视剧的创作范畴，因为它们的创作本身是隐含着特定的主流意识形态含义的，符合主流价值观，受官方和精英阶层的广泛肯定。但是与革命历史题材剧不同的是，这类剧在人物评价、主题表达上有较为自由的空间，既可以从精英立场

---

① 王甜甜. 从《北平无战事》看国产严肃正剧的发展方向［J］. 北方文学，2015（3）：132.

上进行创作者个人化的阐释，又可以借鉴"戏说类"的娱乐性，利用游戏性元素来提高文本的可视性，吸引大众的关注。比如在保证基本历史事实真实的前提下，设置一些源于传说、轶事的情节，甚至虚设一些次要人物，来强化矛盾冲突。《康熙王朝》中的苏麻喇姑就是这样一个形象。再如围绕主人公的情感生活设置一些复杂的爱情戏。《大秦帝国》中商鞅的几段情史与婚史基本上都是虚构的。再如，营造战争大场面。随着电视技术的不断更新，很多历史剧都不惜花费巨资来拍摄逼真的古战争场面，增强视听刺激。可见，市场力量促使一般历史剧在符合主旋律的基础上呈现出某些大众化的趋势。

■ 古装剧

> 古装剧，顾名思义就是所表现的人物与事件都不是现当代的，而是古代和近代的。但是它们却不能被称为历史剧。因为古装剧中的主要人物和事件的历史根据没有那么充分，甚至是完全虚构出来的。这些带有杜撰性质的内容显然不能被称为严格意义上的历史。

如果说革命历史剧和一般历史剧都属于主旋律电视剧的范畴，古装剧则属于通俗电视剧的范畴。前者遵循历史真实与艺术真实相统一的创作原则，后者则既可以传说野史、趣闻轶事为基本素材进行编撰，也可以完全不顾及历史事实任意"戏说"，甚至可以完全臆造出一个虚幻的世界，在游戏中追求真人假事或假人假事都可；前者是为了传播历史知识，引导大众认同主流意识形态，后者则主要为了娱乐大众。古装剧根据受众不同的观看兴趣形成了很多子类型，这也是它与两种历史剧不同的地方。

古装剧是一个很宽泛的概念，宫廷剧、武侠剧、神话神魔剧、人物传奇剧，以及随着IP改编而生的穿越剧、仙侠剧、玄幻剧等都可以归属于此类。

1. 宫廷剧

宫廷剧是古装剧中的主要品种，它主要以宫廷为背景来展现宫廷中的各种矛盾和纷争。它所表现的帝王将相在历史上常常确有其人，但表现重点却往往是有关此人的传说和轶事，而且有很多宫廷剧都采用了"戏说"之风。此类剧的代表有《孝庄秘史》《杨贵妃秘史》《戏说乾隆》《宰相刘罗锅》《康熙微服私访记》《铁齿铜牙纪晓岚》等。近两年随着网络小说IP改编的发展，宫廷剧中有了新的样式：宫斗剧和权谋剧。但这些称呼直接移植于网络。尽管仍然着眼于帝王将相，但这些新的样式却大多重点描绘后宫女人之间的争宠斗法，以及前朝君主权臣的权利谋伐。而且其主要人物和事件往往都是杜撰而来，历史背景也常常是架空虚构的，比如《甄嬛传》《琅琊榜》。

2. 武侠剧

武侠剧是以武侠之间的争斗以及爱恨情仇为表现内容的。这算是最具有中华民族特点的类型剧，无论是武侠精神还是中国功夫，都是中华文化所特有的。大陆的武侠剧绝大多数都是改编自武侠小说，而影响力最大的是金庸武侠小说的改编，曾经一拍再拍，甚至有了"金庸剧"一词。此类代表作品有以《射雕英雄传》《天龙八部》为代表的金庸系列、以《小李飞刀》为代表的古龙系列、以《萍踪侠影》为代表的梁羽生系列。

3. 神话神魔鬼仙剧

顾名思义，就是以神话神魔鬼仙传说为题材的电视剧。如《炎黄二帝》《西游记》《封神榜》《聊斋》系列这样的剧目，或具有久远的民间传说作为再创作的基础，或本身就是古典"神魔小说"的电视剧改编，具有"天然的"民间文化底色。它们忠实于原著，再现传说的故事原型，是古代民间文化文本的电视剧版，堪称神话神魔鬼仙剧的"正剧"。而《新白娘子传奇》《春光灿烂猪八戒》，甚至是《新济公活佛》等，则是当代人新编的大众文化文本，以游戏娱乐迎合消费者的口味，带有很强的戏说性质，可以说是神话神魔剧中的"戏说剧"。

■ 破案剧[①]

破案剧是电视剧的主要类型，也是当下非常受欢迎的类型之一。它以破案为主要内容，往往关系国计民生，善于设置破案悬念，以情节吸引人。破案剧呼唤正义、剖析人性，敌对双方进行你死我活的斗争，故事情节曲折离奇，这些都是此类剧的看点与卖点。破案剧主要表现警察、侦探和律师等人的破案工作，这类题材非常符合电视剧的叙事方式和叙事结构，这也是近些年来破案剧受到大众欢迎的原因所在。破案剧按其内容及形态可以分为警匪剧、推理剧、纪实性侦破剧、反间谍剧等几类。

1. 警匪剧

警匪剧大多表现警察与黑社会集团之间的斗争，其中的正面主人公往往与黑社会人物有着这样或那样的关系，使他们在与黑社会的较量中受到感情的困扰，在法律和感情之间面临选择。这一剧种在中国香港较为流行，也是商业电影中非常受欢迎的一种。内地拍得较为成功的警匪剧有以"警匪＋爱情＋悬念＋俊男靓女"著称的海岩系列，如《便衣警察》《永不瞑目》《玉观音》《拿什么拯救你，我的爱人》《重案六组》等，以及将警匪与反腐败的内容结合起来，反黑除恶、反腐倡廉的《大雪无痕》《公安局长》《公安局长2》《绝不放过你》和"黑色系列三部曲"——《黑洞》《黑冰》《天之云，地之雾》（根据小说《黑雾》改编而成），还有根据报告文学《天府之国魔与道》改编而成的电视剧《刑警本色》等。

2. 推理剧

推理剧在国外很流行，著名的有《福尔摩斯》系列和近两年的《神探夏洛克》系列。在国内市场是近些年才开始得到特别青睐。推理剧一般围绕某个离奇的案件来展开，扑朔迷离，悬念迭出，令人提心吊胆。推理剧的关键首先是悬念的设置，悬念设置得越巧妙越离奇，对观众就越有吸引力；其次要有一个高智商而且善于推理破案的主人公，他们可以是公安局的侦察员、法医，也可以是私家侦探、犯罪心理学专家；最后是剧情的发展既要

---

① 此部分内容主要借鉴张智华. 破案剧的基本类型特征 [J]. 中国电视，2007（10）.

出人意料，又要符合逻辑。比较有代表性的推理剧有《少年包青天》《大宋提刑官》《红色康乃馨》《冬至》《他来了，请闭眼》。

3. 纪实性侦破剧

纪实性侦破剧以高度还原现实为主，从案件的发生、侦察到侦破，最大限度地将真实还原，给观众带来耳目一新的感觉。内容的真实是纪实性侦破剧的基础，而故事性则是其价值体现的载体。纪实性侦破剧的故事化，强调表达形式的情节叙事因素，不仅以讲故事的方式代替自然主义的刻板记录，并且可以在题材选择和表现人性世界的深度方面进行挖掘。代表性的剧目有《九·一八大案纪实》《红蜘蛛》《当关》《中国刑警》《女子刑事档案》《中华之剑》《中华之盾》《中国大案录》《世纪大追捕》等。

4. 谍战剧

谍战剧在国外很流行也很有市场，在国内也正逐渐引起人们的注意。虽然我国的第一部电视连续剧《敌营十八年》就是间谍题材的电视剧，但这类剧在我国的发展繁荣主要是2000年以后的事情。谍战剧一般是围绕着某个重大的间谍案来展开故事情节，在人物设置和剧情组织方面与一般警匪剧相类似，但更注意悬念的设置，因为间谍本身就应该是富有悬念的，情节也应该惊险而离奇，这方面又与推理剧相类似。如《无悔追踪》《誓言无声》《暗算》《潜伏》《解密》。我国的谍战剧主要表现清除内患，打击间谍，维护国家安全。它寻找政治性与大众化较好的结合点与协作点，人物塑造平民化。谍战英雄具有普通人的欢乐和痛苦，他们为了国家利益有时放弃了普通人的天伦之乐，选择了沉默、付出甚至牺牲。

■家庭伦理剧

家庭伦理剧在我国电视剧市场上一直是非常重要的一员。

> 它主要以当下城市生活为背景，涉及故事人物间的爱情、婚姻、职业、事业等话题，并在大量的日常生活细节和琐碎事件中展示人物性格以及人物命运的变迁，反映其错综复杂的情感恩怨关系，最后各色人等在一个新的层面上达成平衡，矛盾获得暂时性解决。①

从类型发展史的角度来看，20世纪80年代此类剧已经自成一体，到现在家庭伦理剧已蔚为大观。家庭伦理剧重在表现亲情和婚恋两大内容，因此也可以再将其分为亲情剧和婚恋剧。

1. 亲情剧

此类剧诸如《亲情树》《婆婆》《咱爸咱妈》《父亲》《母亲》《麻辣婆媳》《媳妇的美好时代》《大哥》《亲兄热弟》《嫂娘》《大姐》《姐姐》《儿女情长》等，它们为大众提供与民

---

① 苗棣. 中国广播电视节目概论 [M]. 南京：南京师范大学出版社，2010：105.

族英雄相对应的"家庭楷模",尽可能提供典型形象供观众审美并仰视,释放他们的"亲情渴望",满足他们寻找心理依托和精神支柱的意愿,使他们在移情过程中获得情感释放和审美满足。亲情剧多为正剧,但又有悲剧色彩。支撑家庭的核心人物往往是"殉道者",体现着儒家文化伦理中"仁者爱人"的思想。

2. 婚恋剧

此类剧如《空镜子》《浪漫的事》《牵手》《中国式离婚》《新结婚时代》《婚姻保卫战》《双面胶》《金婚》《蜗居》《王贵与安娜》《裸婚时代》《门第》《新上门女婿》《夫妻那些事》,以及近几年出现的增加了子女教育问题的《虎妈猫爸》《小别离》等,它们为我们描绘了中国社会发展过程中婚姻家庭观念的变化。在这些电视剧中,主人公都被爱与被爱、如何去爱的问题所缠绕。爱情美满、婚姻幸福是人们的愿望和梦想,但是婚恋不是抽象的,不是超历史、超道德的,而是有其特定的历史时代内容。婚恋剧折射出当代中国家庭两性关系的复杂局面,并不断追踪、直面社会热点。例如《蜗居》触及中国千万老百姓家庭的住房问题。剧中有大量非常真实而接地气的桥段、台词,让观众切实地感受到理想与现实、情爱与家庭中的无奈和困惑,赤裸裸地揭示了生活的残酷。

■都市言情剧和青春偶像剧

都市言情剧和青春偶像剧主要是20世纪90年代中国大众文化思潮崛起之后的产物,前者大体上要早于后者。

1. 都市言情剧

都市言情剧以城市为叙事的时空背景,聚焦于特定群体中多个角色之间的情感关系,具有较强的当代精神指向和感性叙事特征。[①]

都市言情剧的主人公大多是青壮年,从文本上来说属于成年叙事或中年叙事。它的产生与发展,既与中国文学的言情传统有关,又与中国都市化进程的推进相连,同时还受到我国港台乃至日本、韩国同类型剧的影响。比较有代表性的都市言情剧有《北京人在纽约》《京都纪事》《天若有情》《书香门第》《越走越远》《让爱做主》《来来往往》《真爱无敌》《渴望激情》《穿越激情》《保卫爱情》等。

2. 青春偶像剧

有一种说法认为,青春偶像剧发源于日本,多由日本人气偶像演员或歌手主演。它强调的并非剧本的张力,也不是演员的演技表现,而是演员的外表,因而此剧主角少见中老年演员,是典型的青春叙事文本,以年轻漂亮的演员,时尚华丽的服装、布景,浪漫迷人的情调,永恒清纯的爱情为基本特征。此类剧比较有代表性的有《过把瘾》《东边日出西边雨》《将爱情进行到底》《奋斗》《北京青年》《我的青春谁做主》等。

都市言情剧和青春偶像剧,与家庭伦理剧有交集,也有明显的不同。其区别在于:

[①] 谢建华. 中国都市言情剧类型源流初探[J]. 中国电视, 2007 (11): 42.

家庭伦理剧中的爱情叙事，在复杂的戏剧矛盾、纠葛中往往隐含和揭示了某种程度的婚姻伦理方面的社会问题，有较浓厚的现实主义意味。而都市言情剧和青春偶像剧更多是一种商业情节剧，虽不无现实讽喻色彩，但主要是以一波三折、跌宕起伏的剧情吸引观众的注意力，带有一定的梦幻色彩。批判现实并不是都市言情剧和青春偶像剧的目的，它们追求的是从较浅的心理层次上来挑动观众情感，以满足商业需求。

■军旅剧①

军旅本身是一个含义比较广泛的词汇。

> 广义上包括军人、部队、战争、军事等一切与军队有关的事务；
> 狭义上则指军队和军队生活，亦即我们通常所说的军旅生涯。

军旅题材电视剧的界定也应该有广义和狭义之分。

> 广义的军旅题材电视剧，指的是一切以部队、作战和战争、军事为题材而创作的电视剧。
> 狭义的军旅题材电视剧，专指以军营或军队生涯为题材，主要反映军队建设、军营和军人日常生活，表现军人内心世界、情感生活的电视剧。

从广义的角度上来看，军旅剧包括的子类型也有很多。

1. 战争军旅剧

此类剧是以我国历史上重大军事行动为题材的电视剧，通过对战争事件、战役经过、战斗场面以及人物和故事情节的描写来刻画人物性格，树立英雄形象，再现某一重大军事行动或阐释某一军事思想和军事原则等。如：《亮剑》《兄弟连》《我的兄弟叫顺溜》《军刀》《大刀向鬼子头上砍去》《生死线》《血色湘西》《杀虎口》《狼毒花》等。

2. 军事演习剧

此类剧指展现最新的军事装备和惊心动魄的演练场景，体现我国在军队建设和军事方面取得的巨大进步和成就，展示我国军人的飒爽英姿和高科技作战能力。此类电视剧将老百姓无法看到的模拟战场和军事演习场面搬上荧屏，使观众得到了娱乐享受的同时拓宽视野、增长见识，是观众比较喜爱的剧种之一。军事演习题材拍摄难度较大，而且对军事知识的要求较高。主要代表有：《垂直打击》《突出重围》《砺剑》《导弹旅长》《DA师》《长空铸剑》《沙场点兵》《火蓝刀锋》等。

---

① 此部分内容借鉴了杨晓军. 军旅题材电视剧的定义、分类及发展沿革新探 [J]. 新闻世界，2012 (6).

3. 军人生活情感题材

此类剧主要是以和平年代为背景，展现军人这一特殊群体不为人知的一面，主要包括他们的战友情、亲情与爱情等，让我们了解到这些看起来既特别又普通的军人们丰富的内心世界。如：《和平年代》《女子特警队》《历史的天空》《激情燃烧的岁月》《军歌嘹亮》《铁色高原》《光荣之旅》《大校的女儿》《士兵突击》等。

4. 军旅情景喜剧

此类剧是情景喜剧的一种，它取材于军营中的日常生活，以普通的军营官兵为主要人物，用情景喜剧的表现形式，把战士们生活中的一些小矛盾、小问题，通过讽刺、夸张、调侃等手段，将其变成充满幽默、睿智的喜剧情节冲突，令人看后忍俊不禁。这类作品以简单紧凑的叙事节奏、活泼健康的青春色彩以及兵味十足的军营气息，把看似枯燥的军营生活演绎得妙趣横生，获得了良好的播出效果和市场回报。如《炊事班的故事》《水兵俱乐部》《卫生队的故事》等。

我们并没有对电视剧类型进行全面的阐述，但即便是就已论及的这些类型来看，恐怕也会有人有这样的困惑：这部剧好像还可以归入另一种类型？我在看的这部剧怎么好像哪一种类型都不是呢？解决这样的困惑不难。大千世界太复杂，社会生活太复杂，电视剧表现大千世界与社会生活，因此电视剧类型混杂出现或是又出现了新的类型，而我们未来得及进行梳理，这些都是自然而然的事情。

电视剧类型混杂有多种情况，可以两种类型相混杂，也可能三种类型相混杂。两种类型混杂的有都市言情剧与家庭伦理剧混杂、青春偶像剧与都市言情剧混杂、宫廷剧与青春偶像剧混杂、青春偶像剧与革命历史题材剧混杂、军旅剧与都市言情剧混杂、一般历史剧与破案剧混杂等。

电视剧是电视节目家族群体中非常活跃的一种类型，其自我更新能力非常强大。2014年，视频网站制播剧迅速崛起，"一剧两星"政策出台，"80后""90后"群体的观剧口味在美剧、韩剧的影响下日新月异，电视剧市场环境正在发生剧烈变化，类型发展也出现新的趋向，IP改编成为最新鲜的话题。

小结：电视剧还是"电视"剧吗？

艺术的发展离不开技术。电视剧艺术的每一步变化都与技术设备的发展和更新密切关联。当下，在多媒介共存并融合的传媒环境下，电视传播将出现非电视化生存和非群体传播的趋势。由此带来的收视变化是"阖家观看的情形将会越来越少见，电视节目将成为各种传播平台的内容。年轻受众收看电视的语境，正从家庭转向个人，其电视节目的载体也从电视转到电脑"[①]。这势必会影响电视剧的传播和创作生产，就如我们有了便携式摄录设

---

① 吴红雨. 解读电视受众：多元化需求与大众化电视 [M]. 杭州：浙江大学出版社，2009：190。

备、电子编辑机后，电视剧开始出现电影化的倾向，逐渐摆脱舞台思维进入单本剧创作阶段一样。而这一次，我们的跨度更大一些，不仅仅是技术设备变化了，连媒介平台都改了面孔。也许在不远的将来，电视剧的名字都有可能不一样了。

思考题

1. 从世界电视剧的诞生过程以及中国电视剧的发展历程中，你能得出哪些结论？
2. 观察任何一部台网联动播出的电视剧，尝试从媒介文本角度对其进行解读。
3. 观察任何一部你喜欢的电视剧，看看它属于哪种类型，为什么？
4. 说说英剧/美剧/韩剧任意一种对国产电视剧类型发展产生的影响。

Chapter 12
第十二讲　广播电视的未来

- 广播的未来
- 电视的未来
- 广播电视的媒体融合方向
- 小结：广播电视的未来发展

案例一　"9·3"阅兵式电视直播赢得广泛关注

2015年9月3日，为纪念中国人民抗日战争暨世界反法西斯战争胜利70周年，天安门广场举行了宏大的阅兵式。为全方位、多角度呈现纪念大会和阅兵式，中央电视台共投入了6大转播技术系统，设置了89个摄像机位，使用了直升机航拍、摇臂摄像机、轨道摄像机、索道摄像机、微型摄像机等最先进的设备，并首次实战应用了由中央电视台自主研发的索道摄像机（天鹰）。

据统计，9月3日当天，全国共有4.89亿电视观众收看了由中央电视台直播的纪念大会盛况；全国共有62家上星频道进行了实况转播，并机总收视率达到25.62%，总收视份额达83.66%；全球共有160个国家和地区的318家电视机构使用了央视制作的纪念大会公共信号，包括美国CNN、英国BBC、俄罗斯RT等国际主流电视媒体全部或部分进行了转播。截至9月3日14时，中国网络电视台多终端独立用户7 800万，"央视新闻"新媒体平台大阅兵视频网友阅读量突破16亿人次，网友互动总量超过4.3亿人次。[①]（有删节）

"9·3"大阅兵视频直播

案例二　电视纪录片《人间世》的新媒体传播

2016年6月起，上海广播电视台融媒体中心和上海市卫计委联合推出的10集大型医疗题材深度纪实片《人间世》在上海新闻综合频道播出。除了电视传播，"Knews24互联网新闻频道"APP在线播放总浏览量超过2 000万，微信、微博和豆瓣网等社交平台又起到了二次传播作用，将该剧推入网络舆论场。该片在豆瓣上好评高达9.6分，新浪微博话题#《人间世》#阅读量已逾2 343.6万。《人间世》的广泛传播引发了两个舆论场的热议，受到社会各界的一致好评。[②]

纪录片《人间世》

案例三　广播报道《致我们正在消逝的文化印记》的新媒体传播

《致我们正在消逝的文化印记》是中央人民广播电台从2015年底开始，集全台力量联手打造并推出的特别节目，旨在记录、传承中华民族的文化印记，探讨在现代化进

[①] 于慧丽. "9·3"大阅兵，央视向世界报告[EB/OL]. (2015-10-17) [2016-09-16]. http://media.people.com.cn/n/2015/1017/c399533-27709230.html.

[②] 朱燕. 中国媒体融合传播影响力榜 传播作品栏目点评[EB/OL]. (2016-08-22) [2016-09-16]. http://yuqing.people.com.cn/n1/2016/0822/c209043-28656135-4.html.

程中如何留住中华民族的根和魂。

在形式上,《致我们正在消逝的文化印记》采用了国外已经相当成熟的"季播"方式。"'季播'方式可以使各主题之间形成区隔,便于集中关注,保持新鲜感。"中央人民广播电台新闻节目中心副主任高岩介绍,各"季"之间留出的时间,也为新媒体预热和互动留出了空间。

节目的新媒体创新传播主要分为两个阶段:预热和同步传播。在预热阶段,历史故事、互动话题、有奖征集、秒拍,种种创新方式"齐上阵",如《方言季》预热,发布"用方言播报摘""方言四六级考试""方言表情包"征集受众参与;《工匠季》预热,用"秒拍视频""经典音乐"吸引受众关注;《地名季》预热,用有关地名的街采对话照片制造幽默效果引发受众思考……用高岩的话来说,就是"使出浑身解数,吸引大家关注"。而在同步传播阶段,中央人民广播电台旗下的微博、微信、客户端等新媒体平台"齐发力",通过对节目作品进行再创作,实现二次传播效果。①

央广网专辑《致我们正在消失的文化印记》

直播类新闻节目一度被视为最具有电视魅力的节目类型,《世界反法西斯战争胜利70周年阅兵式电视直播》②既体现了央视新闻团队的直播节目制作能力,又在新媒体传播中实现了对电视直播的补充。借由"V观大阅兵""双屏互动阅兵""抗战日历之我的胜利日"三款新媒体独立产品,受众通过央视新闻新媒体平台实现了互动体验,全面了解了抗战胜利70周年的伟大意义。

电视纪录片《人间世》的热播在2015年一度成为坊间热议的话题。在传播碎片化的时代,一部电视作品能够抓住人心,收视率居高不下直至发酵成为社会话题,除了"内容为王"的成功,《人间世》在传播形式上的创新同样取得了成功。

广播节目《燕赵传奇》以高收听率引发广泛关注,体现了广播节目践行媒体融合的成功。该节目以多媒体矩阵形式和电台进行同步传播,贴合了新媒体传播聚合与互动的特性,并在此基础上形成以广播节目为中心的完整产业链条。

这些年关于广播电视践行媒体融合的案例可谓不少,甚至可以说,近几年高收视的广播电视节目都离不开新媒体的介入。在新媒体力量日趋强大的今天,这是否预示着广播电视等传统媒体的必然发展方向?融合式发展的背后,是广播电视媒介特征的消弭还是广播电视媒介特色的更新?我们如何看待广播电视的未来趋势?

广播的未来

进入21世纪后,人们对于传统媒体处于危机的担忧越来越强烈。对比报纸媒体和电

---

① 张薇. 创新创优广播节目的融合密码 [J]. 光明日报, 2016-08-11 (6).
② "世界反法西斯战争胜利70周年阅兵式"也被称为"9·3"大阅兵。

视媒体，广播媒体长期处于弱势地位。尤其在电视出现之后，"广播不会消亡"的论调总是频繁出现，折射出许多研究者对广播媒体的担忧与失落心态。直到20世纪末、21世纪初，以电子计算机和互联网为主要载体的新媒体迅速崛起，一举改变了现存所有媒体的内涵与外延。值得注意的是，多年来一直处于相对弱势地位的广播媒体在这股风潮中却显得格外坚挺。

■广播功能的阶段性呈现

广播是以声音为唯一传播渠道的媒体类型，因此声音优势是广播最突出的媒体特征。对广播媒体优势的认识，离不开广播节目的发展过程。在不同的发展阶段，广播媒体承担了不同的社会功能，呈现出不同的媒体优势。

1. 广播诞生初期：声音类节目的开拓与创新

广播是典型的20世纪特有产物。1921年美国的第一个广播电台获得联邦政府许可证，1923年广播网诞生。[1] 值得注意的是诞生近百年的广播网是最早具有互联概念的媒体系统，被一些学者称作现代网络雏形。[2] 在这个过程中，广播剧、广播音乐、广播喜剧、广播新闻等节目陆续出现，节目形态越来越丰富。经历了和报纸的媒体大战之后，广播屹立不倒并很快迎来了新的变数。

广播功能的开拓和广播内部的竞争关系紧密。在哥伦比亚广播公司和全国广播公司的相互竞争中，广播迎来了第一个黄金时代。有一个有趣的说法，"广播更完美地适应了诗人的使用，是诗人自己设计了他们"，这里指的是1937年哥伦比亚广播公司的广播节目《沉沦的城市》演示了广播可以成为诗人的媒介。广播界和文学界、电影界、戏剧界之间的人才跨界案例越来越多，各种观念被引入广播领域，最终形成了崭新的节目形态。

在这个阶段，还发生了在广播历史上最为经典的事件。1938年哥伦比亚广播公司的广播剧《火星人入侵地球》播出后效果惊人，这个由现场记者描述出的火星人入侵地球的场景，被许多听众信以为真，成千上万的人为此惶恐。在剧中被描述为入侵地点的新泽西和纽约的地区路面被惊恐的人群所堵塞。排除时局氛围的影响，广播剧惊人的感染力也可见一斑。

2. 特殊时期的广播：凸显广播的快捷时效性和舆论引导力

广播事业的兴起最早开始于美国，兴起的动因与两次世界大战有紧密联系。在战争中，所有参战国家都把广播作为进行心理战宣传的最有力武器，多种广播节目形式被创造出来。

在紧张局势中，广播在时间上的快捷和在态度上的可亲很快为它迎来了发展的新高度。随着时局日趋紧张，广播新闻对当时的公众越来越重要。1933年新上任的罗斯福总统开始了面向全国的第一次系列广播讲话，这就是著名的"炉边谈话"。政治家罗斯福展示了广播的政治力量，广播的政治功能也开始被各国政府所重视。战争期间的广播建设，

---

[1] 希利亚德，基思. 美国广播电视史 [M]. 秦珊，邱一江，译. 北京：清华大学出版社，2012：1.
[2] 希利亚德，基思. 美国广播电视史 [M]. 秦珊，邱一江，译. 北京：清华大学出版社，2012：36.

俨然成为世界性的政府共识。多少革命儿女，正是听着革命的广播奔赴革命大本营。广播的重要功能，由于战争而愈加凸显。

哪怕到了和平年代，广播依然是覆盖面最广、时效性最高，同时也是感染力最强的宣传媒体。第二次世界大战后"美国之音"在全球的发展壮大，正是美国外交战略意图称霸全球的一个媒体表现。广播的这种特性也同样适用于非战争的特殊时期，比如灾难期的信息宣传。我国在从2008年的雨雪冰冻灾害、汶川地震，到2010年玉树地震、2013年芦山地震，再到2014年的云南鲁甸地震，在历次重大自然灾害中，中央人民广播电台和各地方电台都进行了应急广播实践。在这些灾难中，"国家应急广播"作为呼号，迅速启动对灾区民众的定点、定向播出，显示出应急广播的巨大作用。

3. 窄众广播时代：广播"专业化"的开始

广播第一次迎来历史发展新生机的机遇得益于汽车的普及。美国广播界有句名言"车轮子和干电池拯救了广播"，说的是20世纪六七十年代汽车尤其是私家车收听的优势使广播继续生存下来。不仅在美国，世界范围内广播的新一轮复苏也主要得益于汽车的迅速普及。移动的车内，狭窄的空间杜绝了一切视觉媒体存在的合理性，而广播凭借其声音优势完美契合了有车族的媒体需求。两者之间的精准匹配，使得广播甚至可以被视作最早的"窄众"媒体。从受众特点来说，有车族人数庞大，年龄上处于壮年期，经济实力较好，这批人既是广告市场的宠儿，也是媒体市场的主力。在滚滚车轮上，广播一边继续摸索细分市场，一边不急不缓地向前发展。

汽车广播的兴起，既是广播复兴的历史机遇，又是广播专业化的开端。据全国511个电台近1 500个频率的统计，2015年广播收听市场继续呈现多元化和专业化趋势，交通、新闻和音乐三类依然是中国广播收听市场的主角。其中，全国交通广播频率个数占比是21.1%，虽然频率个数占比不多，但随着车载听众在整个广播听众中所占比例的扩大，交通类频率的影响力越来越大。另一个趋势是广播收听具有明显的区域性优势。据统计，2015年中央级、省级、市县级电台的市场份额分别是10.3%、34.4%、55.3%，体现出明显的区域接近性收听特点。此外，中央电台在直辖市的市场份额明显高于其他城市，直辖市及省级电台的市场主要在直辖市和省会城市，市县级电台的优势则体现在非省会城市。[①]

作为传统广播进一步细化的产物，交通广播和区域广播的兴起体现出广播媒体"专业化"和"区域化"的发展趋势。

4. 新媒体广播时代：广播功能的再开发

如果说广播的第一次复兴机会来自以汽车工业为代表的工业化时代，那么广播的第二次复兴也许和后工业化时代息息相关。进入21世纪以来，高科技迅猛发展，尤其是多媒体技术和信息技术已成为后工业化时代转型的两个重要杠杆，它以惊人的速度全面影响着

---

① 梁毓琳. 三级电台各领风骚，本地广播优势明显 [EB/OL]. (2016-07-29) [2016-08-16]. http://www.bpes.com.cn/zh-CN/displaynews.php? id=4109.

人们的工作方式、学习方式乃至生活方式。如果说私家车的出现和普及曾经影响并改变了当时人类的生活方式，那么今天以网络技术为代表的新媒体技术对人类生活方式的影响之大则远远超过以往任何时候。在这个变局中，广播又一次站在时代浪头。面对新时代，广播仍然具有无法比拟的适应性与独特性优势。

借助新媒体技术，广播逐渐开拓凭借收音机接收广播之外的非传统市场。当广播开始关注新的受众、新的传播技术、新的媒体环境后，新媒体广播时代也就到来了。在这个时代，广播同样需要面对转型压力，需要针对其媒介功能进行更为多样化的产品开发。

■ 广播的媒体特征

新媒体时代广播呈现出来的主要特征为：非视觉性媒介、背景性媒介、最迅捷的媒介、弹性媒介，[①] 这四个特点也体现了广播在新媒体时代未来的生存空间和相对的优势领域。

1. 非视觉性媒介

非视觉性也即声音属性，是广播存在的本质特征。所有的媒介在新媒体时代竞争的唯一对象就是受众的媒体消费时间。作为唯一的听觉媒介，广播的特殊性给予广播更大的发展空间。相对于视觉类媒介产品的多元化，声音类媒介产品的开发潜质是巨大的。不论是语言还是音乐、音响或者三者的任意组合，足以承载多种形态的声音类媒介产品。

2. 背景性媒介

作为非视觉性媒体，广播的特殊优势就显露无遗，因为听觉不同于视觉的一大特征就是人类可以在同一时间收听不同来源的声音。这也是广播被称为背景性媒体的由来。这个优势曾经支持广播成功入驻私家车，开辟了最早的广播细分市场。它也将支持广播入驻人类生活的一切场所，成为所有生活空间的背景媒体。正是因为广播具备背景性媒介的特点，同时又极具声音感染力，所以常被人称作"伴随性"媒体。

3. 最迅捷的媒介

迅捷指的是广播的高时效性。由于广播节目制作便捷、流程相对简单，在传统媒体中广播的时效性是最高的。在广播节目运行过程中，听众经常可以听到主持人中断正常节目安排，插播来自新闻现场的最新报道。而在新闻现场，记者只凭借一部手机就可以实现连线报道，满足了节目受众"求快"的心理需求。这种第一时间播报最新消息，打破常规，随时插播动态信息的运作机制，极大地发挥了广播媒体直击现场的"迅捷"优势，对受众形成了极强的吸引力。迅捷优势是广播自诞生以来一直为人所熟知的优点，正因为如此，广播才会在政治领域以及其他特殊领域发挥重要功能，如应急广播在灾区发挥的重要作用。

4. 最具弹性的媒介

广播的高弹性可以理解为广播媒体的高强适应能力。从广播诞生、发展的历史足见广播媒体的自我调适能力极强，这和广播产品成本低廉、流程简单有一定关联。所谓"船小

---

① 孟伟. 走向后广播时代：英国广播受众媒介接触的两大新趋势 [J]. 现代传播，2010（10）.

好调头"，自由掌握方向的广播在每一个历史时期都发挥了不同的功能，呈现出不同的优势。广播从诞生初期的兴盛到电视出现后的一度衰落，继而在汽车时代迎来新生，在新媒体时代赢得新的转机，至今仍然保持着持久不衰的生命力。

电视的未来

与 21 世纪以来报纸、期刊等传统媒体的快速衰退相比，互联网对电视媒体的冲击并不明显。但是自 2013 年起，国内传统互联网企业纷纷推出互联网电视业务，使得长期在家庭空间居于主导地位的电视必须直面互联网竞争。在此形势下梳理电视发展历程、明确电视媒体特性，成为电视转型发展的必经之路。

■电视的进阶性发展

作为 20 世纪影响人类的重大发明之一[1]，电视的重要性一度和蒸汽机、电话、汽车相比肩。作为技术的电视，它的发明是一个不断演化的过程；同样，作为媒介的电视，从电视机构的出现到电视产业的壮大，也经历了一个不断扩张的过程。

1. 作为技术

1900 年 8 月 25 日，法国人波斯基在巴黎国际电子大会上宣读论文，首次使用了 television 的英文名称。英文中的"电视"名称来自希腊文，是"远处"（tele）和"景象"（vision）两个部分的结合。可见，电视技术就是"远距离传送活动景象"的技术。从电视名词的出现到电视诞生，其中经历了一个漫长而复杂的过程。比如，电视的发明人一直争议不休，许多国家的电视支持者都提出了各自的"电视之父"，包括英国的"电视之父"为约翰·L. 贝尔德（John Logie Baird）、德国的为卡尔·布劳恩（Karl Braun）、俄国的为鲍里斯·罗辛（Boris Rosing）、日本的为高柳健次郎（Kenjiro Takayanagi）等。[2] 可见，电视的诞生的确不是一人之功。

电视作为一种技术，不仅仅是一个摄像机加上一个接收机，而是由构想、发明、商业化、节目生产、不断革新等环节构成的一个动态过程。电视的诞生既需要独一无二的发明家，也需要平凡的工程师；既需要有远见卓识的工业家，也需要第一线的公司管理人员；既需要创新性人才，也需要用于采纳并接受新技术的消费者。因此，20 世纪电视的诞生并不是仅仅延续了 19 世纪的研究，而是一个周期性的再发明过程，这个过程一直到今天仍在继续。[3]

2. 作为传媒

可以说，在作为一种技术出现之前，电视这一观念早已存在，但是在电报发明之前，

---

[1] 回顾：20 世纪世界重大事件 [EB/OL]．(1999-09-13) [2017-01-22]．https://news.sina.com.cn/world/1999-09-13/13956.html．

[2] 埃杰顿．美国电视史 [M]．李银波，译．北京：中国人民大学出版社，2012：13．

[3] 埃杰顿．美国电视史 [M]．李银波，译．北京：中国人民大学出版社，2012：35．

制造一个可从一地向另一地远程传送运动图像的设备的想法，并没有被人们认真地考虑。"20世纪有五种原生大众媒介是在19世纪最后25年发明的，即电话、留声机、电灯、无线电报、电影。"这些新的传播技术在新的发现和技术性发明的基础上，又进一步激发了人们创造性的思想和行为，使其如巨潮般猛增，并于半个多世纪后在电视诞生时达到顶点。①

据调查，电视在城市家庭中被采用的速度比此前任何新的传播技术都要快。以美国为例，电视进入美国3 500万家庭只用了10年时间，而电话用了80年，汽车用了50年，连无线电广播也用了25年。②凭借其视听双通道的即时传播优势，电视逐渐扩大了影响力。在这个发展过程中，电视新闻、电视综艺、电视纪录片、电视剧等多种形态的节目随之出现，电视成为最具影响力的大众传播媒介之一。

3. 作为生活方式

作为建立在新技术基础上最重要的大众传播媒介之一，电视以其特有的传播特征和方式，建构了当今社会交往的特殊形态，促成了当代社会典型的生活方式。"沙发土豆"③一度成为对沉迷于观看电视的观众的戏谑性说法。

与此相关的是电视机成为家庭中心，看电视构成现代人生活方式的重要内容。对于大多数人来说，电视提供了他们一个关于世界的总视野。在卫星技术的辅助下，电视节目的交流日趋频繁，逐渐形成了全球性质的电视节目市场。"像美剧一样""像韩国综艺一样"成为年轻人的流行指南。

但这一切都随着互联网时代的来临而发生了变化。与以往所有媒体不同的是，互联网自它诞生之日起就是全球性媒体。而且互联网凭借其无与伦比的传播优势，比人类历史上任何其他传播媒介的发展速度都要快。在此形势下，尽管曾经出现过"电视将亡"的不成熟预测，但事实证明，电视在"数字时代"的表现远比人们的悲观预测要好得多。在"数字化生存"成为生活状态的今天，"数字技术"既彻底改造了电视，又为电视的未来提供了新的生机。

正如提出"数字化生存"口号的尼古拉斯·尼葛洛庞帝所言，"开启未来电视的关键是不再把电视当作电视"④。电视的未来一定基于改变，但改变的基础一定建立在对电视媒体个性的明确认知和对电视与互联网共性的清晰判断之上。

■电视的媒体特征

在传统的媒介语境中，电视概念相对简单。根据电视英文television的词义，电视最基本的概念是"远距离传输和播出的图像"。在这个定义限定下，电视的播出方式强调直播化，播出形态强调栏目化，播出平台强调频道化。

---

① 埃杰顿. 美国电视史 [M]. 李银波, 译. 北京：中国人民大学出版社, 2012: 15.
② 埃杰顿. 美国电视史 [M]. 李银波, 译. 北京：中国人民大学出版社, 2012: 序.
③ 沙发土豆，是对英文"couch potato"的翻译，意为总是坐在沙发上看电视的人。
④ NEGROPONTE N Being digital [M]. New York: Vintage, 1995: 48-49.

1. 传播手段的综合性

电视出现后，一度被视为继电影、广播之后在当代电子工业高度发展基础上诞生的一种新型传播媒介，为人类社会带来了一个崭新的电视时代。这种"新"体现在电视相对于其他类型传播媒介的显著优势之上。比如，印刷类传媒长于抽象概念的传达，但无声无像；广播重在"声情并茂"，但缺乏直观形象；电影声画结合，但无法实现"同步直播"。显然，电视的出现弥补了此前媒介的主要劣势，因而具有巨大的传播优势。

2. 传播内容的多样性

电视传播内容的丰富性体现在电视兼具视听多样化的传播特点，兼有报纸、电影、广播等传播媒介的某些优势，节目形态多样化，接受人群广泛。五花八门的电影节目，在内容上包含了远比其他传播媒介更为巨大的信息量，比如电视新闻节目兼容了报纸、杂志、图片、漫画、文字等人类历史上所有的传播元素，电视文艺节目则包含了音乐、舞蹈、魔术、小品、杂技等多种艺术类型。

3. 传播特色重在直播

值得注意的是，电视传播的独有特性是直播化，也就是电视通过同步播出的形式最大限度地实现了纪实性和现场感。同时，长期以来的电视收看惯性逐渐形成对"媒介事件"的仪式化收看，这也构成了电视传播的独有魅力。

例如 2008 年中央电视台的"汶川地震"直播报道就是一个典型。传播学者高晓虹在评价"汶川地震"报道的意义时，认为电视直播真正做到了"细节的真实、现场的真实、事实的真实、展现的真实，大大提升了新闻报道的真实性和可信性"[①]。同时，灾难现场、三分钟默哀、领导人的视察等构成了一个"神圣仪式"，个人和集体正是通过仪式建立了认同关系。正是通过"令国人乃至世人屏息驻足的电视直播的历史事件"[②]，不同性别、不同阶层、不同地区的人都被集合到一个"共同体"中，这就是电视传媒的巨大力量。

4. 传播效果强调随意性

电视的收看方式带来电视传播的随意性。实际上，电视之所以能够深度涉入人类生活，正是因为电视收看的随意性特征。电视节目的随意性传播，使得电视机成为事实上的"客厅中心"，电视艺术成为理想的"家庭艺术"。

应该说，电视作为此前所有媒介形态之集大成者，一度成为对人类生活影响最大的媒介类型。进入新媒体时代后，移动互联网为电视提供了一个全新的媒介环境，对电视内容的制作、传输和播出都产生了深刻影响，也在逐渐改写电视的概念。

因此，传统意义上的电视媒介优势在新媒体时代都不再具备唯一性。以网络媒体和移动媒体为代表的新媒体突破了电视的时段限制；突破了传播时间的线性播出观念；突破了传播空间的地理划分障碍；突破了传统单向线性传播的模式。可以说，新媒体的出现一举

---

① 高晓虹. 电视直播报道常态化的重大进步："汶川地震"电视直播报道带来的思考 [J]. 现代传播，2008 (3).
② 戴扬，卡茨. 媒介事件 [M]. 麻争旗，译. 北京：北京广播学院出版社，2000：1.

改变了原有的传播格局,对电视传播形成了巨大冲击。

广播电视的媒体融合方向

在新媒体时代,广播电视传播手段的垄断性优势已不复存在,传播内容上的独有优势也所剩无几。广播电视该何去何从成为所有广播电视人的共同话题。

近几年,广播电视的发展越来越趋近于媒介融合方向。中共中央总书记习近平于2014年8月18日主持中央全面深化改革领导小组第四次会议,审议通过了《关于推动传统媒体和新兴媒体融合发展的指导意见》,将媒介融合问题提升到了新的高度。

所谓"媒介融合",它的概念众说纷纭。早期媒介融合多指向"传播形态融合",也即各种媒介呈现出媒介功能一体化的趋势,也就是指技术形态的融合。20世纪90年代末,媒介融合已经是纳入受众或企业层面的一种产业融合,包括常规管理、广告销售和新闻共享等的多平台运作。从技术到产业的融合之后,媒介融合又包括从媒介生产到消费者、用户的自由转移等方面的会合与交融,即所谓文化的融合。

综合多种观点后,传播学者丁柏铨提出,媒介融合是由新媒体及其他相关因素所促成的媒介间在诸多方面的相交融的状态。一是物质层面的融合,即工具层面的融合;二是操作层面的融合,即业务(包括传播业务和经营业务)层面的融合。三是理念层面的融合,即意识层面的融合。[①] 自引入到现在,媒介融合已经进入国家战略,成为媒介创新的一个尺度和目标。作为传统媒体的代表,广播电视的发展同样概莫能外。

■**物质层面的融合,也即工具层面的融合,指广播、电视播出呈现出多种媒介功能的复合型技术形态**

在案例一中,中国人民抗日战争暨世界反法西斯战争胜利70周年纪念大会直播节目不仅通过央视平台播出,同时在央视网络、腾讯、新浪、乐视、爱奇艺等多个网络平台同步播出。案例三中,广播特别报道《致我们正在消逝的文化印记》在中央电台10套频率播出,同时通过央广网、银河台、蜻蜓FM等平台播出。在上述案例中,广播电视节目上传网络成为网络电视、网络广播的内容,并通过网络实现同步直播以及随时点播。这种方式打通了不同媒介的功能,实现了"你"中有"我""我"中有"你"。

电视和网络实现媒介融合的途径可以分为两类:一种是在线直播和点播,传统广播电视与新媒体实现内容融合,如央视网对央视节目的同步图文视频直播,如图12-1;一种是专门的网络电视或者网络广播,如依托中央人民广播电台和中国广播网创办的网络电台——银河台,如图12-2;或者独立的音频媒体平台比如蜻蜓FM,如图12-3,这些平台上的节目可通过互联网和手机两种方式收听和点播。

---

① 丁柏铨. 媒介融合:概念、动因及利弊 [J]. 南京社会科学,2011 (11).

图 12-1　央视网同步直播阅兵式界面

图 12-2　银河台中国之声界面

图 12-3　蜻蜓 FM 中国之声专题节目界面

■操作层面的融合，包括传播业务和经营业务层面的融合

传播业务上的融合要求广播电视工作者掌握为不同媒介工作所需要的不同类型技能，如能够撰稿、摄影、录音、摄像、剪辑，也即掌握处理文字、图片、音频、视频制作的基本技能。目前，在广播电视新闻领域的媒介融合开展得比较好，普遍提倡对广播电视新闻从业人员实行全媒体技能培养。经营业务上的融合要求广播电视经营人员在资本运营、机构设置等环节按照媒介融合要求进行整合，而不能停留于各自独立的运营阶段。它是发生在向受众提供产品或服务过程中的业务流程融合，以及构建一种在多平台中运作的商业模式。

如上海广播电视台技术运营中心创意开发的《@Radio 广播全媒体制播平台》项目，前方记者可以随时随地采集资讯并上传到云端，后方编辑主持人可以随时随地调阅编辑素材并播出。通过该系统，主持人还可以实时与在微博、微信、阿基米德等新媒体平台上的用户进行互动，而听众和用户的反馈，所提供的图、文或音频可通过便捷安全的通道被直播节目所采用。

如湖南广电集团从2014年开始切断对所有互联网视频平台的内容供给，集全台之力打造自有平台——芒果TV。在"以我为主，融合发展"理念指导下，芒果TV迅速整合旗下所有的新媒体业务，形成一云多屏（PC端、移动端、OTT端、IPTV等）的新媒体传播平台，力图构建完整的芒果互联网生态圈和内容分发渠道，实现内容IP宣传和广告营销传播的价值最大化。同时，芒果TV致力于打造从内容到形式上都具有互联网特色的网生IP，在国内最早将弹幕技术、360度直播技术运用于电视节目的网络直播当中。

值得注意的是，物质层面和操作层面的媒介融合趋势往往容易产生全媒体化误区，导致电台、电视台花费重金构建网络平台，或者在每一个时兴的社交媒体上攻城略地，以实现自身的"媒介融合"式转型。那么，是否每一个广播台、电视台都需要建立自己的网络平台？是否每一个广播电视行业员工都需要进行全媒体技能培训？在不计成本的前提下，假设以上措施都成立，那么我们很可能迎来所有的广播、电视节目都通过新兴媒体平台传播，结果导致广播电视媒体用户流失，致使广播电视媒体渠道优势丧失，周而复始形成不良循环的结局。

这就涉及如何理解"媒介融合"的问题。传播学者彭兰提出切不可把"媒介融合"等同于"全媒体化"，全媒体化只不过是通往媒介融合的一个途径，是一个阶段性的战略。[1]认识媒介融合，最重要的是重新认识数字时代媒体产品的内涵以及生产主体的变化，也就是说，最重要的是观念变革。

■理念层面的融合，即意识层面的融合

这个层面的"媒介融合"最关键的是如何理解"媒介融合"的本质，如何指导以广播、电视为代表的传统媒体和新媒体之间实现"融合"。在新媒体出现之前，不同的媒介如广播、电视、报纸之间界限分明，既没有必要、也没有可能实行媒介融合。与此相对应，人们对媒介及媒介之间关系的理解相对固定，如电视台和电视节目、广播电台和广播节目之间的对应关系都体现出较为封闭的思维性质。以数字化和网络化为特点的新媒体兴起之后，媒介之间的界限逐渐消弭，媒介平台和媒介产品不再一一对应。

面对来势汹汹的新媒体，广播电视媒体纷纷扛起"媒介融合"的大旗。但"媒介融合"是一条新路，所有人都在探索着向前行走。理解"媒介融合"，首先需要理解新的时代背景下的媒介特性。美国学者杰伊·大卫·波尔特（Jay David Bolter）和理查德·格鲁辛（Richard Grusin）在《再造：了解新媒体》（*Remediation：Understanding New Media*）一书中，提出"直接性（immediacy）、超媒介性（hypermediacy）和再造（remediation）是现代媒介的三个重要特征"[2]。以三者为核心概念，作者阐释了新旧媒介之间存在的一种相互影响、相互吸收、相互调节的关系，开辟了一个研究媒介融合的新思路。"新媒介所

---

[1] 彭兰. 如何从全媒体化走向媒介融合 [J]. 新闻与写作. 2009 (7).
[2] BOTLER J D, GRUSIN R. Remediation：understanding new media [M]. Cambridge：The MIT Press, 2000：273.

谓的'新'来自它们重塑旧媒介的特定方式以及旧媒介重塑自身来应对新媒介的挑战的方式。"① 基于此，有学者提出，媒介再造所体现出来的新旧媒介的互补性、重塑性以及整体性表明它就是媒介融合的实质，媒介融合本质上是一个媒介再造的过程。②

基于"媒介再造"观点，我们可以看到，首先媒介融合是一个量的积累过程。广播电视的媒介融合首先基于新媒介对广播电视的改造和补救。如传统广播电视节目线性播出、不可储存的劣势完全可以通过新媒体加以弥补。同时，新媒介在保留广播电视优势的同时注入了新的元素，使两者取长补短，渐进地实现融合。这个时期的媒介融合主要是以数字化信息为基础，网络媒介对传统广播、电视媒介的重塑催生了音频网站、视频网站等新兴媒介形式。

其次媒介融合也是一个质的突变过程。随着新媒介对广播电视媒介的不断改革，两者逐渐融合成为一个与新媒介和旧媒介都有区别又有联系的一种全新媒介。在这个时期，新媒体从以网络化、信息化为核心迈向以社交化、移动化为核心，社会化媒体迅速崛起。社会化媒体模糊了媒体和受众之间的界限，受众不仅是信息的接受者、使用者，更成为信息内容的提供者，如此一来"传播者"和"受众"的界限被模糊，人人都成为自媒体，具有传受的双重性。在这个时期，广播电视的媒介融合必须紧紧把握好媒介再造的可能途径，重塑广播电视媒介流程、产业链和价值链。

因此，对于广播电视单位来说，未来推进媒介融合必须要把握好两个平台，一个是打造基于大众传播的常规媒体融合平台，实现广播电视以数字化、网络化为先导，在信息采集、发布等方面的合作与融合。另一个则是建设社会化新媒体平台，大力开发网络平台、移动平台，推出客户端、二维码、博客、微博、微信公共号等社会化媒介，将其纳入自己的综合业务平台中。在此基础上，实现新老媒体平台的融合，也即实现广播电视媒体和社会化媒体的融合，使大众传播与个体传播越来越有机地融合在一起。

小结：广播电视的未来发展

在媒介融合形势下，新媒体时代的广播电视呈现出业务融合化、节目碎片化、播出社交化和终端多屏化的特点。当前，移动互联网及其相关技术还处在不断完善和发展之中，影响着传统广播电视的产业生态、运行模式和竞争格局，并逐步改写广播电视的概念。应该说，广电媒体融合的道路正在探索中前进。技术创新走多远，媒体融合就能走多远，广播电视也就能走多远。

广播电视的未来发展需要注意以下几点：

一是转变理念，建立受众本位的广播电视节目创新体系。一方面新媒体时代的受众需求呈现出明显的个性化、多元化、动机强化趋势，另一方面新媒体时代媒介消费和媒介生产的界限日趋模糊，受众参与节目生产的概率变大，因此，广播电视必须切实转变传播理念，以受众为中心，利用信息技术资源，重新进行角色定位和机制创新。

---

① BOTLER J D, GRUSIN R. Remediation：understanding new media [M]. Cambridge：The MIT Press, 2000：273.
② 党东耀. 媒介再造：媒介融合的本质探析 [J]. 新闻大学, 2015 (4).

思考题

1. 如何理解广播媒体特征，它具备什么独有优势？
2. 如何理解电视媒体特征，它具备什么独有优势？
3. 如何正确理解"媒介融合"概念以及广播电视的"媒介融合"路径？
4. 以"中国之声"为例，搜索它现有的媒介融合途径，并对目前所有途径的实施效果进行点评。
5. 以央视春晚为例，请设计一套央视春晚电视直播与新媒体相融合的方案。

二是创新模式，全力推进新型节目生产。新媒体环境给广播电视发展模式创新尤其流程再造的创新提出了更高要求。现阶段必须实现广播、电视、互联网等媒体资源的有效整合，从而实现全媒体节目生产，创新全新节目形态。

三是完善节目价值评估体系，创新多维补偿方式。

现有的节目价值评估体系有播出后评估、偏向传统渠道评估的缺陷，急需有针对性地建立创新广播电视节目的一系列价值评估机制。目前可以考虑以下三种价值补偿方式：首先是版权价值；其次是规模收益；最后是受众市场开发。

四是注重引进与管理人才。广播电视媒体想要实现从传统媒体向新媒体成功转型，必须将人才的培养与引进放在首要位置，使人才成为创新的主导力量。说到底，媒体的转型，首先在于媒体人的转型。①

> **对中国广播电视未来发展战略走向的设想**
>
> 中国广播电视的未来，必须基于国家发展的总目标、总任务和基本要求。据此，中国广播电视当前和未来发展战略走向是：
>
> 一、构建现代传媒新体系，走多媒体融合发展之路。要以传统广播电视媒体为基础，改造升级已有的基础设施和制作播出手段，整合频率频道资源、节目资源和专业人才资源等核心资源，并充分发挥其作用，融合开办各种新媒体业务，开发创新各种节目形态。
>
> 二、构建现代传播技术新体系，走数字化、网络化、智能化发展之路。构建现代传播技术新体系，即在包括制作播出系统、传输发送系统、安全播出及监管系统、集成和接受终端系统、行业管理系统等方面实现数字化、网络化、智能化，并在全国广电网络整合和数字化、双向化改造升级的基础上，建立全国性互联互通平台，开发各种跨域型新兴业务，实现真正"三网融合"，从而形成现代化大传播技术体系。
>
> 三、构建现代农村广播电视公共服务新体系，走城乡一体化发展之路。从总体上来讲，农村广播电视发展依然是整个广播电视发展的短板。农村广播电视的发展要在实施多年的"广播电视村村通"工程的基础上，转向加快构建农村广播电视公共服务体系上来。
>
> 四、构建现代广播电视新体制，走"四位一体"发展之路。所谓"四位一体"，就是由广播电视公共服务体系、广播电视产业市场体系、广播电视政府监管体系、广播电视中介与社会组织体系为四大体系构成的现代新型广播电视体制。②（有删节）

---

① 段鹏. 广播电视行业的发展趋势和发展战略探究 [J]. 中国广播电视学刊, 2016 (4).
② 黄勇. 论中国广播电视发展战略走向 [J]. 中国广播电视学刊, 2015 (1).